Cold Steel

冷酷的钢铁

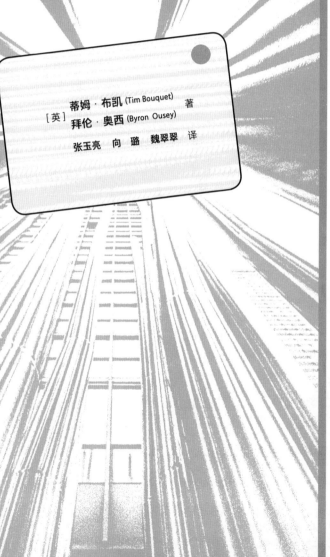

[英] 蒂姆·布凯 (Tim Bouquet)
拜伦·奥西 (Byron Ousey) 著

张玉亮 向 璐 魏翠翠 译

中国原子能出版社 中国科学技术出版社
·北 京·

北京市版权局著作权合同登记 图字：01-2023-5150。

图书在版编目（CIP）数据

冷酷的钢铁 /（英）蒂姆·布凯（Tim Bouquet），
（英）拜伦·奥西（Byron Ousey）著；张玉亮，向璐，
魏翠翠译 . — 北京：中国原子能出版社：中国科学技
术出版社，2024.3
　书名原文：Cold Steel
　ISBN 978-7-5221-2983-9

　Ⅰ . ①冷… Ⅱ . ①蒂… ②拜… ③张… ④向… ⑤魏
… Ⅲ . ①钢铁工业－工业企业－企业合并－世界 Ⅳ .
① F416.31

中国国家版本馆 CIP 数据核字（2023）第 177083 号

策划编辑	方　理	责任编辑	付　凯	
文字编辑	杨少勇	版式设计	蚂蚁设计	
封面设计	今亮新声	责任校对	冯莲凤　邓雪梅	
责任印制	赵　明　李晓霖			

出　　版	中国原子能出版社　中国科学技术出版社
发　　行	中国原子能出版社　中国科学技术出版社有限公司发行部
地　　址	北京市海淀区中关村南大街 16 号
邮　　编	100081
发行电话	010-62173865
传　　真	010-62173081
网　　址	http://www.cspbooks.com.cn

开　　本	710mm×1000mm　1/16
字　　数	305 千字
印　　张	25.25
版　　次	2024 年 3 月第 1 版
印　　次	2024 年 3 月第 1 次印刷
印　　刷	北京盛通印刷股份有限公司
书　　号	ISBN 978-7-5221-2983-9
定　　价	79.00 元

谨以此书献给：

爱妻莎拉·曼赛尔（Sarah Mansell）

　　　　　　　　　　　——蒂姆·布凯

我的伴侣马西娅·德兰尼（Marcia Delaney）

　　　　　　　　　　　——拜伦·奥西

人物列表

钢铁业人士

米塔尔钢铁公司（Mittal Steel）

拉克希米·米塔尔（Lakshmi Mittal）	董事长兼首席执行官
阿蒂亚·米塔尔（Aditya Mittal）	首席财务官
苏德·玛赫什瓦利（Sudhir Maheshwari）	业务发展及财务部总经理
尼古拉·戴维森（Nicola Davidson）	企业公关总经理
马来·慕克吉（Malay Mukherjee）	首席运营官
比卡姆·阿加沃尔（Bhikam Agarwal）	执行副总裁（财务）
于连·欧尼龙（Julien Onillon）	投资人关系总监
比尔·斯科汀（Bill Scotting）	持续发展战略总监
罗兰·威斯本（Roland Verstappen）	政府事务总监
董事会成员	
小威尔伯·罗斯（Wilbur Ross Jr）	W.L. 罗斯公司执行董事

安赛乐公司（Arcelor）

约瑟夫·金希（Joseph Kinsch）	董事长
盖伊·多莱（Guy Dollé）	首席执行官
米歇尔·沃斯（Michel Wurth）	副首席执行官
冈扎诺·尤吉卓（Gonzalo Urquijo）	首席财务官
罗兰·容克（Roland Junck）	集团管理委员会成员
菲利普·卡普伦（Philippe Capron）	财务总监

阿兰·戴夫扎克（Alain Davezac）　　　　　高级副总裁

弗雷德里克·范·布莱德尔（Frederik Van Blade）　　法律顾问

马丁尼·休（Martine Hue）　　　　　　　投资人关系主管

帕特里克·赛勒（Patrick Seyler）　　　　企业公关主管

雷米·博耶（Remi Boyer）　　　　　　　行政秘书

董事会成员

约翰·卡斯泰格纳罗（John Castegnaro）　　卢森堡众议院议员

安东尼·斯皮尔曼（Antoine Spillmann）　　日内瓦布鲁兰财富资产管理公

　　　　　　　　　　　　　　　　　　　司合伙人，JMAC 公司代表

多法斯科公司（Dofasco）

唐纳德·A. 佩瑟（Donald A. Pether）　　　首席执行官

银行业人士

高盛

理查德·诺德（Richard Gnodde）　　　　联席行政总裁

尤伊·扎维（Yoel Zaoui）　　　　　　　欧洲投行部主管

沙里亚尔·塔吉巴克斯（Shahriar Tadjbakhsh）法国并购董事经理

吉尔伯托·波齐（Gilberto Pozzi）　　　　投行部总经理

丽萨·拉比（Lisa Rabbe）　　　　　　　政府事务部执行董事

摩根士丹利

迈克尔·扎维（Michael Zaoui）　　　　　欧洲并购业务董事长

伯纳德·高尔特（Bernard Gault）　　　　投行部总经理

瑞信银行

杰里米·弗莱彻（Jeremy Fletcher）　　　投行部总经理

汇丰银行

阿德里安·科茨（Adrian Coates）　　　　　金属矿业部总经理

花旗集团

斯皮罗·尤尔金（Spiro Youakim）　　　　欧洲金属矿业部主管

法国兴业银行（Société Générale）

劳伦特·迈耶（Laurent Meyer）　　　　　企业及投行部总经理

德意志银行（Deutsche Bank）

布雷特·欧施尔（Brett Olsher）　　　　　全球产业与自然资源联席主管

法国巴黎银行（BNP Paribas）

克里斯托弗·穆林（Christophe Moulin）　　企业融资部总经理

美林证券

马克·潘德劳德（Marc Pandraud）　　　　美林证券（法国）总裁
伊曼纽尔·哈斯巴尼安（Emmanuel Hasbanian）　并购部总经理（法国）

摩根大通

蒂埃里·达金特（Thierry d'Argent）　　　总经理（法国）

律师

佳利律师事务所（Cleary Gottlieb Steen & Hamilton）

皮埃尔-伊夫·沙伯特（Pierre-Yves Chabert）巴黎分所律师

世达律师事务所（Skadden, Arps, Slate, Meagher & Flom）

皮埃尔·塞尔凡-施赖伯（Pierre Servan-Schreiber）巴黎分所律师
斯科特·辛普森（Scott Simpson）　　　　合伙人（伦敦）

安银律师事务所（Elvinger, Hoss & Prussen），卢森堡

菲利普·霍斯（Philippe Hoss）   合伙人

股东

卢森堡政府

让诺·克雷格（Jeannot Krecké）   经济贸易部部长

卢克·弗里登（Luc Frieden）   财政部部长，司法部部长

卡洛塔萨拉国际集团（Carlo Tassara International）

罗梅恩·扎列斯基（Romain Zaleski）   总裁

圣塔卢斯资本（Centaurus Capital）

贝努瓦·丹吉林（Benoît d'Angelin）   总经理

公关顾问

梅特兰咨询公司（The Maitland Consultancy）

菲利普·盖维斯（Philip Gawith）   合伙人，高级顾问

第七印象（Image 7）

安妮·梅奥克斯（Anne Méaux）   总裁

阳狮集团

让-伊夫·瑙里（Jean-Yves Naouri）   执行副总裁

前　言

　　本书的灵感要从 2006 年 2 月说起。那是一个星期天的早晨，天气有些湿润，蒂姆和拜伦二人在西迪恩学院（West Dean College）的一个周末写作训练班上课。这座学校毗邻西萨塞克斯郡的奇切斯特，其塔楼形的校舍由石料和燧石修筑而成，外观宏伟，掩映在 2400 公顷郁郁葱葱的公园和农田之间。西迪恩庄园曾是已故诗人、作家爱德华·詹姆斯（Edward James）的住所，后改建为这所专注培养创造性艺术、装饰艺术和表演艺术人才的学院。詹姆斯用他继承的家族财富大力支持超现实主义艺术创造，赞助的对象包括萨尔瓦多·达利（Salvador Dali）等艺术家。庄园房间里陈放着大量的绘画及雕塑作品、家具和毛绒玩具，这正是詹姆斯富于生活情趣的生动写照。

　　上午课间休息时，老师蒂姆和学生拜伦坐在一摊周日的报纸中间，谈起了钢铁业巨贾、英国首富拉克希米·米塔尔。和詹姆斯的超现实主义截然不同，拉克希米是典型的务实派。最近，他启动了一项大胆的竞标，准备恶意收购全球第二大钢铁公司——总部位于卢森堡的安赛乐公司。

交谈中，蒂姆和拜伦发现彼此都对这一话题颇感兴趣。当时，蒂姆正在为《每日电信》杂志撰写一篇关于拉克希米的文章；他希望自己能成为首位为拉克希米写书的专题作家。而拜伦恰巧受命以中立的身份，为拉克希米收购目标安赛乐公司的最大股东——卢森堡政府提供公关战略方面的咨询，从而有机会见证卢森堡这场如火如荼的收购战。

直到初夏的几个月里，他们才真正着手准备本书的面世。此前蒂姆在准备《每日电信》杂志的文章资料时，已对拉克希米、他的儿子阿蒂亚和他们最亲密的同事、咨询专家和友人进行了独家采访。他和拜伦都深信，尽管国际媒体关于米塔尔钢铁公司恶意收购安赛乐公司的报道铺天盖地，但这一事件毕竟牵涉了形形色色的名流英才，其中定有种种秘闻隐情，尚不为人知。他们也深知，这本书绝不会是一部枯燥寡淡的商科教材，而是一个壮丽曲折的传奇叙事，参演其中的有 6 位亿万富豪、众多世界顶尖的投资银行家、数百名国际律师和 7 个国家的政府元首。文中讲述了在私人机场举行的数次秘密会谈、对于舞弊行为的多项指控、很多人与其平日形象大相径庭的所作所为，其中涉及的金钱和财富更是天文数字，令人瞠目结舌。这是一场充满文化冲突和商业间谍活动的战争，甚至还有一些关于种族主义的指控。

但要揭开这次收购的幕后故事，就必须与米塔尔和安赛乐两家公司的高管人员及其各自的顾问团通力合作——这些人的名字放在一起，足足能填满两大本通信录。对于许多银行家、律师和公共关系顾问来说，米塔尔钢铁公司对安赛乐公司的收购是一场决定性的战役，其胜负决定着他们所谓的"终局交易"。因此，他们也虔诚地将其称作"决战"。这场交易浩大的规模、错综复杂的局面和强大的攻击性，在他们的整个职业生涯中是绝无仅有的。

现在，他们中的大多数人，有胜利者，有失败者，也有其他的主要当事方，都已准备好要发声了。

2006 年 7 月到 8 月，蒂姆和拜伦在紧锣密鼓的日程安排下，访谈了 50 余人次，足迹遍及伦敦、卢森堡、巴黎、米兰、布鲁塞尔和比利时根特附近的西德玛（Sidmar）钢厂；他们还对加拿大汉密尔顿省和安大略省、美国、荷兰、印度和莫斯科等地的相关人士展开了一系列电话采访。为了挖掘信息，两位作者涉足全欧洲最高端的会议室、高档酒店、高级餐厅、不计其数的机场，还有一座军人公墓。本书中的很多受访者和人物都是首次公开现身。出于机密性和保护受访者利益的考虑，蒂姆和拜伦今后也不太可能再做类似的采访了。

本书不同于其他的商业书籍，它更像是一部惊悚小说，情节步步深入，映射出全球化给钢铁行业这一具有重要影响而又鲜为人知的行业所带来的巨大震荡。此次收购战重塑了钢铁行业的全球布局，是股东民主在欧洲大陆奏响的凯歌。其过程一波三折、惊心动魄，在作者的笔下更是成了一部国际大片，情节引人入胜，演员巨星云集，其中许多人物及其背景都充满着异域色彩。每个人都有自己的目标和机遇。有的人在正确的时间出现在了正确的地方，而有的人误打误撞卷了进来，给故事增添了浓墨重彩的一笔；也有的人在这一过程中发迹。除此之外，整个事件也带着一丝奇幻色彩，出现了一些不合逻辑或者出人意料的情节，使故事更具有超现实主义的意味。

目　录

引 子

假设世上既没有机场、摩天大楼和汽车，也没有铁路、飞机、桥梁和足球场，或者这些东西哪怕存在，也不像我们所熟知的那样采用钢材结构制成。可能对一些人来说，这样的世界就是天堂，但别忘了，那里也不会有手术器械或其他的医疗设备。我们视作理所当然的电脑、炊具、冰箱、餐具、剪刀、平底锅、园艺工具、轮船、拖拉机、犁、弹簧、腕表和心脏起搏器等，也都不复存在。

钢无处不在。它在混凝土、玻璃、砖头或油漆的覆盖下，充当着人类建筑的结构支撑，决定着我们的生活方式。而当我们在世界上第一座钢桥——福斯铁路桥或旧金山的金门大桥穿行时，却未曾想到，如果不是在克里米亚战争时期因病卧床的英国杰出发明家、商人亨利·贝塞麦（Henry Bessemer）的发明，我们至今仍停留在铸铁时代，上述路段或其他地方的交通也都会相当迟缓。

42岁时，贝塞麦已因众多发明而声名显著，持有数百项专利。他发明了一种把石墨粉压缩成固体的方法以制造铅笔，同时还是压花邮票的始创者。就连躺在病床上时，他也在思索着改进火炮的制造工艺。当时，英国的大炮采用生铁铸成，因材料的强度不足以承受发射炮弹时产生的高压，所以发生爆炸的概率很大。这是因为生铁含碳的比例较高，容易脆裂。显而易见，钢是更优的替代品，它比铁坚固，柔韧度也更高，使用已超过两千年。但另一方面，钢的生产成本高、效率低，品质也参差不齐。贝塞麦心想，要是能保证稳定、高标准的钢批量生产，就可以彻底解决英国的枪械问题。

于是，他从病床上起来，返回工作室开始相关实验。接下来发生的事情便载入史册了，但我们大多数人学过之后，都已将其遗忘，最多还依稀记得几个词，比如"珍妮纺纱机""史蒂芬森的火箭号机车"等。亨利·贝塞麦创造的历史，便是工业革命的关键词之一：贝塞麦转炉。

贝塞麦发现，将冷空气吹入梨形的汽锅或高炉中加热至1250摄氏度的熔融生铁时，可以去除其大部分杂质，并降低其碳含量，使其达到适当的硬度，从而制造出现代钢这种全世界最为坚固的合金之一。在该工艺过程中，可以添加多种元素，使钢具备不同水平的延展性和韧性。贝塞麦的这种"转式"高炉，1小时可以炼出30吨质量可靠的优质钢。1859年，贝塞麦在英国谢菲尔德开设了一家工厂，开始用生产的钢制造枪支和钢轨。他也因此跃身为全球首位钢业富豪。

贝塞麦的现代炼钢法在英国的本土企业家中普遍反响平平。唯有一个从苏格兰邓弗姆林移民到美国的穷人家男孩亲身来到谢菲尔德考察贝塞麦的这家工厂，他认定钢作为一种用途广泛的材料将大有可为，甚至可以改变世界。这个男孩后来在宾夕法尼亚州匹兹堡闯出了自己的一片天地，他便是安德鲁·卡内基（Andrew Carnegie）。卡内基回到匹兹堡后，创立了美国钢铁公司的前身卡内基钢铁公司，该公司制造的大批量钢材用于建造铁路、摩天大厦、桥梁和船舶，将美国经济推上了世界的头把交椅，也让卡内基成为全球首富。卡内基取得了巨大的成功，他被人们列入了"强盗大亨"的名单，这个名词用来形容那些往往是通过涉嫌反竞争或不公平的商业行为，在各自行业霸占着主要地位、敛积了巨额个人财富的商人和银行家，例如约翰·D. 洛克菲勒（John D. Rockefeller）和标准石油公司（Standard Oil）的亨利·弗拉格勒（Henry Flagler）。

钢材的广泛应用不仅体现在制造业上，随着发展，它在厨具制造方面也开始大显身手。1913 年 8 月，出生在谢菲尔德，时年42 岁的亨利·布雷尔利（Harry Brearley）冶炼出一种含铬 12.8%的钢。他发现，这种钢不会被柠檬汁和醋腐蚀，因此称其为"不生锈的钢"。这便是我们今天的"不锈钢"，这一名词也因此成为布雷尔利的故乡谢菲尔德市的代名词。1952 年，氧气顶吹转炉炼钢法在奥地利研发成功。这种新工艺是以贝塞麦转炉为基础设计的一种高炉，它使用水冷氧枪垂直向下，朝铁水表面吹入高压的氧气，降低铁水中的碳含量，以生产出用途更为广泛的低碳钢。

今天，钢材分为多种类别，有不同的形状和尺寸可供选择。"长钢"，也称长材，用在修建铁轨、结构梁和桥梁等的混凝土内部，以增加其强度。优质的"扁钢"（碳钢）则用来制造汽车车身、火车和轮船，以及洗衣机等各种家用电器。

不同于高深玄妙的微型芯片世界，钢看得见、摸得着，其生产过程伴随着脏乱、噪声和极高的温度。炼钢厂里，铁水四溅、烟雾缭绕，嘶鸣声不绝于耳。一座炼钢厂的占地面积可达 10 平方千米以上，多得令人目不暇接的传输皮带构成一张巨大的网，覆盖着整个厂区。一批批赭色矿石由巴西或澳大利亚经水路或陆路运来，在这些传送带上被飞速送入巨型的料斗和缓缓转动的轧钢机，在此进行筛选、分级，然后堆放在两侧，形成两座绵延800米、高18米的小山。一些形如黑色螳螂的机器把煤码放成硕大的煤堆，然后将其炼成焦炭，作为熔化矿石的燃料。铁矿被熔融成浓稠的红色铁水，倒进黑色的"鱼雷式铁水罐"，每罐装有170吨铁水。鱼雷罐用大马力的火车运至高炉，然后吊起，将铁水倾翻，倒进一座座比房子还要高的贝塞麦转炉。回收的废钢可以无限次地循环利用，以一定比例添加到冶炼的铁水中。炉中的混合物四下飞溅，汩汩作响，闪着红色和白色怒放的火花，像喷泉一样洒落到用防眩光玻璃保护起来的工作区。在那里，炼钢工人们坐在电脑屏幕前，像机场的航空调度员一样忙碌地工作着。他们需要监控并管理整个工艺过程：又长又厚的轧板被烧得通红，被辊道送入轧机，非建筑用轧板会绕工作区环行一周，以便于工人观察其状态。钢板被卷绕到状如巨型报纸印刷机的机器上，被轧制得越来越薄，直至仅数毫米厚。随后，板材卷成一个个巨大的钢卷，或一张张铺开后堆叠存放。这样生产出来的"扁钢"价值昂贵，可用热浸或电镀的方式镀锌以避免生锈。

钢铁行业是推动经济发展的一个关键因素。因此，炼钢业常被用作衡量经济实力的一项指标，传统上为国有行业。20世纪初至2002年，全世界的钢产量一直以来呈指数级增长，其间也出现了数次高峰和低谷。两次世界大战和20世纪30年代经济大萧条之后的复苏时期，各钢厂大规模停产，并纷纷裁员。20世纪70年代和80年代，由于产能过剩、钢材价格走低，钢铁行业一蹶不振。各国政界也逐渐失去信心，不再相信钢铁生产与国家财富息息相关。

于是，一大批国有钢铁企业连同它们的累累债务，被转让到本就馋涎欲滴的资本家手中，掀起了一波私有化的热潮。这些应运而生的新型钢铁制造企业采用新型的迷你钢厂。迷你钢厂采用新技术，使用小型的电弧炉，以"冷轧"的方式炼制废钢。比起铁矿和煤堆积如山、机器设备硕大无朋、使用"高温铁水"炼钢的传统"集成式钢厂"，迷你钢厂的成本极大地降低了。但这样生产出来的钢材品质也稍逊一筹，基本上只能用于质量要求不高的建筑和其他"长材"产品。

几十年来，全球钢铁业在经历了倾覆之灾、恢复平衡、彻底翻盘之后，终于在 2005 年年初重整旗鼓。2003 年，全世界的钢产量高达 9.6 亿吨——当年铝的产量仅为 2190 万吨。钢材需求创下新高，主要来自中国和印度。中国的钢铁产量居全球之首，是第一个粗钢年产量超过 2 亿吨的国家；同时，中国还是最大的钢材消费国，年消费量达 2.44 亿吨。全球经济蓬勃发展，但旺盛的需求却给所有制钢厂带来了发展的瓶颈。水涨船高，钢材平均价格在 2004 年首次达到每吨 650 美元。在利润率提高的同时，如何实现产量的增长也成了难题。随着炼钢的两种基本原料——铁矿石和焦煤的成本暴涨，钢材的散货航运费用也日益飙升。未来实现增长的关键点，是在邻近铁矿和煤资源且劳动力成本低廉的新兴市场开设钢厂。这样一来，通过技术转让和加大投资，将能够显著缩减生产成本。

但究其根本，钢铁产业在全球范围的布局相当分散。当前，业内没有任何一家公司的年产量能达到 1 亿吨——即世界总产量的 10%。整个行业谋求突破的关键，便是钢铁制造商相互整合，由数量更少、规模更大的企业来统领市场。这样，制钢企业将能掌握钢材定价的话语权，进而提高赢利能力及股东权益。

在这方面，有两个公司率先迈开了步子。其中之一是米塔尔钢铁公司，其运营总部就坐落在伦敦鼎鼎大名的伯克利广场上。当时，该公司是全球最大的钢铁制造商，主要生产"长钢"。在创始人拉克希米满腔激情和促进行业发展的远见卓识引领下，公司形成了年轻、奋进、高速、勇于挑战的企业文化。排名第二的是安赛乐公司，该公司有着全世界钢铁行业最高的利润率，专业生产"扁钢"。公司由卢森堡的阿尔贝德（Arbed）、法国的优基诺（Usinor）和西班牙的塞雷利（Aceralia）这三家欧洲的国有钢厂合并重组而成，法国人盖伊·多莱担任其首席执行官。位于卢森堡自由大道（Avenue de la Liberte）上的原阿尔贝德公司总部现被用作安赛乐的总部，为城堡式建筑，气势不凡。

米塔尔和安赛乐两大公司都满腔热忱，积极推动钢铁事业的发展。拉克希米被称作"来自加尔各答的卡内基"，他对于钢铁制造的合理化变革更有一套清晰的设想。安赛乐则野心勃勃，致力于做大做强。这两家公司任一方若能主掌钢材市场，便可以在与客户、汽车制造商、造船厂和建筑公司谈判钢材价格时掌握更多的主动权，并通过开拓亚洲、南美和东欧等新兴市场实现增长。

拉克希米前进的脚步声就在多莱的耳畔作响，这让他如芒在背。安赛乐公司多年来作为欧洲钢铁业的龙头，一直自视甚高。它是向欧洲汽车制造商供应高强度特种钢的主要生产商。公司每年生产近 5000 万吨钢材，采用的都是最前沿的生产技术。但集团合并后经修复调整的综合资产负债表显示，几十年来公司经营不善，由于不断进行结构重组，产生了巨额成本，造成亏损。公司在技术开发方面投入巨资，还在巴西收购数家公司，在俄罗斯、日本和中国也建立了合资企业。现在，它又将热切的目光投向了北美的汽车市场，希望在此开拓业务。安赛乐的众多股东饱受业务下滑之苦，满心渴望手中的股票能够增值。让他们欣喜的是，在艰难曲折的公转私过程之后，公司终于走上了正轨。显而易见，安赛乐公司已蓄势待发，准备奋起直追，以赶上米塔尔钢铁公司的步伐，并力争上游。

2005 年，两大钢铁集团的霸权之战进入白热化阶段。这一年，在土耳其和乌克兰分别有一场低价出售国有资产的公开拍卖会，因其巨大的商业价值吸引了众多目光。两场拍卖会都是在 10 月举行，中间相隔三个星期的时间。第一场是土耳其的拍卖会，标的为政府持有的埃尔德米尔集团（Erdemir）46.3% 的股份。埃尔德米尔公司年产 350 万吨钢铁，主要供应给汽车生产商和其他工业客户。土耳其有 7000 万人口，当时正准备加入欧盟，颇具潜力。米塔尔钢铁公司和安赛乐公司均持有该公司的少数股权。它们都渴盼抓住这次机会增加持股，从而掌握大股东控制权。

拍卖地点设在安卡拉的希尔顿酒店。米塔尔和安赛乐的代表到达现场——一个铺着毛绒地毯的房间，参与角逐的还有另外 4 名竞标者，其中两名来自俄罗斯，另外两名为土耳其埃格里（Ergeli）和欧雅克（Oyak）两大集团的代表。拍卖开始后，拉克希米开出了 23 亿美元的高价，但仍在第二轮结束后退出。随后，拍卖的整体局势急转直下。先是俄罗斯公司退出竞拍，安赛乐也紧随其后，在第三轮放弃。多莱一方面为自己省下了大笔资金如释重负，另一方面，劲敌拉克希米的无功而返也令他愈发快慰。"钢业骏马"多莱和拉克希米退出后，欧雅克集团最终以 27.7 亿美元的天价战胜另一家土耳其公司购得股权。而这个价格被普遍认为有些虚高。

到此，这场虚张声势的战争终告落幕。但拉克希米和多莱之间的角力尚未结束，他们养精蓄锐，准备在下一场鏖战中交锋。

1

初次交手

···

🕐 2005 年 10 月 25 日，星期一
📍 乌克兰基辅

一个天气晴好的早晨，和煦的阳光照耀在基辅各大教堂的绿色"洋葱头"圆顶和镀金的宣礼塔上，熠熠生辉；光晕投射到第聂伯河右岸的古城区，形成一派令人心醉的景象。在左岸的基辅新城区，300 万市民欢欣鼓舞，准备迎接激动人心的一天。"橙色革命"过去 9 个月了，对很多人来说，由于大胆推进政治经济改革，今天，基辅将掀开新的篇章。

但在反对者眼里，这是属于抗议的一天。两个派系的激烈冲突，彰显了当时乌克兰政治舞台的混乱。

当时的乌克兰总统维克多·尤先科（Viktor Yushchenko）则把这天当作一个绝佳的展示机会。当时，由于第一次总统选举结果被质疑舞弊而遭到一系列抗议，在国际组织派出观察员的监督下，乌克兰展开总统大选的重新投票。但在此之前，尤先科被查出遭政敌使用二噁英暗算而中毒，导致毁容。尤先科决定，今天一定

要让资本主义世界好好看清自己的表现。总统府所在的班科瓦街两旁插满了蓝黄相间的乌克兰国旗。身形健壮、穿着随意的尤先科坐在镶嵌着柚木板的总统办公室里。时间一到上午 9 点 45 分，他便从办公桌前站了起来，拿起外套，准备前往不远处的国有资产管理部处理今天的要务。室外阳光普照，风却不小。

在一队身材魁梧、身着深灰色西服加衬衫的保镖的陪同下，尤先科总统迈着轻快的步子，5 分钟就走到了国有资产管理部的侧门——这是为了避开前门聚集的抗议人群。抗议者围在路障后，高呼着"反对私有化！反对私有化！"尤先科走进大楼时，意识到自己的一举一动都进入了乌克兰电视台第五频道的拍摄范围，他向右边楼顶上的摄影师挥手致意。进入大楼后，他便被护送到五楼一间陈设简单的办公室。房间正中间放着一张椭圆形的小会议桌，总理尤里·叶哈努罗夫（Yuri Yekhanurov）和财政部部长维克托·平泽尼克（Viktor Pynzenyk）正坐在那里，专心致志地盯着一台便携电视机。尤先科和他们打了招呼。在他们的右侧，第五频道的摄像机录制着他们观看屏幕播出场景的反应，并从旁边的演播室将画面进行现场直播。

尤先科脱下外套，坐在叶哈努罗夫的左边。他将一杯水一饮而尽，静静地看着屏幕上的画面。他的左手拿着一份 5 页的文件，上面有一个清单，以本国货币格里夫纳为单位列出了大笔数字。他身体前倾，快速扫视文件后，转头看向两位同伴。他说："我完全有把握，今天的事件将创造奇迹，让乌克兰的企业文化重新焕发活力——这正是乌克兰所迫切需要的。"随后，他又傲然补充道："如果没有橙色革命，这一切都将是空中楼阁。"

尤先科今天前来是为了见证一场拍卖会。这可不是曼哈顿的那种艺术品拍卖——阔绰的艺术爱好者们争相出价，想抢到一件莫奈或毕加索作品。本次竞拍的对象，是乌克兰的旗舰钢铁企业——克里沃罗格钢铁公司。

前一天晚上，有两名男子入住基辅的普瑞米尔宫酒店。他们的行政套房经过了全面的安全检查，并由一名当地男子代为登记入住和领取房间钥匙，以确保安全。他们乘坐私人飞机抵达基辅，使用伪造的姓名和临时手机，所有电话呼叫都通过荷兰的秘密线路转接。两人中年纪稍长的是 55 岁的拉克希米·米塔尔。他是全球最大的钢铁制造商，在世界富豪中排名第 5，坐拥 150 亿英镑的个人财富。同行的是他的儿子阿蒂亚·米塔尔，29 岁的他雄心勃勃，是米塔尔钢铁公司的首席财务官。拉克希米出生于印度拉贾斯坦邦（Rajasthan）的一个贫穷家庭，多年来专擅利用银行融资来筹措资金，在世界各地大肆收购债台高筑、经营不善的国有钢厂，并在极短的时间内将它们转亏为盈，效率之高屡屡创下纪录。15 年来，他一共完成 47 次收购，耗资 150 亿美元。拉克希米身高肩阔，相貌堂堂，看上去非常年轻。他对于成功收购克里沃罗格公司志在必得，这也是他希望建立全球最大钢铁公司重要的一环。之前的一次克里沃罗格钢铁公司拍卖会被腐败的前政府操控，让拉克希米错失机会；而现在，前政府已被尤先科和他领导的橙色革命推翻，拉克希米也铁了心要将克里沃罗格钢铁公司收入囊中。

2004 年，克里沃罗格钢铁公司以相当于 8 亿美元的价格售出，远远低于其实际价值。当时，包括拉克希米在内的外国投标人本来都愿意出更高的报价。拉克希米出价最高，但仍由于招标文件中几条极不公平的条款，而未能逐鹿成功。其中一项条款规定，投标方必须在乌克兰拥有年产炼焦煤 100 万吨以上的当地煤矿供应克里沃罗格钢铁公司。这一规定让所有国外买家都失去了竞争权。最终，克里沃罗格钢铁公司被时任总统的女婿列昂尼德·库奇马（Leonid Kuchma）任职的集团收购。

橙色革命的支持派把克里沃罗格钢铁公司的拍卖会当作最后一根救命稻草。从 1994 年 8 月到 1997 年 2 月，乌克兰政府在推行私有化改造期间售出了很多国有财产，大部分的利益都流向库奇马亲信朋党的腰包，疑点重重。尤先科公开指控其中牵涉库奇马的腐败行为。在政治变革的斗争中，克里沃罗格钢铁公司成了橙色革命争取大多数支持者的重要砝码。民众纷纷走上街头抗议，抵制在政治和财政上搞裙带主义。

尤先科曾向民众立下誓言，一定要取消出售克里沃罗格钢铁公司的交易。因此当选之后，他便立即着手践行这一诺言。尤先科抗住了乌克兰最高法院在法律问题方面的重重阻挠，随后宣布重新公开拍卖克里沃罗格钢铁公司，并在国际范围内发出竞拍邀请。他还要求将拍卖会实况在电视上转播，让全世界都看到：当前的乌克兰政府采取公开透明的反腐败政策，大力欢迎外国投资。尤先科坚信，这个特殊的日子将为乌克兰的众多企业开启全新的发展机遇。本次拍卖会对于拉克希米同样是一个难得的契机，他希望能成功拍得克里沃罗格钢铁公司，以弥补遗憾。

在基辅市中心的一家小型私人旅馆里，安赛乐钢铁公司的首席执行官多莱早已办理登记入住。他怀着与拉克希米同样坚定的决心，目的却恰恰相反——阻止拉克希米成功拍下克里沃罗格公司。时年 63 岁的多莱是法国人，一双淡蓝色的大眼睛充满魅力。他毕生从事钢铁制造，在业内是数一数二的人物，但是拉克希米的崛起让这一切不复存在。现在，多莱决意同拉克希米背水一战，夺回原本属于自己的地位。曾有一段时间，安赛乐公司的高层见拉克希米公司的发展势头迅猛，担心他觊觎安赛乐公司，甚至组建了一个专门小组，制订并实施了一个名为"猛虎"的防御计划，以避免公司遭其吞并。"猛虎计划"的使命之一是收购能帮助安赛乐公司开展全球业务发展战略的钢铁公司，提升本集团的实力和市值。这样，安赛乐公司不仅能以更主动的姿态与米塔尔钢铁公司一较高下，就算贪婪的拉克希米想将安赛乐公司归为己有，高昂的收购价格也会令其退避三舍。这项计划以机密的方式策划和执行，与米塔尔钢铁公司有关的一切都不直呼其名，而是用代号表示。拉克希米在暗语中被称作"穆恩先生"，他的儿子阿蒂亚的代号则是"亚当"。

　　米塔尔和安赛乐两家公司的管理机制截然不同：前者由米塔尔家族独揽大权，后者则是欧洲民主型企业的典范。二者的企业文化有着天壤之别。米塔尔钢铁公司秉持稳妥务实、活力十足、咬定目标不放松的理念，其决策流程短平快，体现了家族式企业紧凑精悍的特征。安赛乐公司作为一家世纪传承的企业，其优质的资产、技术能力和精心打造的制度体系，都远远胜于米塔尔钢铁公司。但因受制于公司成立多年以来形成的"三方利益模型"，安赛乐公司在面对变化时放不开手脚。这方面，灵活性更高的米塔尔钢铁公司占了上风。"三方"指的是安赛乐公司的管理层以及工会和政府，它们三足鼎立，包揽了运营成本、薪资和资金方面的一应事务，而股东则淡出，隐至幕后，甚至大有和公司不在一条船上的意思。如果说米塔尔钢铁公司是自由市场上一台运转有序的"公司收割机"，安赛乐公司则是一头意志坚定、行动却稍显迟缓的巨兽。它们二者的争霸之战，就如同拳王阿里与弗雷泽之间的较量一样，将注定成为传奇。

　　尤先科总统手中文件的第一页顶端的第一个数字是126亿格里夫纳，折合25亿美元。页面左侧的数字表格中，将这一金额以

1 亿格里夫纳（合 2000 万美元）依次递增列出。每个数字的右侧都是一个留白的长空格，用来填写竞标方的出价。

实况转播的电视屏幕上，一名来自国有资产基金会的官员登上拍卖台，向在场人士解说法定拍卖程序。他身后是一面电视墙，显示着"2005 年国有资产拍卖会"的字样。房间里灯火通明，摄像机高速运转，记录着这个历史性的事件。克里沃罗格钢铁公司的拍卖与乌克兰的民主斗争休戚相关，受到全社会极大的关注。此刻，全国各地有 600 万民众正在家里、办公室或是咖啡馆，收看或收听电视和广播上的实况转播，收听收看人数超过了国家级足球赛事的观众人数。与此同时，拍摄下来的画面还配上了英文翻译，上传到欧洲卫星公司（SES）运营的阿斯特拉卫星，供世界各地政治和金融中心城市的人们观看。

突然之间，摄像机齐齐掉了个头，对准大门口抓拍姗姗来迟、神采飞扬的尤利娅·季莫申科（Yulia Tomashenko）。尤利娅梳着一头标志性的海蒂式金色麻花辫，她是一位充满人格魅力的政治家，也是尤先科"橙色集团"内推进私有化计划的先锋人物之一。她相貌与能力俱佳，令政敌们心生畏惧。他们还给她起了个外号，叫作"橙色女神"。通过今天在拍卖会上露面，尤利娅希望能提高自己在公共关系中的影响力，为她孜孜追求的政治前程铺平道路。尤利娅察觉到镜头拉近，粲然一笑，如同好莱坞电影明星面对观众那样，展示着自己温柔可亲的形象。

按照拍卖程序，收购沃罗格钢铁公司的底价设定为 20 亿美元。而尤先科从他的财务顾问那里得知，该公司目前卖出 30 亿美元完全不成问题。他心里清楚，如果能在这个价位成交，乌克兰人民便会一目了然：上一次所谓的私有化收购，简直就是明目张胆地盗窃。

"拍卖会开始的时间是上午 10 点。"台上的官员一边不带感情色彩地宣布拍卖即将开始，一边按下 5 分钟倒计时，提醒各竞标人做好准备。

克里沃罗格钢铁公司位于乌克兰东部地区，是乌克兰全国盈利能力最强的资产之一。公司每年出口 700 万吨钢材，是乌克兰最赚钱的企业；其员工规模也居全国首位，为 56000 人。但以西方的标准衡量，他们的薪资普遍处于较低的水平。在克里沃罗格公司高温的厂房里，工人们正在挥汗如雨地工作。不安和担忧的情绪在他们中间逐渐蔓延——公司又要被转手了，今后会怎么样？

尤先科抓住了一个特别好的商机。比起埃尔德米尔集团，克里沃罗格钢铁公司是一块更为诱人的肥肉，令拉克希米和多莱都垂涎欲滴。由于地处乌克兰这个近水楼台，克里沃罗格钢铁公司能够同时服务于俄罗斯和东欧各国这两个日益兴盛的市场。公司在炼钢厂附近还拥有铁矿和数个煤矿，因此制造钢铁所需的原料都能自给自足。在这些优势资源的加持下，一旦合理注入资本并改善管理，克里沃罗格钢铁公司的效益定能突飞猛进。可以说，眼下正是一个百年难遇的机会，可以将这家公司打造为钢铁业的全球霸主。

前一天晚上，拉克希米的同事苏德·玛赫什瓦利也抵达了基辅。他多年来为拉克希米出谋划策，深得后者信赖。玛赫什瓦利乘商务航班从伦敦前来，入住丽笙酒店。他和米塔尔父子一样使用临时手机，只乘坐专车出行。玛赫什瓦利到达的消息高度保密，以至于让人联想到冷战时期的间谍活动。为避免被当地的专业间谍窃听，他说话也是轻声低语。毕竟乌克兰方面或者米塔尔钢铁公司的商业对手，都可能派出密探来窃取信息。

多莱也集结了一个重量级的团队，其中有安赛乐公司的董事长约瑟夫·金希，副首席执行官、"猛虎计划"小组的组长米歇尔·沃斯，来自安赛乐公司运营部门、曾参与埃尔德米尔集团拍卖会的比利时人保罗·马蒂斯（Paul Matthys），以及阿兰·戴夫扎克，他曾秘密代替多莱处理国际事务，行事狠辣大胆。安赛乐公司的这个 5 人小组和米塔尔父子一样，分散下榻于不同的酒店，到晚上再一起与他们在当地的盟友谢尔盖·塔鲁塔（Sergey Taruta）碰头，讨论竞拍策略。塔鲁塔是乌克兰一家私营企业的老板，时年 48 岁的他坐拥亿万身家，是尤先科的支持者。多莱认为，有了当地的公司从旁协助，安赛乐公司在拍卖会上会更有胜算。

米塔尔父子早已做好了准备工作，他们和当地的政府官员拉拢关系、打探乌克兰相关人士的建议等，这都是他们在同东欧国家打交道的曲折过程中学到的重要招数。多年来，拉克希米踏遍了罗马尼亚的布加勒斯特、波兰的华沙和保加利亚的索菲亚等地，他在这方面的能力可以说是无人能及。

但同时，拉克希米也深知绝不可轻视多莱。周日晚他们刚在酒店落脚时，拉克希米对阿蒂亚说："这场拍卖会将是一场硬仗。我不想失败，但我知道多莱同样输不起，他一定会背水一战。50 亿美元是我们的上限。我认为他们的底线在 35 亿到 40 亿美元，所以我们的赢面会大一些。"

阿蒂亚问："那家俄罗斯公司呢？"阿蒂亚说的是同米塔尔钢铁公司和安赛乐公司一同参加拍卖会的斯马特集团（Smart Group），其大股东是俄罗斯的商界寡头瓦迪姆·诺文斯基（Vadim Novynski），他与现任俄罗斯驻乌克兰大使维克托·切尔诺梅尔金（Viktor Chernomyrdin）交往甚密。

"那倒不用担心，我们和多莱他谁也干不过。"他的父亲这样回答。

"那我们得把握好节奏。"阿蒂亚提出了一点建议。

拉克希米深以为然："必须要坚持到底。"他又补充道："有一点需要注意，多莱一定会设法逼我们开出极高的价格。"

多莱在小组成员的酒店和他们共进晚餐，大家一起讨论了要采取哪些策略，如何执行。在来基辅之前，安赛乐公司就向其合作的投资银行美林证券咨询过关于克里沃罗格钢铁公司的资产评估意见，核算得出的数据后来也得到了当地合作伙伴的确认。多莱指名让沃斯和马蒂斯两人在拍卖会现场举牌竞价。他们将出价的上限确定为35亿美元。虽然多莱已取得安赛乐公司董事会的全权授命，但金希能亲临拍卖会让他觉得更放心——以董事长的权限，必要时可以在上限价格的基础上再临时加价。拉克希米则没有这样的顾虑，米塔尔钢铁公司的重大事项都是他说了算。相比之下，安赛乐公司就被官僚主义缚住了手脚，多莱甚至不是董事会成员。

根据安赛乐公司制订的第二套方案，如果拉克希米一直咬定不放，就干脆推波助澜，让他把价格报得更高。这样就算拉克希米最终成功买下克里沃罗格钢铁公司，巨额的成本也会折损其元气，让他暂时没有精力来打安赛乐公司的主意。

在普瑞米尔宫酒店，拉克希米和阿蒂亚同玛赫什瓦利以及贝克·麦坚时律师事务所（Baker & McKenzie）基辅办事处的两名当地律师一道草草吃了晚餐。晚上11点，玛赫什瓦利回到酒店准备休息，这时他的手机响了，是阿蒂亚打来的："玛赫什瓦利，你现在能过来和我们再谈谈吗？我们需要再调整一下计划。"

玛赫什瓦利立马穿好衣服离开酒店。他走到街上直接叫了一辆出租车——他别无选择，不可能遵守之前约定的保密规则了。他听得出来阿蒂亚很着急，他们租用的豪华专车也不能立刻到位。

10分钟后，玛赫什瓦利见到了正在行政套房休息的米塔尔父子。

拉克希米告诉他："我们认为明天最好由你来竞标。"玛赫什瓦利大吃一惊，他在这方面完全没有经验。拉克希米向他解释道："我或者阿蒂亚在现场的话，会让局面更紧张，我们希望能避免这种情况。而且，我们也听说了多莱是让沃斯带队。我们再来把计划核对一遍，看看还有没有什么要注意的。"

那天晚上，玛赫什瓦利辗转反侧，难以入睡。他的脑袋嗡嗡作响，对于这项重大的任务感到既兴奋不已，又压力重重。

拍卖会开始了。这样大规模的钢铁公司公开拍卖会还是第一次，主办方也尽其所能做好组织工作，希望不要出什么岔子。房间的后端摆放着3组桌椅，3家参与投标的公司的代表像学生上课一样坐在这里。每张桌子上有一部电话，供他们同各自的公司上级连线。竞标区前方是当地相关人员的席位。他们围着一张椭圆形的红木会议桌，坐在绿色皮椅上，高级官员坐在主位上。官员区和竞标区之间，摆放着一个空的玻璃容器，大小和普通鱼缸差不多。

主持人请3家公司将他们各自的起拍价写在纸上，放进一个信封，再投进容器。时任乌克兰总统、总理和财政部部长3人从座位上站起来走向玻璃缸，电视摄像机聚焦在他们身上。他们神色肃然，每人取出一个信封剪开，然后回到讲台上将信封交给主持人。主持人带着浮夸的动作和表情，将信封里的纸条一一抽出。"我现在心情很激动，"他扫了一眼纸上的起拍价格，说道，"我不知道现在谁最紧张，是各家竞标公司，还是私有化委员会的各位委员？"主持人又夸张地补充道，"我们还不太习惯这种场面。"

房间里一片寂静，只有主持人翻动纸页发出的声音。安赛乐公司的竞拍小组不动声色地等待着；几名俄罗斯人微笑着，却掩饰不住内心的紧张；玛赫什瓦利尽量表现得坦然随意，仿佛毫不在意。

主持人宣布："安赛乐公司出价 25 亿美元，为最高价。"官员们都松了口气，面露满意之色。起拍价超过了保留价，开了一个好头，也表明接下来的竞标过程可能会很激烈。

接着，主持人向 3 组竞买人示意并问道："我们现在开始公开叫价，哪一组先出价？"

拍卖会开始前，每组竞买人都领取了一个小号牌。斯马特集团、安赛乐公司和米塔尔钢铁公司依次为 1 到 3 号。斯马特集团首先出价，他们开出的金额是 26 亿美元，这一数字被打在了蓝色的电视墙上。安赛乐公司紧跟其后，加价到 27 亿美元。在安静的气氛中，竞标有条不紊地缓缓推进。几家公司像赌场上的豪赌玩家，小心地衡量着对手的情况。这场赌局实在过于重大，因此他们在竞拍中途屡次暂停下来与大本营联络，征询相关意见。拍卖会刚开始的一段时间里，有时要等上好几分钟，才有人再次加价。

玛赫什瓦利牢记米塔尔父子的告诫，前半段不采取主动也不叫价，静观斯马特集团和安赛乐公司你来我往地举起白色号牌，以 2000 万美元的增幅将价格一再推高。半个小时后，第 34 次出价突破了 30 亿美元大关，局面更加剑拔弩张。但拉克希米仍似乎没有任何要开始竞价的迹象。玛赫什瓦利开始摇摆不定，心烦意乱起来。

斯马特集团继续一步步加码，安赛乐公司谨慎跟进。到第 40 次叫价时，屏幕上显示的金额已高达 33 亿美元。谁会成为最后的买家？玛赫什瓦利的神色有了变化，他对自己说："这下我们要动真格了。"他刚刚接到了拉克希米的电话，要求他开始竞价。玛赫什瓦利首次举起 3 号牌——33.2 亿美元，米塔尔钢铁公司突如其来的加入让竞拍变得风云突变。

安赛乐公司这边，沃斯致电场外的多莱，问他有何指示。

多莱答道："这正是我们希望出现的局面，继续出价就行了，我们的预算还有空间。"

斯马特集团暂停了报价，仿佛被米塔尔钢铁公司骤然爆发的雄厚实力惊呆了。观看拍卖会的乌克兰民众也被深深震撼，他们几乎不敢相信屏幕上闪烁的数字。在伦敦、纽约和巴黎的一些大型投资银行，交易员们纷纷押下价差赌注。

米塔尔钢铁公司和安赛乐公司各自的拍卖小组一边竞相报价，一边与场外电话沟通，拍卖现场被紧张不安的气氛所笼罩。在短短 5 分钟内，他们就将竞价抬升到 35 亿美元大关。一时间，出价的速度之快，让拍卖师差点跟不上节奏。

在第 51 次应价时，斯马特集团又杀了个回马枪，报出了 37.5 亿美元的高价，似乎是想要一举终结这场追赶游戏——这是他们最后一次出击。拍卖师整理好状态，继续主持大局。在安赛乐公司和米塔尔钢铁公司不断地竞逐之下，40 亿美元大关也被超越了。安赛乐公司的代表席上，52 岁身形瘦削的沃斯紧皱着眉头陷入了沉思，看上去像一名不苟言笑的地理教师。他明白，眼下的情形已经突破了他们最初拟定的底线。这时，多莱打来了电话。

"继续把价格推高一些，"他指示沃斯，"我们想让它升到 45 亿美元。"

双方继续以 2000 万美元的小额增幅竞价，报价达到了 46.8 亿美元。

阿蒂亚在电话那头儿告诉玛赫什瓦利："你做得非常好。现在再加 1.2 亿美元。"玛赫什瓦利在加入竞价谨慎跟进 40 分钟后，终于破釜沉舟，将报价陡然提升至 48 亿美元！

多莱愈加紧张，他向董事长金希申请继续加价。金希点头表示同意，安赛乐公司立即重回战场，沃斯让马蒂斯报价 48.2 亿美元。

米塔尔钢铁公司紧追不舍，又开出了 48.4 亿美元。到这里，双方暂停了下来。主持人看向安赛乐公司团队，问道："我们是否继续出价？"

沃斯转开了目光。刚才，多莱给他打来了电话，说："我们输了。"听到这个消息，沃斯低下了头。主持人落槌定音，安赛乐公司小组毫无动静。

"米塔尔集团中标。恭喜你们！"

玛赫什瓦利兴奋地向空中挥了一拳。他和队友们握手相庆，顾不上同另外两家投标方互动。现场的摄像机纷纷围拢。季莫申科抢在前面，第一个对拉克希米的手下表示祝贺，这一幕正好被镜头拍了下来。在隔壁的办公室里，尤先科笑逐颜开地同两位部长握手庆祝，这一幕也永远定格在录制的画面中。最终，拉克希米以 48.4 亿美元的天价买入克里沃罗格钢铁公司，是上一次拍卖价格的 5 倍，比起财务顾问的估价几乎翻了一番。从现金上来看，这一金额比之前乌克兰所有企业私有化的总额还要高出 20%。

志得意满的尤先科宣称："这次拍卖在乌克兰的现代化进程中具有历史性的意义，它象征着民主的胜利。我承诺，一定会妥善安排出售克里沃罗格钢铁公司的资金，用它实实在在地为人民谋福利。"

安赛乐公司的拍卖小组回到酒店，情绪低落。像迎接他们的多莱一样，大家都因为败给拉克希米而沮丧不已。唯一堪以告慰的是，拉克希米在他们的攻势下不得不付出了远远超过预期的代价。多莱安慰他们："至少我们的第二套方案成功了。"但是，事实果真如此吗？

2

抛出橄榄枝

··•··

🕐 10 月 26 日，星期二
📍 英国伦敦，肯辛顿宫花园街 18-19 号

一天，阿蒂亚·米塔尔和他的父亲拉克希米·米塔尔在后者的豪宅共进早餐。阿蒂亚回顾着他们最近收购克里沃罗格钢铁公司的事情，向拉克希米抱怨道："如果多莱没有参加这次竞标，我们至少能少付 10 亿美元。"拉克希米点点头，表示赞同。二人都很清楚，在今后的各项竞购战中，他们都需要直面对抗安赛乐公司。

阿蒂亚接着说："如果继续斗下去，非但对我们自己不利，对安赛乐公司的股东也没有好处。这样会让双方都失去很多发展的机会，情况只会变得更糟。我们有必要和安赛乐公司谈谈，看是否能达成某种形式的合作。比如说，可以划分一下双方想收购的资产，避免大家相互争抢。"

"我同意，"拉克希米说，"那我们试试看他们是否愿意合作吧。"

阿蒂亚在几天之后就开始行动。他选择了阿兰·戴夫扎克

（Alan Devzak）作为接触多莱的中间人。戴夫扎克是法国人，现年 55 岁。他从塞雷利时代以来一直与多莱并肩作战，关系相当密切。戴夫扎克是安赛乐公司的企业战略规划师。他同时还扮演着一个特别的角色，即在世界各地收集情报并报告给多莱。他同中国、日本等国的行业要人结交，并确立开设合资公司、绿地项目和收购目标等事宜。他精通英语、俄语和意大利语，还会讲一点儿泰语，被外界视作安赛乐公司的形象大使。但在安赛乐公司内部，这位头发黑亮的"荣誉军团骑士"却遭到质疑，卢森堡的同事们对他非常反感，觉得他就像是多莱的影子，只听命于多莱一人，是一个"黑暗分子"。

10 月 26 日至 28 日期间，阿蒂亚与戴夫扎克在多莱的首肯下进行了数次会谈。他们在伯克利广场两次见面，讨论潜在的合作领域和收购资产的划分问题。10 月 29 日，阿蒂亚在伦敦第三次钢铁业成功战略欧洲会议（The Third Steel Success Strategies Europe）上碰到了戴夫扎克。阿蒂亚说："拉克希米先生很希望有机会与多莱先生谈一谈，是否可以在圣诞节前安排双方见一下面？"

戴夫扎克看着他，心领神会地说："我会尽量安排的。"

戴夫扎克向多莱汇报了拉克希米请求面谈的事情。安赛乐公司的"总理事会"，即运营管理委员会（DG）就此事展开了争论。

马蒂斯对多莱说："这件事不该让戴夫扎克去做。我是总理事会成员，应该由我出面去和阿蒂亚协商。"但多莱厉声答道："我最不希望发生的就是这种情况。如果由你来接手，那么对话的立场就完全不一样了。在这件事上还是低调一些好。"

拉克希米勉力争取能与多莱会面。11 月初，阿蒂亚试图同戴夫扎克敲定见面的日期，但由于多莱事务繁忙，又临近圣诞假期，要约定时间和地点不太容易。拉克希米对阿蒂亚说："我感觉多莱是在拖延。"

与此同时,阿蒂亚让公司的投资人关系总监、曾任汇丰银行钢铁行业分析师的于连·欧尼龙起草一份关于安赛乐公司业务、战略和财务状况的详细分析报告。欧尼龙是法国人,喜欢唠叨。阿蒂亚特地叮嘱他:"这件事我希望你对公司所有人保密。"

于是欧尼龙立即启动这项秘密任务。同时阿蒂亚与戴夫扎克继续保持联络,就像是要长期把这种"每日会议"开下去。一次见面时,阿蒂亚告诉戴夫扎克:"我们公司的销售人员说,你们公司的销售人员生怕拉克希米要把安赛乐公司收购了。我们是决计不会这样做的。"

戴夫扎克回答:"我无权谈论这个话题。"

阿蒂亚又说道:"我还没有和我父亲谈过关于收购的事情。"戴夫扎克之所以无权谈及收购,是因为多莱此刻正忙于在大西洋彼岸结交盟友。

📍 安大略省汉密尔顿

炼焦炉的废气从吐着火舌的高大烟囱上袅袅升起,被熏黑的巨大厂房笼罩在蒸汽和烟雾中,轧钢车间每个都有 300 米长,货运列车在纵横交错的轨道上奔跑,车厢里煤和铁矿石堆成小山,在多法斯科公司数千米以外就能瞧见这些山尖。多法斯科公司成立于 1912 年,当时名为多米尼恩铸造钢铁公司(Dominion Foundries and Steel Company),是加拿大安大略省港口城市汉密尔顿的标志性企业之一。作为汉密尔顿雇员人数最多的公司,多法斯科公司曾被评为北美最具可持续性的制造公司,并屡获殊荣。公司是领先的扁钢生产供应商,其产品用于制造汽车、冰箱、建筑用钢梁和钢筋、能源用管道等。公司还曾获得最佳雇主的称号。1938 年，多法斯科成为加拿大第一个给所有员工分配红利的公司。目前，该公司的 7400 名员工，无论是高层董事还是车间工人，每人的分红所得均占薪资的至少 10%。2002 年，该公司分配给员工的利润共计 5100 万加元。多法斯科在汉密尔顿市区建设了占地 40 公顷的谢尔曼娱乐和学习中心（Sherman Recreation and Learning Center），其员工及家人可以在此娱乐休闲，放松身心。中心有 7 个棒球场、1 个足球场、2 个国家冰球联盟（NHL）规格的标准冰场、1 个高尔夫球练习场、1 个 18 洞迷你高尔夫球场、1 座双用体育馆、多个网球场、6 个训练室，以及"供本中心 45 个俱乐部使用的各种设施"。

自成立以来，公司秉承"多法斯科式"的企业文化，建立并维持着良好的劳资关系，因此公司也无须设立工会。加之多法斯科本就业绩优异、经营有方，自然而然令并购者虎视眈眈。

57 岁的首席执行官唐纳德·A.佩瑟一头银发。他从年轻时就加入了多法斯科，在这里度过了大半生。自 2005 年 5 月以来，佩瑟一直在设法抵御安赛乐公司及其主事人多莱的并购。佩瑟最初是在冶炼车间工作，和多莱一样，都是从底层一步一步走到今天的位置。两人早在 20 世纪 60 年代就已经相识，而且一直保持着联系。早些时候，多法斯科公司和安赛乐公司成立了一家合资企业——达索格尔瓦公司（DoSol Galva Inc.），专门生产汽车行业使用的优质热浸镀锌扁钢。这家合资公司 80% 的股份由多法斯科掌控，其余 20% 的股份归安赛乐公司所有。

目前多莱正在安赛乐公司推行向北美拓展业务的战略，收购地处加拿大的多法斯科公司正好与这一目标完美契合。安赛乐公司在总部位于密歇根州的纽柯钢铁集团（Nucor）的协作下，与多法斯科公司展开对话。纽柯钢铁集团的首席执行官丹·迪米科

（Dan DiMicco）本就有意跳槽到高价值钢材领域。他之前就私下接触过多法斯科公司，不料2001年纽约发生了"9·11"恐怖袭击，导致经济动荡，使得这一计划流产。2005年夏初，多莱和纽柯钢铁集团一道设法与多法斯科公司谈判。他们力图让多法斯科公司的董事会同意他们的收购交易。5月27日，安赛乐公司和纽柯钢铁集团以每股43美元的价格向多法斯科公司正式发出收购要约。

"现在还不是考虑将公司售出的好时机。"佩瑟告诉他的董事们。

接下来，多法斯科公司下了一手漂亮的棋。它先是以3.5亿加元的价格收购了魁北克联合矿业公司（QCM），为汉密尔顿炼钢厂的就近用煤资源提供了战略性的新保障。然后，它又与一家钢管制造公司进行谈判，将其收归旗下。这两个收购项目都将极大地提高多法斯科公司的市场估值，但要到年底交易完成时，才会被公之于众。多法斯科公司还在着手准备魁北克联合矿业公司的上市计划，通过发行股票将多法斯科公司的投资迅速变现。整个夏季，多莱和迪米科仍在对佩瑟进行游说。在6月28日召集的一次电话会议上，他们出于对魁北克联合矿业公司市值的考虑，将收购报价从每股43美元涨到46美元。

但佩瑟直言不讳地说："我们没有打算卖出公司，就算要卖，你们开出的价格也太低了。"

7月6日，多莱再度尝试提议收购一事，仍然被佩瑟拒绝。直接攻势不成，多莱开始在欧洲物色能助他一臂之力的潜在盟友。

多莱知道，多法斯科公司一直在与德国的钢铁和军备集团蒂森克虏伯（Thyssen Krupp）对话。这在业界属于司空见惯的现象，多莱也认为双方不过是进行技术合作意向方面的常规谈判。早些时候，在 2005 年的情人节那天，多法斯科公司与蒂森克虏伯集团就成立合资技术企业事宜在汉密尔顿进行了友好会谈，并在 4 月又召开了一次会议。6 月 12 日至 13 日，即佩瑟拒绝多莱和迪米科收购计划之后一星期，他和蒂森克虏伯集团再次会面。这次会谈的地点是蒂森克虏伯集团的兰茨贝格堡会议研讨中心。城堡建在迈宁根深山密林的一个山坡上，环境隐秘幽静，离埃森市不远。兰茨贝格堡由伯格（Berg）家族的第 5 位伯爵阿道夫（Adolf）在 1276 年至 1289 年间修建。1903 年，实业家、企业家奥古斯特·蒂森（August Thyssen）买下了城堡，并将其修葺一新。

在兰茨贝格堡的重重堡垒里，多法斯科公司和蒂森克虏伯集团就双方在多个领域的合作达成了一致。多法斯科公司的规模不大，需要有技术合作伙伴来助推它进入北美市场，但佩瑟向蒂森克虏伯集团明确表示："我们希望能同贵公司合作，但我们不会考虑将公司出售。"

蒂森克虏伯集团执行董事长埃克哈德·舒尔茨（Ekkehard Schulz）博士不想轻易放弃这个机会。他极力想与这家加拿大公司做成一笔大买卖。他告诉佩瑟："如果有其他公司向贵公司提出单方面收购，我们愿意向多法斯科公司发起竞购报价。"

多莱输掉土耳其和乌克兰的两次竞拍后，急切地想阻止拉克希米对自己的公司出手。11 月 11 日，他再次致电佩瑟。多莱深信，一旦安赛乐公司成功收购多法斯科公司，除自身规模扩大之外，还能在后者的推动下提升资产价值、市场份额和股价，成为拉克希米啃不动的一块硬骨头。"猛虎计划"的一个核心策略就是提高安赛乐公司的市值，使其超出拉克希米的购买能力。多莱确信，由于自己迫使拉克希米在乌克兰拍卖会上支付了高于预算的收购价，拉克希米用于扩张的资金已经严重不足。多法斯科公司有助于安赛乐公司和蒂森克虏伯集团进军北美市场，它们都非常希望成功将其买下。而且，拉克希米在此事上根本无法与它们竞争，因为米塔尔钢铁公司已经在美国建有钢厂，收购多法斯科公司违反了美国的竞争限制法。

多莱坚持劝说佩瑟："佩瑟，我们认为我们和纽柯公司的联合报价考虑非常全面，价格也相当公道。我希望你能在 11 月 14 日的下次董事会上和董事们讨论这个问题，我等你的答复。"他又补充道："我们希望能友好合作，而不想直接在市场上对决。"

佩瑟听懂了多莱话语中的威胁。多法斯科公司的董事会正致力于同蒂森克虏伯集团谈判合作事宜，希望能实现友好合并。但显然多莱已经准备越过董事会，直接向多法斯科公司的股东进行单方面的恶意收购。警钟在多法斯科公司敲响，公司从上到下人人如临大敌。这类事件在整个钢铁行业从没有先例。公司董事会召开会议商讨应对措施，并明确做出决定：不予出售。11 月 16 日，佩瑟打通电话，将这个消息告诉大西洋对岸的多莱。"你们的估值标准还不完善，基本上没有将魁北克联合矿业公司的实质价值考虑进来。我们基于对股东的信托责任，不接受贵公司的收购提议，因为我公司的市值被严重低估了。而且，我们还必须注意维护公司良好的劳资关系，这是多法斯科公司取得成功的关键之一。我们非常珍视同贵公司的友好关系，希望能继续将这种关系保持下去。"佩瑟补充后，挂断了电话。

紧接着，多莱又遭到一次拒绝，迪米科打电话给他，称纽柯集团已对联合竞标项目失去兴趣，准备退出。迪米科担心多法斯科公司的收购价格过高，纽柯集团无力支付，而且他也不希望进行恶意收购。多莱再次走入了钢铁行业的一个未知领域。

汉密尔顿方面，佩瑟和多法斯科公司的管理层正与公司合作已久的金融顾问——加拿大皇家银行（Royal Bank of Canada）相关人员进行磋商。毫无疑问，多莱不会轻易罢休，他很快就会对多法斯科公司发起收购战。现在，是时候请出盟友相助了。佩瑟致电蒂森克虏伯集团找舒尔茨博士，他祈祷这个德国人能救多法斯科公司于水火，帮助他们抵挡多莱的进攻。

此时在伦敦，拉克希米与安赛乐公司首席执行官的会面安排没有进展，这让他倍感沮丧。到了 11 月 23 日，他终于明白了为什么多莱在此前一直行踪不定。安赛乐公司向多法斯科公司发出了恶意收购要约，按每股 56 加元计算，总估值为 43 亿加元。

在伯克利广场米塔尔钢铁公司的办公室里，阿蒂亚和戴夫扎克正在共进下午茶。他开玩笑说："原来你们是在恶意收购多法斯科公司，这在我们行业可算是开了先河了。"

这位多莱的"中间人"微微一笑，随即冷下脸来，答道："不是恶意收购，而是单方面收购。"

5 天后，蒂森克虏伯集团作为白衣骑士现身，将多法斯科公司从安赛乐公司的手中解救出来（在大型收购战中，"白衣骑士"通过竞购避免目标公司被"黑衣骑士"敌对收购，并在与目标公司合并后，持有新公司的大宗股权作为交换；"白衣护卫"不掌握股权，而是担任合并后公司的核心职位）。蒂森克虏伯集团的友好竞价为每股 61.5 加元，即总额 48 亿加元。佩瑟的董事会立即接受了这一报价。

在拉克希米位于瑞士康特瑞拉（Chantarella）、价值 4400 万欧元的新别墅中，壁炉里燃烧着熊熊火焰。康特瑞拉是圣莫里茨镇的森林中的一块空地，高端的考尔维利亚滑雪俱乐部（Corviglia）就在不远处。该俱乐部创办于 1930 年，其主要会员是一些贵族，包括几名来自罗斯柴尔德家族（Rothschild）和阿涅利斯家族

（Agnellis）的成员，还有阿尔巴公爵（Duke of Alba）。像拉克希米这样的世界顶级新贵，在这里和家人同度一年一度的圣诞节和新年假期，无疑是最理想的选择了。拉克希米一家早就是这家俱乐部的高级会员。阿蒂亚在坡地滑雪，拉克希米则选择了更具有挑战性的运动——越野滑雪和滑冰。但即便在休闲放松时，父子俩仍在思索着怎样才能进一步与安赛乐公司拉近关系。和多莱的会面仍然遥遥无期。

他们仔细研究了欧尼龙撰写的关于安赛乐公司的报告。其中提到，安赛乐公司是一家业绩优秀、技术先进的钢铁制造商，其业务地域范围和米塔尔钢铁公司没有冲突，两家公司在技术和市场开拓方面应该有不少地方可以互通有无。同时，欧尼龙也发现了安赛乐公司有两个明显的短板：首先，该公司股份较为分散，其大股东卢森堡政府的持股比例仅为5.6%；其次，安赛乐公司的股值同米塔尔钢铁公司一样被低估，为22欧元。"在我看来，它的股价至少应该翻一番。"报告中如是写道。安赛乐公司的这两个短处让它成为一个很合适的收购目标。

哪怕用实际价值一半的价格就能买下安赛乐公司，但由于双方还有合作的机会，拉克希米也不希望收购对方。"我还是认为应该尝试对两家公司的一些业务进行合并，"他对阿蒂亚强调，"我们必须尝试，而且尽量保持友好。"

12月18日在汉密尔顿，多法斯科公司在美国冰球联盟汉密尔顿斗牛犬队（Hamilton Bulldogs）的老家——位于海湾北路（Bay Street North）和约克大道（York Boulevard）的科普斯体育馆举行了一整天的圣诞派对。入口的冰场上，一棵约21米高的杉树挂满闪亮的彩灯，迎接3万名员工及其家属和公司退休人员的到来。前来参加活动的员工们却都忧思重重。往年，多法斯科公司都会将工厂的一条生产线停工，以举办这场后来成为全球最大之一的圣诞派对盛会。和往年相比，今年的圣诞礼物更丰盛也更好。冰场周围摆满了发放礼品的摊位，未满 16 岁的孩子们争先恐后地挤上前去索要小零食。现场还准备了很多装满美食的礼品篮，供成人享用。

但在这个圣诞节，工人们都充满难以掩饰的焦虑。佩瑟和管理层的同事们在人群中来回奔走，想要安抚他们，让所有员工和其他市民对多法斯科公司的未来、他们的工作和分红奖金（可能占到年度工资的 20%）重拾信心。

"你喜欢哪家公司，蒂森还是安赛乐？"他们反复向佩瑟追问。

佩瑟答道："无论是哪一家，我们都相信能和其很好地合作。我们很了解这两家公司，也和它们都合作过。它们的文化理念和我们是一致的。"他希望这样的回答能让员工们宽心。

12 月 24 日，多莱给佩瑟送上了一份圣诞礼物：以每股 63 加元收购多法斯科公司的要约。

多莱很高兴解决了德国这边的事情。现在，他终于有精力来关注拉克希米，于是答复了拉克希米的面谈邀请。

阿蒂亚告诉父亲："多莱 1 月 13 日过来。"

拉克希米先是露出了不解的神色，接着他的脸上便浮现出熟悉的笑容："阿蒂亚，13 日不是星期五吗？"

多莱不迷信，他对"猛虎计划"即将成功抵制米塔尔钢铁公司对安赛乐公司的收购非常满意。所以，他完全没有意识到对拉克希米来说，老虎是一个非常吉祥的象征。拉克希米生于 1950 年，在中国的十二生肖里属虎。虎寓意好运和权力，这一年又刚好五行属金。用俗话说，这一年是拉克希米的"金虎之命"年。

3

米塔尔钢铁公司的崛起

⬩⬩

🕐 1950 年 6 月 15 日

📍 印度拉贾斯坦邦萨杜尔普尔

拉克希米出生在印度西北部拉贾斯坦邦一个不起眼的小镇萨杜尔普尔（Sadulpur），在 5 个孩子中排行老大。萨杜尔普尔仅 8 万人口，位于丘鲁区（Churu）塔尔沙漠（Thar Desert）的流沙地带，四周遍布荆棘树，距粉色之城斋浦尔（Jaipur）250 千米。在拉克希米出生 10 多年后，偏远的小镇才通上自来水和电。拉克希米的父亲莫汉·米塔尔（Mohan Mittal）和母亲吉塔·德维（Gita Devi）出身贫寒，但他们似乎对儿子的远大前途颇有预见，用印度教财富女神拉克希米的名字给他取名。他们没有固定收入，同一大家子 20 口人住在拉克希米的祖父（卡拉奇的一名小经纪人）自建的一座简陋的房子里，睡着绳子编成的床，用院子里的砖炉做饭。拉克希米刚学会走路，就开始帮家里干从水泵取水的活儿。

米塔尔家族属于马瓦里（Marwari）种姓。马瓦里起源于梵文的 maru 一词，意为"沙漠"。印度工业界大部分显赫的家族都来自这个种姓，其中就包括从拉贾斯坦邦迁居到孟加拉国寻找出路并在那里飞黄腾达的贝拉家族（Birla）和金达尔家族（Jindal）。拉克希米 6 岁时，他们一家人也搬到了加尔各答。莫汉说："孟加拉人只想过得舒坦。他们可不像我们从拉贾斯坦邦来的马瓦里人，饭都吃不上。"

米塔尔一家在加尔各答北郊贫民区的吉普尔路 2 号租了一套底楼公寓。每天，幼年的拉克希米都在城市有轨电车的吱嘎声中醒来。早上 5 点电车发车，电缆就在他窗外一两米的地方。拉克希米没有钱坐车，他每天都走路去学校，遇到雨季，就要蹚过齐膝深的水去上学。

拉克希米学习勤奋，成绩优秀。这个十来岁的少年腼腆内向，内心却渴望着有一天能出人头地，他在尺子的背面刻上"拉克希米，商科学士，工商管理硕士、博士"的字样。那时，拉克希米的父亲在加尔各答一家小型钢铁公司上班，同时也当上了这家名为英属印度轧钢厂（British India Rolling Mill）的公司的合伙人。每天上午下课后，他都会去厂里给父亲打打下手，做点收发邮件和跑腿的杂活儿。钢厂里，巨大的轧钢辊在橡皮带和滑轮的驱动下，将烧得通红的钢轧制成棒状、条状和板状的钢材，这个景象也让拉克希米燃起了对钢铁行业的热情。无论是从传统还是文化的角度来看，他将来的发展方向几乎都已成定局。马瓦里家族活跃在茶叶、纺织、制造业、采矿和钢铁等行业，他们坚持家族式公司的运作方式。其子女、兄弟姊妹乃至女婿也算作家族的一分子，都要参与业务经营、工厂管理或策划并购等事务。在大部分的马瓦里企业中，家族都执掌大多数股权。莫汉的 5 个兄弟也成立了一家从事钢铁贸易的企业。1963 年，他们取得了许可在被称作"印度饭碗"的南部安得拉邦（Andhra Pradesh）建造轧钢厂，由此诞生了莫汉家族的首家制造公司，命名为伊斯帕特（Ispat），在梵文中意为"钢铁"。5月和6月学校放假时，拉克希米便来到这里，学习钢厂的运作。

16岁时，拉克希米进入知名的圣泽维尔大学（St Xavier's College）就读。这所（耶稣）教会学院位于帕克街，是一座白色的五层建筑，采用新殖民主义风格建造，富丽堂皇、雄伟壮观。拉克希米是印度教徒，学校本不欲录取，但最终因为他接近满分的会计和数学成绩还是破例录取了他。在此前，拉克希米上的是一所印度语学校。来到圣泽维尔大学后，他看到这里的大多数学生非富即贵，说一口流利的英语，出入各种高档场所。和他们比起来，15岁时才第一次进餐厅吃饭的拉克希米感到自卑。他与同学们不一样，他不仅要去家里的工厂帮忙，还要在课业之外上夜校，学习金融和营销课程。

1969年，拉克希米从圣泽维尔大学毕业，取得了商业会计学士学位，他在会计和商业数学这两门学科的成绩还创下了该校的最高分纪录。拉克希米的成功来自他不懈地努力拼搏。但他却没有勇气给常年在外打拼的父亲打一个长途电话，亲口告诉他自己的好消息。于是，他给父亲发了一封电报。收到消息后，父亲送给儿子一支犀飞利钢笔（世界著名钢笔品牌）表示祝贺。

拉克希米的身体里流淌着属于钢铁的血液，但最初让他放弃教职而选择了这个行业的，仅仅是因为不想早起。他上台领取学位证书时，校长说："拉克希米，你明天开始上班吧，来教会计课。"

"好。那我几点到？"

"刚开始工作的几年是早上6点。"

"6点钟？我不想再起这么早了，"拉克希米答道，"读大学这3年，我已经受够这个罪了。"

就这样，拉克希米开始了他在家族生意的工作。那时，伊斯帕特公司发展势头正旺。他们全家搬到了加尔各答市南部最为高档、房价也最贵的郊区——阿里布尔的一座豪宅居住。莫汉怀着几分倨傲之情，将这座房子取名为"米塔尔之家"。

3年后，21岁的拉克希米戴着眼镜、留着笨拙的刘海和浓密的小胡子，来到加尔各答俱乐部和3位女士喝茶——他就要见到自己未来的妻子了。乌莎·达尔米亚（Usha Dalmia）是来自瓦拉纳西（Benares）的一名读经济学的学生，和她坐在一起的是她的母亲和姑姑。她们同拉克希米谈起乌莎有多么可爱迷人，并问他意下如何。按照传统的包办婚姻程序，被牵线的男女双方不会直接沟通，但乌莎真诚的笑容仍然让拉克希米为之着迷。接下来，他和乌莎的父亲见了面。她父亲从事造纸和工程方面的工作，一番交流令拉克希米印象深刻，他对自己说："他这么聪明，乌莎哪怕只继承了他的五分之一，我也要娶她为妻。"

拉克希米给乌莎写了一封信寄到瓦拉纳西，以正式的口吻写道："欢迎你成为我人生的伴侣。"两周后，拉克希米和乌莎宣布订婚，两人第一次通过电话倾谈。拉克希米对待工作全心全意、不辞劳苦的精神，令乌莎折服。而在他不苟言笑的外表下，还藏着一个惊喜——他总能给她带来欢笑。

受到莫汉的影响，拉克希米十分勇于"迎接挑战，不被新局面吓倒"。但父亲的另一句格言也令他倍感压力："如果我的几个儿子不能超过我，那我的生意就完了。"父亲一直给予他激励，但同时也对他十分强势。家里的生意蒸蒸日上，两个兄弟维诺德（Vinod）和普拉莫德（Pramod）也开始加入。这让20多岁的拉克希米有了被捆住手脚、难以施展的感觉。

1975年，25岁的拉克希米在印度尼西亚东爪哇省的泗水市，凝视着眼前的一片片稻田。他的父亲原本打算在这里建造钢厂，但由于受到官僚主义和政府的重重阻挠，他们拿不到相关许可证，电力供应也无法保证。因此他让拉克希米来把这块地皮卖掉。原本拉克希米想只花250美元参加一个低价的东南亚旅行团，在度假期间顺道来这里看看。但现在，他决定不按指示行事，而是奉行父亲曾教给他的信条——直面挑战。

拉克希米去了零售市场，了解条钢（用于制造传动装置、各种工具和工程产品）和钢筋（用于加固混凝土）的价格，发现这些材料的利润很高。当时，几家日本公司垄断了印度尼西亚的钢材市场，而他们只在印尼销售成品钢材。眼下正是一个机会，可以在印度尼西亚开设第一个真正生产钢材的钢厂，狠狠打击这些公司。拉克希米打算建一座采用电弧炉的迷你钢厂，这种电弧炉使用的原料是经过浓缩的铁矿石球团，即"直接还原铁"，大幅度削减了庞大笨重的焦化设备和高炉的购置和操作成本。与传统钢厂相比，迷你钢厂的成本优势可高达50%。接着，拉克希米打电话给他的父亲，告诉他："我不去度假了，我要在这里把厂子建起来。"

但问题是，他身上没有现金，而且即便有钱，印度政府也不会允许他将卢比带到国外。不过他发现，印度确实有一项政策可以允许他在海外投资。他可以在印度购买设备和建筑材料，将其出口到印度尼西亚。根据政策，印度政府会向他提供相当于这些物资成本85%的贷款。最终，拉克希米用伊斯帕特公司200万美元的股票、当地合作伙伴提供的175万美元现金以及印度银行新加坡分行提供的370万美元贷款完成了这笔交易。

拉克希米和早先沟通过的能源部门及电力公司再次联络，拿到了许可证和供电方面的手续。他的钢厂正式营业了。

1977年11月21日的午夜，拉克希米站在炽热的厂房里，空气中漂浮着金属粉尘，燃烧着赤红色火焰、高达 1400 摄氏度的熔炉让他不停眨眼。乌莎站在他身侧，怀中紧抱着他们的幼子阿蒂亚。随着金属轧辊沉重的撞击声，轧机生产出了第一根钢筋。拉克希米的心中充满了期待，他的两个兄弟和父亲也在现场，这是他有生以来最开心的一天。

拉克希米可能是第一个在国外开设钢厂的印度人，但他每个月付给自己的薪水只有 250 美元。他入手了一辆二手的大型轿车。这是一辆银色的澳大利亚霍顿（Holden）汽车，既给家人使用，也供他上下班代步——钢厂到最近的公交车站至少有 2 千米。拉克希米聘请了他在加尔各答认识的比卡姆·阿加沃尔协助他管理工厂事务，并培训 400 名当地员工。阿加沃尔 24 岁，之前在一家生产黄麻用于制作麻袋和麻绳的加工厂担任出纳，拉克希米没有花太多力气，就说服了他加入钢厂一道创业。

轧钢厂的工作相当繁重，拉克希米和阿加沃尔大部分时间都待在厂里。在幼年阿蒂亚的记忆中，4 岁的他和母亲睡在霍顿汽车的后座上，等着到厂里去处理工作的父亲。对于乌莎来说，生活同样挑战重重。她要在一个语言不通、文化迥异的国家抚养孩子，而传统上的印度大家族也帮不上她的忙。于是，乌莎一开始也经常待在钢厂里，只有这样她才能更好地了解丈夫。同时，她也开始一点一点熟悉公司的业务。

1978 年是拉克希米的泗水轧钢厂营业的头一年，全年共生产了 2.6 万吨钢材。在印度尼西亚货币贬值了 50%、原材料进口价格飙升的局面下，该钢厂仍创下了 1000 万美元的销售额，利润达 100 万美元。日本公司纷纷撤出当地市场，但拉克希米稳坐钓鱼台，甚至开始向日本出口少量的钢材。又过了 11 年，钢厂的年产量达到了 33 万吨。这时，拉克希米已经是两个孩子的父亲，1981

年，他又有了宝贝女儿瓦尼莎（Vanisha）。他又想，既然自己能建立一家成功的钢厂，为什么不再建一家呢？但同时拉克希米也有自知之明——他已经39岁，不可能再去从头一家又一家地建厂了。但他没有忘记这个信条："迎接挑战，不要被新局面吓倒。"于是，他决定不再开设新厂，而是开始收购已有的钢厂。

当时，拉克希米钢厂的原材料供应还难以保障，炼钢所用的直接还原铁和废钢都由印度尼西亚西爪哇省的一家供应商提供。因此，他又开始在加勒比地区物色供应商。当时，毛里求斯的国有企业特立尼达和多巴哥钢铁公司（ISCOTT）正濒临破产。这家公司由汉堡钢厂有限公司（Hamburger Stahlwerke）的60名德国人共同管理，每年的管理成本高达200万美元。由于合同到期，路易港政府决定向社会公开招标，寻找下一任管理方。拉克希米明白，他打响收购第一枪的机会来了。他和毛里求斯的政府官员们谈道："现在，你们的公司每个月亏损1000万美元。如果让我来管理，我每个月付给你们1000万美元。"拉克希米承诺，他可以提升钢厂的产量，并削减成本来改善经营，从而提高利润。对方应允了这笔交易，同时拉克希米又附加了一个条件：如果他兑现了自己的承诺，那么5年后他将有权收购该公司。

缩减成本和持续经营是拉克希米经营的两大要诀。德国人退出了公司，60名印度籍管理人员取代了他们的位置，每年的成本为200万美元。其中有一名热爱卡利普索音乐的年轻注册会计师，名叫苏德·玛赫什瓦利，为日后公司的发展发挥了举足轻重的作用。

1989年，当拉克希米签下特立尼达和多巴哥钢铁公司的收购合同时，其年产量为42万吨。到1993年，这一数字已增至100万吨。拉克希米终于将这家工厂买断，更名为伊斯帕特加勒比公司（Ispat Caribbean）。

1991年，拉克希米到墨西哥中西部米却肯州南部的港口城市拉萨罗－卡德纳斯考察一家先进的钢铁厂。当时，墨西哥政府对这家工厂的效益不甚满意。该厂利用直接还原铁和电弧炉技术生产优质的"钢板坯"，其产品既可用于建筑行业以及油气管道铺设，也适合汽车行业和电器行业的复杂应用。在钢铁行业的传统观念中，高端市场和低端市场有严格的区分，所以这种定位并不现实。但拉克希米对此并不苟同。在他看来，这个工厂的真正问题在于没有充分发挥产能。其原本的设计年产量为200万吨，但由于石油产业衰退导致钢铁价格暴跌，目前年实际仅生产50万吨，最终造成每天100万美元的亏损。他回到印度尼西亚后告诉阿蒂亚："我刚去了一个'墓地'。"第二年，他买下了这块"墓地"，把工厂转型为一家私有企业。

拉克希米仅仅花2亿美元便完成了首次大宗收购，墨西哥政府也因为卸下了这个负担而庆幸不已。拉克希米再度采取了降本增产、对年轻工人再培训等一系列措施。改革后的第一个月，工厂就生产了7万吨钢材。拉克希米在对工人们表示祝贺的同时，又给他们下达了更高的目标——月产20万吨。他对首席运营官马来·慕克吉说："你们当然能够实现这个目标。"慕克吉以前在印度最大的国有钢铁厂工作，是厂里最年轻的执行董事。在拉克希米手下工作和在国有钢铁厂工作截然相反，但他非常享受这种艰苦而充满波折的过程。即便如此，慕克吉也没有把握能达到这样的交付效率。实际上，月产20万吨并不是拉克希米拍脑袋决定的数字，而是经过了周密评估后的结果。慕克吉说："现在工厂的停工时间占了30%，这个比例太高了。如果对更多员工进行培训，再加大备件投资，就可以将闲置的设备利用起来。"

拉克希米现在面临的最大风险是：鸡蛋太多，而篮子太少。新的愿景开始在他的脑海中形成。很简单，在现代化的社会中，国营的地方性钢铁公司已难以为继。和造车、造船以及制铁和煤炭等领域一样，钢铁行业也势必全球化。比赛开始了。拉克希米锋芒毕露，向种种看似不可能的任务发起挑战。1994 年，他收购了加拿大魁北克的希德贝克 – 多斯科公司（Sidbec-Dosco）；次年，又在汉堡钢厂有限公司的竞购战中大获全胜，成立了伊斯帕特运输公司（Ispat Shipping），并将旗下的所有企业合并为一家新公司——伊斯帕特国际公司（Ispat International）。

但就在此时，米塔尔家族内部产生了矛盾。拉克希米对此绝口不提，但家人之间出现了多次争吵。他的父亲莫汉和兄弟们想继续在印度发展。莫汉认为，大儿子走得太远，也太快。以往的收购项目，莫汉总是作为家族企业的负责人来参加相关会议，但在收购希德贝克 – 多斯科公司时，前往加拿大的只有拉克希米一人。

拉克希米正以飞快的速度勇往直前。他所有交易的资金均由瑞士瑞信银行提供。瑞信银行的高级分析师杰里米·弗莱彻对拉克希米印象深刻，谈起他时非常兴奋。弗莱彻认为，欧洲的钢铁企业因长期的国有化和产能过剩早已满目疮痍，在年迈的管理层的领导下，只能依靠国家的巨额补贴苟延残喘，而敢想敢做的拉克希米为这个行业注入了新鲜血液。在美国，钢铁行业已成为一个"铁锈地带"，有点本事的人都已在前些年离开了这个领域。在弗莱彻看来，拉克希米发现了一种新模式，这也让他从瑞信银行贷款非常容易。弗莱彻以拉克希米如何颠覆钢铁业为主题撰写了一份研究报告，文章的标题就叫《世界最强钢铁公司》。

那是 1995 年，当时拉克希米的姓名还鲜为人知。接下来，他把目光投向了哈萨克斯坦。

哈萨克斯坦的国土面积超过整个西欧，与俄罗斯、吉尔吉斯斯坦、土库曼斯坦、乌兹别克斯坦和中国接壤。1991 年 12 月，在改革派领袖努尔苏丹·纳扎尔巴耶夫（Nursultan Nazarbayev）的领导下，哈萨克斯坦宣布独立建国，是苏联的加盟共和国中最后一个宣告独立的国家。哈萨克斯坦拥有丰富的自然资源，铀、铬和铅的储量在全世界名列前茅，还有丰足的天然气、汽油、煤炭、黄金和钻石蕴藏量。但在苏联解体、其中央计划经济体制倒塌后，哈萨克斯坦的经济也彻底陷入崩溃，其人均国民总收入仅为 2930 美元，比美国——当时的另一个钢铁生产大国少了近 30000 美元；其全国男性人口的平均寿命仅为 58 岁。这个时候的哈萨克斯坦，就像一片现代的淘金地，等着人们前去发掘。

卡尔美特钢铁公司（Karmet Steel）是这个国家急需私有化的企业之一。这家大型工厂占地约 500 公顷，位于哈萨克斯坦北部卡拉干达地区（Karaganda）矿产资源富饶的努拉河（Nura River）河畔，属铁米尔套市（Temirtau）。每天都有贸易商骑着驴来到这里采购钢材，他们的驮篮里装满了大幅贬值的当地货币坚戈。也有一些人更愿意以货易货，在工厂门口打听着要多少台黑市上的电视机才能换到一吨钢铁。

拉克希米也来了。在其他竞争对手的眼里，这个钢厂的经济状况正处于困境。而他却从中发现了机遇：中国的发展日新月异，它为了创建耀眼夺目的新经济秩序，需要建起高楼大厦、高速公路和机场，那么必然需要钢铁。拉克希米推断，要向中国市场发展，还有比邻国哈萨克斯坦更好的战略要地吗？因此，他看准了位于铁米尔套的卡尔美特钢铁公司。这座面积庞大、浓烟滚滚的钢铁厂由苏联战俘建立，是世界上最大的单一场址综合钢厂之一，它拥有 15 亿吨的自备煤矿、17 亿吨的铁矿和一个 435 兆瓦火力发电站，为钢厂的三座大型高炉、多台焦炉、板坯轧机、热轧及冷轧机，以及多条电解镀锡和热浸镀锌的涂装生产线提供原料供应和能源保障。拉克希米作为经营迷你钢厂的专家，现在也要加入高炉炼钢的行列中。

有意思的是，纳扎尔巴耶夫总统在步入政界之前也从事过冶金工作，而他职业生涯开始的地方正是铁米尔套。根据眼下的经济形势，他决定在钢铁业推行私有化。

拉克希米拜访了世界各大银行，寻求资金支持。但这些银行均未在哈萨克斯坦设立分号，也不了解该国的情况，他们都拒绝通过伊斯帕特公司为拉克希米提供贷款。最终，拉克希米以米塔尔集团的名义申请到了一笔贷款。米塔尔集团是拉克希米用他家族的有形资产成立的一家私有企业，因此银行更愿意向其出借款项。拉克希米以 4 亿美元的低价买下了卡尔美特钢铁公司，同时还争取到了一系列重大特权，包括延期交税、钢厂自私有化之日起 10 年内不适用任何新的环境法规等。

拉克希米对纳扎尔巴耶夫总统的深谋远虑大加赞赏，旋即便启动了钢厂的工作。镇上有 25 万居民以工厂为生，而在这之前，工人们已经有 6 个月没有领到工资了。拉克希米承诺将欠的薪水补发给他们，一共是 900 万美元左右。但这些工人没有银行账户，甚至连现金都没有领过。之前的工资都是工厂用自己印发的代金券代替的。于是，拉克希米开始将硬通货兑换成当地货币坚戈。但没过几天，哈萨克斯坦中央银行打电话给他，说他要一次性将这么多的硬通货存入当地银行系统，又以坚戈取现，会加重通货膨胀，导致经济崩溃，造成难以挽回的后果。一时间，拉克希米进退维谷。为了兑现对工人们的承诺，他想了一个办法：在以银行系统可负荷的速度把钱存入的同时，每隔 15 天，他包机从哈萨克斯坦当时的首都阿拉木图（Almaty）出发，向南飞行 1000 千米，将一箱箱现金亲自送到铁米尔套。

　　拉克希米还调来了印度的管理人员，他们中很多人有在苏联留学的经历。20 世纪 70 年代到 80 年代，美国向巴基斯坦提供军事武装时，苏联与印度结盟，接收了一大批印度留学生。这些人懂俄语，对当地人的心态和思维也更为了解。但拉克希米要做的远不止这些。接下来，他还买下了当地濒临倒闭的电车和铁路服务部门；收购了发电厂，在冬季气温降至零下 40 摄氏度时，保障工厂和城市的供暖；他还买下了电视台、当地的多家煤矿和铁矿，为 27000 名矿工保住了饭碗。拉克希米曾在采访中对记者说："买下一整座城的感觉，着实妙不可言。"他还向欧洲复兴开发银行（European Bank for Reconstruction and Development）贷款数百万美元，并善加利用以促进钢厂的提升和发展。

　　不出一年，铁米尔套的这家工厂就转亏为盈，产钢量翻了一番，达到每月 25 万吨的产量。这一来，拉克希米被哈萨克斯坦的许多人奉为救世主，受拥戴的程度仅次于总统。他所到之处，警察都肃然立正以示尊敬。不过，因为实施裁员，有 10000 名矿工和钢铁工人即将丢掉工作，他们就不一定这么想了。

　　同样是在 1995 年，拉克希米不顾父亲和兄弟的反对，把自己的股权从家族在印度的公司中分离出来，全身心投入自己的两家公司，即在荷兰注册的伊斯帕特国际公司和他独自经营的米塔尔控股公司（LNM Holdings）。伊斯帕特国际公司旗下有拉克希米位于墨西哥和加拿大等国家的一些业绩稳定的资产。米塔尔控股公司下则是风险系数相对较高的一些企业，其中包括他在哈萨克斯坦收购的钢铁公司和最早在印度尼西亚建设的钢厂。由于拉克希米现在越来越多的时间都用在并购项目上，这两家公司现在都由达尔米亚打理经营。同家族脱离，是拉克希米一生中所做的最艰难的决定。他们一家人本就亲密无间，不分你我。分家足足花了一年的时间，整个过程让双方多次伤心落泪。对于拉克希米的两个弟弟维诺德和普拉莫德，乌莎一直以来就担任着母亲一般的角色。所以面对此事，她也是心乱如麻。在米塔尔家族分割财产之后的两年里，他们两边都互相没有说过话。

拉克希米扩张的速度越来越快。他和家人从印度尼西亚搬到伦敦居住。毫无疑问，伦敦为外国富豪减免巨额税收的政策极大地吸引了他。根据这项政策，伦敦的外国居民如果申请了"临时居住身份"，其海外收入所得就能免税。而且，伦敦位于亚洲和美国之间，地理位置非常优越，这也是他选择迁居到此的原因之一。乌莎在伦敦主教大道（The Bishops Avenue）上购置了一套名为"夏宫"（Summer Palace）的房产。主教大道是一个富人区，以汉普特斯西斯（Hampstead Heath）为起点向北延伸，住在这里的都是沙特的王子和俄罗斯富商之类的有钱人。

到 1995 年，拉克希米所拥有企业每年的钢材产量达到了 1120 万吨。当年 8 月，他在汉堡的一个会议上发表演讲，称要实现 2000 万吨的目标，而当时世界上最大的制造商日本新日铁（Nippon Steel）的年产量也不过 2700 万吨。众人纷纷嘲笑这个暴发户的狂妄。钢铁行业的人都认为他们不需要全球化，公司的高管们也从没有想过这样大的目标。他们从没有设想过，钢材可以运输到全球各地的客户手中，也没有看到规模化的优势所在。就连忠实支持拉克希米的一些人，也认为他太过冒险了。在哈萨克斯坦的交易完成后，慕克吉曾对他说："拉克希米，我们是不是该暂缓一年，做一下计划？"而后者给出的答案和以往一样："不行。

我们必须得继续发展，继续前进。"

1997 年，在瑞信银行和弗莱彻的努力下，伊斯帕特国际公司在纽约和阿姆斯特丹的证券交易所上市，发售其 20% 的股份，价值近 7.8 亿美元，为钢铁行业有史以来规模最大的一次股票公开发行。其余 80% 的股份通过米塔尔控股公司掌握在拉克希米手中。那时，在拉克希米的经营下，公司营收已攀升至近 25 亿美元，利润也达到 1.4 亿美元左右，在业内堪称佼佼者。因此，其股票超额认购比例高达 8 倍，开盘价为 28.5 美元。在当年的《星期日泰晤士报》富豪榜上，拉克希米被评为英国最富有的人之一，身价约为 22 亿英镑。

1998 年，拉克希米在纽约的一次国际会议上，对众多行业前辈谈起他对集中化和全球化的设想。他认为，实现了这两点，才能避免反复的大起大落给钢铁行业带来灭顶之灾。正如汽车业和采矿业的现状那样，整个行业集中为规模较大的几家企业时，它们的影响力也会增强。他说："钢铁行业的地区性生产商规模小、数量多，而且国有化的比例很高。要促进整个行业的长期健康发展，我们必须改变这种状况。"

回答他的只有一片静默。大多数人都认为，钢铁行业必须保持现状，即由地域性的小型企业组成。一年之后，钢价再次大幅下跌；随后，美国三分之一的钢铁公司申请破产。

拉克希米的收购行动仍然如火如荼。他决定将自己的钢铁帝国的版图延伸到美洲。于是，他飞到委内瑞拉，打算收购其国有的西多尔钢铁公司（Sidor）。但同时，业内的其他公司开始纷纷效仿他的收购战略。在此之前，伊斯帕特国际公司开出的并购价格总是无人能及。而到了 20 世纪 90 年代后期，越来越多的国家政府开始设法将经营惨淡的钢铁厂出手，其他人也开始发现，可以借这些机会以较低的成本进入钢铁行业。拉克希米向西多尔钢铁公司报价 20.45 亿美元。但就在他即将成功买下的关键时刻，突然杀出一个当地投资者组成的财团，他们给出了 24 亿美元的竞价。拉克希米非常怀疑这次中标的背后有猫腻，他沮丧不已，不等拍卖结束就黯然离场。在拉克希米赶往加拉加斯机场去乘坐私人飞机的路上，他已经调整好思绪，开始为并购计划里的下一个目标做打算了。到了机场，他给内陆钢铁公司（Inland Steel）的负责人鲍勃·达内尔（Bob Darnell）打了一通电话。内陆钢铁公司总部设在芝加哥，是全球最大的单一钢铁企业之一。拉克希米问他："想不想和我做一笔交易？"随即开出了自己的价码。拉克希米的游说让达内尔心动了。几个月后，他觉得可以谈一下。

拉克希米让他的谈判团队坐商务机回伦敦，自己则乘坐私人飞机来到美国，最终以 14.3 亿美元买下了内陆钢铁公司。他不用再理会委内瑞拉那边的情况了。现在，他一只脚已经踏入美国市场，他所统领的钢铁帝国每年生产约 1900 万吨的钢材。但当他就融资一事和瑞信银行的工作人员电话联络时，后者并不支持。他们说："你给的价太高了。钢铁业现在不景气，你可以把价格再压低一些。"

在这种情况下，大多数西方国家的商人都会掉头找到卖家，以行业萧条而且银行不予贷款为由，与其重新谈判卖价。但在拉克希米看来，内陆钢铁公司潜力非凡，可以为他极大地节省平均生产成本，他可不想因为谨小慎微而丢掉这个机会。而且，他和达内尔已经达成一致，认为不可能再讨价还价了。于是，他告诉瑞信银行的工作人员："我已经决定了，你们只需要照着做。如果你们不同意，我就去找其他银行。"

拉克希米回到办公室后，委内瑞拉竞标失利的疑云又重新萦绕上了他的心头。他让手下的人彻查安全方面的漏洞，果然发现他的手机遭到了窃听。钢铁业开始有人搞旁门左道了。以前，这个行业谁也看不上他，还觉得他特立独行，过于疯狂。而现在，他们似乎对他的一举一动都充满防备。

但除此之外，拉克希米还需要去解决一些更重要的问题。瑞信银行的判断是正确的，他收购内陆钢铁公司的时间点不合适，会让伊斯帕特国际公司负债过重。钢价暴跌，全球的板材价格回落约40％。伊斯帕特国际公司无力提供更多的资金进行收购，其股价迅速下跌，先是在9美元左右徘徊，之后又随着整个行业的进一步衰落，而跌到了1.9美元的谷底价。拉克希米成为一个"便士股票"老板，这让他接近崩溃。股东们也怨声载道，认为他辜负了他们的信任，让他们的投资打了水漂。和拉克希米合作的信托投资公司也因此大幅贬值，竞争对手们在一旁幸灾乐祸，等着看这个狂妄自大的蛮干家一败涂地、比神话中掉进海里的伊卡洛斯还要惨的这样一出"好戏"。

阿蒂亚20岁出头，他和父亲拉克希米之间有一种近乎心灵感应的默契。父子二人十分亲密，当阿蒂亚离家去宾夕法尼亚大学赫赫有名的沃顿商学院［该学院由约瑟夫·沃顿（Joseph Wharton）创立，他是总部位于宾夕法尼亚州的伯利恒钢铁公司（Bethlehem Steel）的联合创始人］读书时，拉克希米无法前去机场给阿蒂亚送行，因此他很是难过。3年后，阿蒂亚以优异的成绩毕业。他去了瑞信银行工作，担任分析师。这份工作并不称心，他在那里待了6个月就离职了。有人认为分析师的工作苦不堪言，他们评估行业、市场及市场主体的表现，并预测未来的趋势，每周的工作时间长达100个小时。阿蒂亚长相出众、举止有度，还是一位阔少，和他的父亲关系亲密。这样的身份反而让他做起这份工作来尤为艰难。别人不愿意做的烦琐杂事都分给他做，他对此并不违抗，而是埋头苦干，比其他人都要努力，尽其所能去了解金融市场的相关知识以及银行家的思维方式。拉克希米发现儿子骨子里有经商的天赋，于是让他回到家族企业，参与打点伊斯帕特国际公司上市的事宜。在父亲的精心栽培下，阿蒂亚被提拔为公司的并购业务负责人。

到 2000 年、2001 年和 2002 年，钢铁行业一直萎靡不振，业内大部分的公司在收购方面都愈加谨小慎微，只有米塔尔家族仍然保持着干劲儿。拉克希米看得很长远：他认为，在萧条的经济下，工厂的生产成本处于历史新低，这正是继续收购的绝佳时机。阿蒂亚利用他们通过米塔尔集团在哈萨克斯坦赚取的利润，完成了众多收购交易。他们以锐不可当之势，在阿尔及利亚、波兰、罗马尼亚、马其顿、捷克、南非和法国买下数家钢厂，因此增加的销售额达数亿美元。拉克希米强势的并购路线遭到了同行业一些人的不满。有一次，面相看起来只有 17 岁左右的阿蒂亚和多莱的老东家法国优基诺公司谈生意时，对方有一个人拿着他的名片仔细端详，然后带着几分讽刺戏谑道："名片上说你是兼并收购（M&A）负责人——我看你只负责考试得 A 吧？"

苏联集团资金紧缺，和他们的谈判向来充满艰难曲折。就拿罗马尼亚政府所有的西德克斯（Sidex）钢铁公司来说，在玛赫什瓦利独自一人前往罗马尼亚 60 次之后，拉克希米才最终将其拿下。其他公司的收购过程也概莫能外。那些唯利是图的当地官员叫他们"印度人"，让他们在空荡荡的房间里等上好几个小时甚至好几天，才能见到公司的高管，希望他们耐不住性子就会走掉。但是，拉克希米和他的手下从来都没有半途而废。速度、攻其不备和多样化是拉克希米的口号，除此之外，他还有一个秘诀，那就是

"坚持"。拉克希米接管了他所收购的每家公司的债务，并通过他合作的瑞信银行和汇丰银行（他近来与后者合作频繁，关系密切）为其寻求资金支持。这意味着大多数时候，他买下这些钢厂的实际成本并不高。来自印度的管理人员逐渐被引入这些公司，这些公司的生产力得以提高。

在实施收购战略的过程中，拉克希米频频遭到责难。2001 年，他向英国工党捐赠了 12.5 万英镑。恰巧也在这个时候，英国首相及工党党魁托尼·布莱尔（Tony Blair）给罗马尼亚总理写了一封推荐信，表示支持拉克希米收购西德克斯公司。拉克希米坚称，布莱尔是应英国驻罗马尼亚大使的要求写的这封信，"那时我们已经收到通知，对方接受了我们的报价。我向工党捐款，是出于对这个党派及其领导人的热爱。我从未对他们提出过任何要求，也没想过要有任何回报。"布莱尔被指责因为他支持像拉克希米这样的非英籍商人，对康力斯（Corus）等本国的竞争公司造成了损害。布莱尔对此嗤之以鼻，称这种指控是"垃圾门"。暴风雨平息了，但拉克希米很是气恼。尽管如此，他仍不惧流言蜚语，在 2005 年 7 月向工党再次捐赠了 200 万英镑，由此又掀起了一场轩然大波。拉克希米从欧洲复兴开发银行申请了 1 亿美元的贷款，开始在西德克斯公司实施裁员，这家工厂逐渐开始转亏为盈。

当年在哈萨克斯坦和波兰的收购项目中，拉克希米曾借助游说集团和中间商来协助他解决收购和接管事宜。这些项目后来也成为媒体和调查人员审查的对象。英国广播公司的《金钱节目》（*The Money Programme*）称，比利时有一名叫帕特科·乔迪耶夫（Patokh Chodiev）的男子接受了腐败调查，查出拉克希米曾以 1 亿美元为报酬，让该男子去接触比利时总统纳扎尔巴耶夫，游说后者允诺拉克希米收购铁米尔套的钢厂。节目中提到，传闻乔迪耶夫一帮人的核心成员与苏联的犯罪组织有牵连，但这一说法没有得到证实。2007 年 5 月，英国《金融时报》（Financial Times）报道称："乔迪耶夫及其两名助手因被指控洗钱，或将退出欧亚天然资源股份有限公司（ENRC）董事会，以避免影响公司上市，目前此案尚待裁决。"三人对上述指控均矢口否认。

马雷克·多赫纳尔（Marek Dochnal）——波兰最出色的说客之一——也卷入了拉克希米的风波。2004 年 3 月，在多赫纳尔的协助下，拉克希米完成了一笔交易，一次性收购波兰胡塔钢铁公司（Polskie Huty Stali）69％的股份，并享有额外购买其 25％股份的选择权。在此之后，多赫纳尔以涉嫌在私有化交易中的贿赂和腐败行为的罪名而被捕，目前在押待审。但这些指控均与拉克希米无关，拉克希米再一次为自己辩白："在这些国家，你需要有人给你提供指导和建议，帮你接洽联络。当时，没有哪家大型投资银行了解哈萨克斯坦的情况，也不能提供相关建议。他们甚至连这个国家在哪里都不知道，所以我只能寻求当地人的协助，其他想在那里做生意的人也是这样做的。"

接下来，拉克希米在哈萨克斯坦的矿井安全问题又进入了人们的视线。2004 年 12 月，矿井的气体探测器发生故障引起爆炸，23 名矿工丧生。事发后，拉克希米立即赶往现场，安抚遇难者家属。他站在纳扎尔巴耶夫总统身边，表示自己对此事非常关切，同意尽快支付赔偿金，并承诺拨款数百万美元以升级矿井的安全设施。

而在爱尔兰，拉克希米点石成金的本事第一次失灵了。2001 年，他在发出通知后几个小时内，从位于科克市的前爱尔兰豪尔波兰钢铁厂（Haulbowline）撤资。这家工厂是他 5 年前以每股 1 爱尔兰镑的价格买下的。这是拉克希米经历的第一次公司倒闭事件，遗留的债务高达 5700 万欧元，400 人因此丢了工作。根据裁员政策，州政府给工人们发放了拖欠的工资、假期补贴和其他大部分应得权益，共计数百万欧元。但拉克希米仍因仓促撤资而遭到工会的非难。对此，拉克希米是这样回应的："我们的协议是维持经营 5 年时间，现在 5 年已经满了。我们在投资、就业和社会责任方面的所有承诺，也都已经全部兑现。5 年来，我在这里已经投入了 3500 万爱尔兰镑。但我的顾问们告诉我，他们看不到让工厂赢利的希望。从这个角度来说，我们的撤资并不突然。"

虽然仍有批评的言论，认为拉克希米采用的一些方法不恰当，但这对他也没有什么实质性的影响。他还是继续带着微笑，在成功的道路上越走越远。2003 年，拉克希米斥资 1000 万美元买下了捷克的诺瓦钢铁厂（Nova Hut）。重整旗鼓后，现在这家工厂的资产价值已接近 20 亿美元。米塔尔钢铁帝国经过不断地扩张，已横跨四大洲，在 14 个国家拥有钢铁厂。哈萨克斯坦就是这个帝国的动力中心，以其曾经 15 万吨而现已快要超过 400 万吨的产量，满足着中国对于钢铁的庞大需求。2005 年 4 月，拉克希米以 150 亿英镑的个人财富超越罗曼·阿布拉莫维奇（Roman Abramovich），跃居《星期日泰晤士报》富豪榜上的英国首富。

21 世纪初的几年里，钢铁行业动荡不定。但拉克希米的身边，始终有一个紧密团结、忠心耿耿的团队在跟随着他，尽心尽力辅佐着他。其中有个人一直不离拉克希米的左右，那便是他的儿子阿蒂亚，也是他现在生意上的合作伙伴。

2001 年，拉克希米的母亲患上了不治之症，一家人因为这个不幸的消息又聚在了一起。拉克希米的双亲和两个兄弟在 1998 年就已搬到伦敦定居。而现在，母亲由于慢性心脏病昏迷不醒，他们在病床前见面了。从 1995 年家人之间出现不和而分离后，乌莎一直非常想念丈夫的两个弟弟，阿蒂亚和妹妹瓦尼莎也同样渴望和叔叔们的孩子再次见面。现在，乌莎在病房外的走廊里调和斡旋，一家人终于又重归于好了。母亲去世后，拉克希米包了一架飞机，全家人将她的遗体带回印度进行火葬。

拉克希米23岁的女儿瓦尼莎和她的哥哥一样，是父亲的骄傲。她在欧洲商学院（European Business School）取得工商管理学的学士学位后，先后在拉克希米的航运公司、德国的一家钢厂和互联网风险投资基金公司实习。现在，她是米塔尔钢铁公司董事会的一名董事。

2004年6月，瓦尼莎与出生于印度德里的投资银行家阿米特·巴蒂亚（Amit Bhatia）在法国举行了婚礼。据悉，这场奢华婚礼的花费高达3400万英镑。拉克希米在巴黎洲际大酒店包下了一些房间，招待从世界各地飞来的1000名宾客。婚庆活动共持续5天，其中订婚派对的地点为瓦尼莎最喜欢的凡尔赛宫，婚礼仪式选在法国最豪华而雄伟的沃勒维孔特城堡举行。拉克希米和其他男宾一样，戴着飘逸的粉色拉贾斯坦头巾，满面春风。婚礼拒绝媒体采访，但关于这场盛事的新闻仍然铺天盖地。印度的婚庆网站婚礼经报道："嫁衣由3名来自印度的一流设计师倾力制作。手绘请柬厚达20页，也有人说只有14页，上面印有知名水彩画家弗洛琳·阿什（Florine Asch）应拉克希米之邀专门创作的作品……"请柬上印着以椭圆形边框装饰的新人合照，以及雪莱（Shelley）的浪漫诗句和阿蒂亚之妻梅加（Megha）的几行诗作。

在帐篷里搭起的舞台上，演员们为瓦尼莎夫妇和宾客们带来了一出长达1个小时的歌舞剧。剧中音乐由宝莱坞作曲家及歌星尚卡·马哈德万（Shankar Mahadevan）为一对新人特别创作，印度电影导演法拉·可汗（Farah Khan）负责舞蹈编排，并根据瓦尼莎和阿米特从相识到坠入爱河的浪漫故事亲自撰写剧本。演员中除了宝莱坞的专业舞者，更有一些特殊的"主演"登场。其中，阿蒂亚和梅加分别饰演剧中的阿米特和瓦尼莎，拉克希米夫妇则由他们本人出演。在此之前，新娘父母在伦敦排练了3个星期。现场使用的帐篷是拉贾斯坦邦工匠的手工作品。晚宴在杜乐丽花园（Jardin des Tuileries）举办，由从加尔各答专程飞来的厨师烹饪。晚宴后也为宾客准备了丰富的活动。他们到巴黎丽都（Lido de Paris）跳迪斯科，又到凡尔赛宫的皇家歌剧院听歌剧。最后，拉克希米最喜欢的众多宝莱坞明星和凯莉·米诺格（Kylie Minogue）为宾客们合唱小夜曲，将气氛推向高潮。

印度的《展望》（*Outlook*）杂志报道了这场婚礼，标题为《爸爸，给我买一座埃菲尔铁塔》。《伦敦旗帜晚报》（*London Evening Standard*）则以《无耻！》为题，在报道中将婚礼花费与科克的钢厂下岗工人的经济状况进行对比。对此，拉克希米坚称："我不谈论家务事。那些数字都来自主观臆测。每个父亲都想让女儿有一个特别的婚礼。"在拉克希米的右手手掌上，瓦尼莎用海娜染料写下了英语和印地语的"爸爸，我爱你"。

同年夏天，拉克希米和家人在洛杉矶和拉斯维加斯度假。他一边享受着清闲的假期，一边想着自己的全球版图还缺少几块。其中之一便是北美，目前拉克希米在那里只有芝加哥的内陆钢铁一家公司，他想要在此基础上继续开疆拓土。

假期结束时，他和阿蒂亚飞到纽约，来到亿万富翁小威尔伯·罗斯位于列克星敦大道600号的办公室里与其会晤。罗斯时年66岁，个头不高。他公司的总部设在曼哈顿。罗斯擅长收购破产公司，并将其"变废为宝"，曾向美国的核心工业投资4.5亿美元，因此赚得盆满钵满，并以30亿美元的资产入选福布斯美国400富豪榜。罗斯在罗斯柴尔德家族企业担任执行董事的26年中，利用其私人投资和对冲基金进行了一系列大胆的金融赌博，总价值超过 20 亿英镑，最终买下了美国南方一些已经停产的纺织厂和阿巴拉契亚山脉的破产煤矿，并将其扭亏为盈。由于这些企业已申请破产保护，按照《破产法》第 11 章的条例❶，罗斯能以低廉的价格收购它们，并且倒闭的公司由于不用再承担其债务、养老金和医疗保险等相关义务，反而成为以极低成本便能起死回生的"抢手货"。

有人称罗斯为"秃鹫投资者"，而他本人更喜欢"工业救星"这个称谓，但真正牢牢贴在他身上的标签却是"抄底投机之王"。因为大肆收购股份，他的资产甚至超过了重量级的美国投资者和慈善家、在世界富豪榜上排名第三的沃伦·巴菲特。2002 年，罗斯开始将触角伸向一些濒临末路的钢铁公司。他收购美国的标志性钢铁公司伯利恒钢铁公司（Bethlehem Steel Corporation），创建了国际钢铁集团（ISG）。如今，该集团已发展为美国最大的钢铁制造商之一。但是，就像"世界棒球大赛"实际上并不是世界级的比赛一样，国际钢铁集团的"国际"也是有名无实。罗斯希望能真正走向全球，参与到行业的集中化浪潮中。但每次他看准一个要收购的对象，总是被胃口更大的拉克希米先下手为强。

罗斯决定，一定要好好了解一下状况。而在拉克希米方面，他明白如果能把国际钢铁集团买入手中，就可以在北美留下大片足迹。这次见面的时间原计划只有半小时，但两个小时过去了，拉克希米和罗斯还在就钢铁行业的现状及其是否有必要全球化这

❶ 在美国，大型企业为了达到债务重组、公司改组等目的，往往会选择申请破产。破产手续须接受联邦破产法院的严格监管。后者代表债权人行事，可以完全或部分免除破产公司的大部分债务和合同。一般来说，如果公司的债务大于资产，那么在破产手续完成时，公司的所有者（股东）什么都不会剩下；他们在公司的所有权益都不再有效，公司重组之后，其所有权最终归属原公司的债权人。

一话题侃侃而谈。拉克希米身材魁梧，性格安静，谨言慎行；罗斯个头矮小，头发稀少，戴着眼镜，表达观点时，常常带着一连串让人过耳不忘的形容词。两人在表面上似乎没有任何相似之处，但实际上，他们都属于在各自的圈子里格格不入的那种人，都是一路经历艰辛曲折，通过收购别人看不上的资产加以经营，最终收获丰厚回报的人。二人在竞争中都善用计谋，但他们相互之间却坦诚相见，惺惺相惜。此外，两人还同为理性而务实的现实主义者。罗斯对阿蒂亚的聪明才干也颇为欣赏，认为这就是他理想中接班人的形象。

他问阿蒂亚："来跟我一起干怎么样？"

"我想你付不起他的工资。"拉克希米打趣道。

正如罗斯所说："我们一见如故。"他和拉克希米大体上达成了一致意见——国际钢铁集团应和伊斯帕特国际公司合并。此时，罗斯已准备好在2002年10月23日步入教堂，迎娶他的第三任妻子、比他小15岁的希拉里·吉里（Hilary Geary）。这位有过两次婚姻的金发女郎是纽约、南安普敦和棕榈滩（Palm Beach）等社交场所的名媛之一，他们婚后的住房也打算在棕榈滩买。有一份报纸在新闻中这样写道："如果谁想知道吉里的生活态度，只需要看看她在纽约和南安普敦家中卧室的枕头上用针线缝制的人生格言：'吃、喝、再婚'。"

接下来，拉克希米和罗斯继续在电话里讨论他们的交易。在罗斯婚礼举行前两天，两人在纽约的一家酒店再次会面。当时，双方对国际钢铁集团的收购价格还有5000万美元的小差距。罗斯突然从衣兜里掏出一枚硬币，他说："拉克希米，我们的金额已经很接近了，我们来扔硬币决定吧。"虽然赢面只有50%，他的这个举动却浑似钢铁业传奇人物约翰·沃恩·盖茨（John Warne Gates）

的行事风格。1900 年在英格兰的一场赛马赌博中，盖茨押下 7 万美元的赌注，赚回了 60 万美元，还有传闻说他的赢利超过了 100 万美元。经此一举，人们给盖茨起了一个绰号"百万赌侠"。

拉克希米同盖茨和罗斯不一样，不喜欢赌博。他在做交易时，总是以市场为主要的考虑因素。"罗斯，"他说道，"谁都知道，头像这一面要重一些。"于是他们放弃了硬币，继续讨价还价。

拉克希米问罗斯："你打算邀请我们参加你的婚宴吗？"在婚礼两天后，也就是 10 月 25 日星期一，罗斯夫妇将在洛克菲勒中心楼上的彩虹厅（Rainbow Room）为 200 位来宾举办晚宴舞会。届时，著名歌手瓦莱丽·罗曼诺夫（Valerie Romanoff）将携她的星光乐团为来宾们献上小夜曲。但拉克希米不准备出席。罗斯说："我想在所有细节最终敲定之前暂时保密。如果你去了现场，就会有人说三道四。"

但在第二天，罗斯夫妇推迟了他们的蜜月之旅，邀请拉克希米夫妇在麦迪逊大道（Madison Avenue）上有名的马戏团餐厅（Le Cirque）一同用餐。餐厅老板西里奥·马乔尼（Sirio Maccioni）的拿手好戏是甜点舒芙蕾和他的甜言蜜语，三十多年来一直没人能够超越。罗斯和拉克希米举起酒杯，庆祝他们终于拍板成交——国际钢铁集团最终以 45 亿美元卖给了拉克希米。公司股价上扬，罗斯的股权给他带来了 2.67 亿美元的盈利。他将其中一半折现，另一半置换为米塔尔钢铁公司的股票。自上周五股市收盘以来，国际钢铁集团的股东手中的股票也增值了共 5.45 亿美元。

在北美地区的钢铁业之战中，拉克希米一马当先。随着罗斯加入公司董事会，他又多了一位忠诚的挚友，同时也是一名坚毅执着的盟友。

拉克希米将现有的伊斯帕特国际公司、米塔尔控股公司和国际钢铁集团三家公司的资产合并，形成了一家大型企业——米塔尔钢铁公司。钢铁行业的其他公司别无选择，只能提高警惕，谨慎行事。短短 20 年间，拉克希米积累了 277 亿美元的财富，在全球富豪中排名第四。前三位分别是微软公司的创始人比尔·盖茨、沃伦·巴菲特以及宜家创始人英格瓦·坎普拉德（Ingvar Kamprad）。米塔尔钢铁公司在世界各地有 17.9 万名雇员，美国汽车制造商所用的全部钢材有 30% 由其生产。《财富》杂志将拉克希米评为"年度欧洲商人"，因为他"同时具备高超的管理才能和杰出的决断力"。

从回形针到悬桥缆索，从船舶到车身、高保真音响、油气管道、坚固的大梁以及高规格镀锌产品的制造，米塔尔钢铁公司生产的钢材无处不在。这个来自萨杜尔普尔的男孩历经艰难、矢志不渝，用尽各种手段——不管是威逼利诱，还是花言巧语——最终击败了世界每个角落钢铁行业的高管，赢得了胜利。但拉克希米又和他们大多数人不同，他对这个行业的里里外外都了如指掌。他懂得怎样实际操作高炉或轧钢机的控制面板，其他的钢铁大亨可做不到这一点。这个曾经带着几分羞怯、留着浓密小胡子和刘海的年轻人，如今已成为一名国际公民，面庞干净整洁，无论是在工厂的车间和食堂这些"唯一能真正感受到公司脉搏跳动的地方"，还是在董事会会议室和银行家餐厅，他都从容自若。是的，他拥有豪宅、游艇和一切财富的象征，但在拉克希米眼中，年产量 6000 万吨的钢材才是他最重要的资产。现在，米塔尔钢铁公司已成为全球最大的钢铁制造商，年产量比排名第二的钢铁公司多 1000 万吨。

一天，拉克希米收到了一封电子邮件，以寥寥数语表示祝贺。发信人便是刚被拉克希米赶下全球钢铁业头把交椅的人——卢森堡安赛乐公司的首席执行官多莱。

4
合作无望，转向并购

··

🕐 2006 年 1 月 13 日星期五，下午 6 点

📍 英国伦敦，肯辛顿宫花园街 18-19 号

　　"他家太大了，去卫生间都得坐车才行。"多莱略带讥讽地说道。阿戴夫扎克（Alain Davezac）四下看了看，他觉察到多莱的幽默背后的惶惶不安。实际上，多莱并不想和拉克希米见面，至少不是现在。他的思绪又回到了远在千里之外的汉密尔顿，想起了他们和蒂森克虏伯公司的那场收购战。10 天前，德国的蒂森克虏伯公司对多法斯科公司开出了每股 63 加元的收购价，与安赛乐公司在 12 月 24 日给出的报价相当。这样一来，竞购陷入了僵局，多法斯科公司的市值也被抬高至将近 50 亿加元。目前的形势对多莱愈加不利，多法斯科公司的董事会一致建议其股东接受蒂森克虏伯公司调整后的报价，并在截止日期 1 月 24 日之前完成股票交割。他们说："蒂森克虏伯公司的报价和安赛乐公司的金额相同，但没有后者那么多的附加条件。"至于安赛乐公司到底提出了什么条件，多法斯科公司的佩瑟和多莱均表示无可奉告。

眼下，距离最后的截止日期只有 11 天。多莱若想重新赢回多法斯科公司，就必须说服安赛乐公司董事长金希和董事会提高价码。但是现在肯定不是合适的时机，他乘坐的汽车正在穿过拉克希米家格调高雅的大门，驶向那栋新帕拉第奥风格、熠熠生辉的 3 层白色建筑。

多莱在担任安赛乐公司的总裁之前，是其合并前创始人公司优基诺的一名工程师。他才华出众，性情却十分暴躁。多莱出生在巴黎以北 80 千米的贡比涅（Compiegne），是 4 个孩子中的老大。在他 4 岁时，第二次世界大战刚刚结束，他们全家人搬到了法国东部的梅斯（Metz）。多莱的父亲是一名花窗玻璃工人，他在梅斯的工作是修复战争中被炸毁的教堂。梅斯是洛林区（Lorraine）的首府，也是法国的钢铁工业中心。多莱年少时加入了童子军，在炼钢工人中间长大。后来，他自己也加入了这个行业。他的数学和科学成绩很出色，但生活的道路并不平坦。10 岁时，他的母亲去世，极度的悲痛让他难以专心于学业。但在身边人的鼓励下，1963 年，多莱申请了巴黎综合理工学院（Ecole Polytechnique），并从 3000 人里脱颖而出，成为被录取的两百人之一。该校是一所拿破仑时代的特殊军事学校，实施精英教育，已有 200 年的悠久历史，拿破仑也曾就读于此。3 年后，多莱到德国边境摩泽尔河（Moselle River）河畔的特里尔市（Trier）继续深造，学习数学和物理专业，成长为一名训练有素的工程师。

1966 年，多莱与来自梅斯的米歇尔（Michele）结为夫妇。当时米歇尔是一名教师，而多莱还在待业中。这时，钢铁行业向他伸出了橄榄枝，多莱在法国钢铁学院（French Steel Institute）找到了一份工作。这家机构位于梅斯附近，由法国 10 家钢铁公司出资创建。多莱在那里工作了 13 年，潜心研发控制炼钢工艺的计算机应用程序，使用的是当时最为前沿的大型计算机，长达 10 米，其性能只有黑莓手机的千分之一。

1979 年，多莱受聘于法国旗舰钢铁公司优基诺，后来一路青云直上，升为该公司的副总裁。当时，西班牙的塞雷利公司已经兼并了卢森堡的阿尔贝德。多莱不辞辛劳，积极地促成优基诺与它们整合，他也因此荣任 3 家公司合体后的新公司安赛乐（为三家公司名称的合体）的首席执行官。多莱更加卖力地工作，促进 3 家公司的进一步融合，并保持高水平的生产和研发，在这方面他一直以来都得心应手。

多莱头发稀疏，留着军人式的小胡子，他思维敏捷，在钢铁业资历颇深，且备受尊崇。他随时随地携带一支磁性笔。这支笔只要放在任何钢制品上，就能显示该物品的碳含量甚至产地等信息。多莱性格固执，情绪多变。他的私生活非常朴素，在法国 CAC 40 股价指数排行榜的顶级公司中，他是薪酬最低的首席执行官之一。多莱的业余爱好也相当别致。他曾是法国体育日报《队报》（L'Équipe）的忠实读者，后来又将兴趣转向了《金融时报》与法国的金融日报《回声报》（Les Echos）和《世界报》（Le Monde）。多莱的另一个爱好是歌剧，他最喜欢的作品是莫扎特的《魔笛》，剧中的英雄塔米诺（Tamino）用一支长笛消解人们心中的仇恨和愤怒，他并不多言，凭着无畏和毅力，从恶魔摩诺史塔托斯（Monostatos）手中救出了爱人帕米娜（Pamina）。

眼下，多莱和戴夫扎克在拉克希米的家门外停下了车，一名佣人毕恭毕敬地将两位贵客迎进屋内。多莱曾经到拉克希米家拜访过一次，这幢恢宏显赫的房子让他觉得颇不自在。当他不得不在巴黎一些豪华的会客场所出席活动时，也有这样的感觉。相比而言，一间租来的简陋的公寓反倒会让他安心一些。

　　肯辛顿宫花园 18 号和 19 号曾分别是俄罗斯和埃及的大使馆。伊朗出生的犹太房地产开发商、知名伊斯兰艺术收藏家大卫·哈利利（David Khalili）买下这两座破旧的建筑，并大加修缮，使其华丽变身为伦敦最引人注目的住宅房屋之一。这处宅院占地 5000 平方米，有 12 间卧室、1 间舞厅、1 个画廊、20 个车位和数个土耳其浴室，地下还有一座镶嵌着宝石的泳池。在《星期日泰晤士报》富豪榜上，哈利利以 45 亿英镑的身家排在第五名（拉克希米排首位）。他在这座房子里建造了镶金棕榈树样式的大理石支柱，所用石材与建造泰姬陵使用的大理石出自同一产地。1998 年时拉克希米就想买下这栋住宅，但因哈利利开价太高，没有成交。2001 年，哈利利以 4500 万英镑的价格将房产卖给了小个头的一级方程式赛事掌门人伯尼·埃克莱斯顿（Bernie Ecclestone）。2005 年，拉克希米以 5700 万英镑从埃克莱斯顿手中购买了这处全伦敦最贵的住宅。

　　在拉克希米家的所有房产中，这也是唯一由拉克希米亲自挑选的一套。乌莎很享受"夏宫"快乐安定的生活，她不是很想从那里搬走。于是孩子们纷纷对她展开游说。他们说："妈妈，房子的事以前都是你说了算。这次既然爸爸喜欢，就听他的吧。"

　　拉克希米想搬到肯辛顿宫花园，是因为这套房子既有宽敞的会客区，可用于接待客人、谈公事，又有私密的家居空间，对像他这样视工作和家庭为人生全部要义的男人来说，再合适不过了。花园中的一个房间里有一座雕塑，造型为 6 只手掌均朝向上空的手臂托起一个钢制的地球仪。这件作品来自拉克希米的创意，细看便能发现，它暗含着深远的意义：6 只手臂和手掌各不相同，其中 2 只是从拉克希米和乌莎身上取模制成，另外 4 只则分别来自阿蒂亚和妻子梅加，以及瓦尼莎和阿米特夫妇。

戴夫扎克对拉克希米家里的镀金家具、精美的瓷器和印象派画作赞不绝口。这些工艺品,大多数人只能在参观展览时,站在绸绳和防护围栏外远远欣赏。拉克希米向他们解释:"房子是我选的,但家具和装饰品都是乌莎的杰作。房子里的每一样东西都有它们的历史,我都要花上好几年的时间才能把这背后的一切慢慢读懂。"

多莱看了一眼头顶像星群一样光芒四射的巨大吊灯,眨了眨眼。他现在没有心思欣赏居室的装修。

拉克希米和阿蒂亚邀请两位贵宾入座,让佣人把饮料端上来。主宾四人在壁炉旁的大沙发坐下,面对着面,一边喝着香槟一边谈天,话题涉及炼钢业的市场状况、铁矿石的供应、人员的更替变化、唯利是图或好管闲事的政客以及对于行业整合成果的猜想等。戴夫扎克发现,纵然全球钢铁行业的局面相当分散又错综复杂,但阿蒂亚总能准确把握住总体形势和数据。他资历尚浅,却对生意有如此见地,这让戴夫扎克为之叹服。

多莱却无暇顾及阿蒂亚,在他看来,阿蒂亚和他完全不是一类人,不过是幸运地生在富豪之家,并没有什么独特的魅力。他极为钦佩的是作为钢铁业巨人的拉克希米。阿蒂亚不是像多莱和拉克希米那样,一步步历经艰辛,靠奋斗取得现在的成功。戴夫扎克很欣赏阿蒂亚出众的才能,而在多莱眼里,他自以为是,惹人不快。现在,多莱觉得和阿蒂亚同处一室都难以忍受。他甚至不愿意称呼阿蒂亚的名字,提到他时,总是以"他儿子"代替。

突然,拉克希米对多莱说:"如果你出价56亿加元,肯定能把多法斯科公司拿下。"拉克希米说话时带着他常有的和蔼微笑,一双棕色的眼睛冷酷而锐利,似乎能看透一切。

"你说什么?"多莱吃了一惊,他没想到拉克希米会给他提出收购方面的建议。

拉克希米又笑了："你的价格必须要超过蒂森才行。"

多莱努力想把话题拉回到下一届国际钢铁协会（IISI）大会上。会议将于2月初在巴黎举行，届时多莱将担任会议主席。

但拉克希米心里还有更远大的目标。"多莱"，他说道。

于是多莱停住了嘴。

"我要跟你谈一件重要的事情：我们两家公司的市场价值都被低估了。而且，我们都想通过整合来发展，所以，我们可以讨论一下双方怎样能够加强合作，达成友好的伙伴关系。"

"我们的公司文化完全不一样。"多莱的语气中的不屑几乎无法掩饰。

拉克希米耸了耸肩，耐着性子笑着说下去："为了两家公司的利益和整个行业的发展，我们现在必须合并，这样才能够实现优势互补。一旦我们强强联手，在钢铁行业必能无往不胜。"

戴夫扎克看着多莱，不由得担心起来。一向自信的多莱靠在了沙发上。之前在巴黎的国际钢铁协会大会上，斗志昂扬的亿万富翁罗斯发表过一篇关于钢铁行业整合的主题演讲。演讲结束后，多莱对罗斯说："一个对炼钢业不太了解的人能讲出这些内容，还算是挺不错的了。"自负如他，一心要打垮拉克希米，夺回钢铁之王的称号，好给自己杰出的职业生涯画上一个圆满的句号。他绝不甘心充当别人的陪衬。

多莱固执地说道："这样的合并有75％都会因为两家公司的文化差异而宣告失败。冲突会很严重。如果是3家公司合并，情况会好得多。"他还以安赛乐公司为例，滔滔不绝地谈起优基诺、阿尔贝德和塞雷利三方的合并过程，以及如今的安赛乐公司是怎样一家专注于高端市场、实力强大的公司。"安赛乐公司成功的原因很简单，因为我们研究出一套新的模式，达到利润、劳工关系和客户之间的平衡……"

拉克希米再次打断他，强调了自己的想法。

多莱拖延着时间，想要恢复镇定。但是紧张让他的英语开始词不达意，戴夫扎克临时当起了他的翻译。多莱继续说："我们两家公司并不合拍。安赛乐公司主要是面向汽车和包装行业，生产高端钢材；而贵公司是为新兴市场的建筑行业提供大宗钢材。"

"那你们怎么还要到乌克兰那样的地方去收购跟我们一样为新兴市场生产大宗钢材的公司？"拉克希米在心里这么想，但没有问出口。

"拉克希米，你是公司的老板。我只是一个打工的，没有权限做这种重大的决定。合并的事宜，我需要和公司董事会还有其他人讨论。而且即便两家公司合并了，你肯定是大股东，我想我们的董事会对这点会有顾虑，毕竟他们有自己的发展战略。"

"好吧，"拉克希米说，"那我们回头再见面讨论合并的事。"

到了用餐时间，巨大的餐桌上摆满了印度菜。墙上挂着一幅大型油画，画中是莫卧儿帝国的一名皇帝，手臂上栖息着一只雄鹰。多莱曾多次到访印度，他非常热爱这里的美食和这个国家。大大的玻璃杯中斟满了上好的法国红酒，拉克希米说："多莱，请不要客气。"4 人开始用餐。拉克希米为了让多莱宽心，一直保持着微笑，倾听两位客人畅谈，自己只是偶尔说上几句或讲个小笑话。"我看我的球队比你们队要厉害些。"他笑着说。

"是的，他们踢得太糟糕了。"多莱浅浅一笑。

拉克希米是切尔西队的球迷，多莱则是二线队梅斯足球俱乐部的狂热粉丝。在安赛乐总部的办公室里，他还在桌子上方挂了一件法国国家队的 10 号球衣。

多莱年轻时曾是一名天资过人的足球运动员。那时他在梅斯业余球队担任队长，在场上的位置是自由人。多莱在球队很喜欢自己的自由人位置。他不但能够有效防守对方的进攻，而且轮到他们队罚点球时，总是由他来担任主罚。多莱共踢了17个赛季，但他终究没有成为像弗朗茨·贝肯鲍尔（Franz Beckenbauer）或弗兰科·巴雷西（Franco Baresi）一样的巨星。有时，多莱对自己球技欠佳而没有进一步发展为职业球员感到遗憾。但他没有放弃足球，还曾在当地的一支业余球队当过教练。拉克希米热爱足球的方式和多莱完全不一样，他一般都是买下足球俱乐部，给他们当老板。

"安赛乐公司的劳工关系如何？"阿蒂亚适时转移了话题。他从一些机密情报里了解到，安赛乐公司下属的一些工厂的工人和管理层存在摩擦。

多莱正色道："非常好，完全没有什么可担心的。"

阿蒂亚点点头，多莱的回答消除了他的最后一个疑虑。安赛乐公司赢利状况良好，股权分散，劳工关系也不成问题，从各方面来看都很理想。

晚宴持续了3个多小时，主宾双方都没有再提及米塔尔钢铁公司和安赛乐公司合作的想法。9点15分，多莱和戴夫扎克起身告辞。他们来的时候是乘的出租车，拉克希米让乌莎的司机将两人送回他们下榻的酒店。酒店在伦敦城市机场（City Airport）附近，方便他们次日一早乘安赛乐公司的专机返回卢森堡。

多莱坐在汽车的后座上，不发一语。他浑身上下透露出一种被沉默压抑住的愤怒。拉克希米的笑脸、丰盛的美食、奢华的家具装修……都一一在他眼前浮现，他甚至还看到了瞠目结舌、不知所措的自己。他再也不想谈论和拉克希米合作的事。

拉克希米和阿蒂亚目送着汽车驶入漆黑的夜晚。拉克希米转头看向儿子，说道："阿蒂亚。我们必须要收购安赛乐公司。"

5
收购的"奥林巴斯计划"

⚬⚬

🕐 **1 月 14 日，星期六**
📍 **卢森堡市安赛乐公司总部**

"多莱，我是舒尔茨。"多莱大吃一惊，觉得四周的温度都降了下来。

舒尔茨是蒂森克虏伯公司的执行董事会主席，他告诉多莱："蒂森克虏伯公司对多法斯科公司的收购报价提高到每股 68 加元。"蒂森克虏伯公司把协议终止费也涨到了 2.15 亿加元。如果他们中途反悔，想取消以 52.6 亿加元购买多法斯科公司的交易，这笔钱也无法收回。蒂森克虏伯公司是要借此表明，他们对于这次收购有着十足的诚意。

"谢谢你告诉我这些。"多莱说完，放下了电话。

"这个决定可能给了安赛乐公司迎头痛击，"纽约太阳证券公司的分析师查克·布拉德福德（Chuck Bradford）在接受《汉密尔顿观察者报》（*Hamilton Spectator*）钢铁栏目的记者娜奥米·鲍威尔（Naomi Powell）的采访时如是说，"一般来说，中标方不会再主动加价。蒂森克虏伯公司此举传达了一个信息，即他们对这次收购极为重视。"根据监管文件，如果佩瑟行使其股票期权，并将自己的股票转手，将能从中获得超过 1700 万加元的个人利润。因此，多法斯科公司董事会发表声明"一致建议股东接受蒂森克虏伯公司的报价，并拒绝安赛乐公司的要约"，也就不足为奇了。

但多莱仍对蒂森克虏伯公司选择在这样一个时机加价感到疑惑。前一晚，拉克希米刚让他提高报价，第二天一早，蒂森克虏伯公司就先行一步这么做了。多莱感到深深不安。如果安赛乐公司不能将多法斯科公司揽入麾下，拉克希米很可能对安赛乐公司发起进攻。如果多法斯科公司落入蒂森克虏伯公司手中，就会得到安赛乐公司的镀锌技术，从而对安赛乐公司构成更大的威胁。自由人多莱感到自己的防守出现了漏洞。他想起了他和戴夫扎克从拉克希米的家宴离开时，戴夫扎克对他说的话："多莱，我们不知道拉克希米能够等上多久。"

他必须去找董事长金希。

这时，金希正在他的家中。多莱告诉他："董事会已经授权我提高报价，今晚我就去重新报一个高过蒂森克虏伯公司的价格。"两人商定了加价的金额：安赛乐公司的出价将调高至每股 71 加元，总额达到 55 亿加元，他们的终止费也升至比蒂森克虏伯公司要高的价位。

这一招棋十分凶险。安赛乐公司在这场交易中作为恶意收购的"黑衣骑士"，尚未掌握多法斯科公司资产和其他相关商业信息的机密数据。而在没有用这些数据详细评估收购对象的资产价值的前提下，很难向安赛乐公司的股东证明这笔巨额交易的合理性。不过，股东意见也并不是多莱或金希首要的考量因素。而蒂森克虏伯公司作为收购战里友好的"白衣骑士"，已经仔细研究过多法斯科公司的财务信息，其竞标价格也是在此基础之上酌定的。安赛乐公司带有赌博性质的举动，并没有影响市场对多法斯科公司的持续看好。这一场钢铁大亨之间的博弈到了最后关头，多法斯科公司的股价飙升到了 72.4 加元，而在两个月前，它还是44 加元。

鉴于安赛乐和蒂森克虏伯两家公司的要约条件完全一致，佩瑟和多法斯科公司的董事会纵然百般无奈，也只得宣布安赛乐公司以更高的现金报价暂时胜出，而且现在必须得向多莱披露其账目了。佩瑟怀着仅存的一线希望，将截止日期设定为 1 月 23 日，企盼着蒂森克虏伯公司能再次还盘。

在杜塞尔多夫市的蒂森克虏伯公司总部，舒尔茨博士明白自己被击败了。如果他加价到 71 加元，将对公司的信用评级极为不利。按照全球领先的独立信用评级提供商标准普尔（Standard & Poor）的信用等级标准，这家德国钢铁公司的评级将被下调至"垃圾级"。为了填补巨额的养老金赤字，蒂森克虏伯公司本就已经负债累累，如果为了与安赛乐公司竞购而继续加价，恐怕会加重公司的债务负担，危及其今后在金融市场的声誉。

🕐 1 月 18 日，星期三
📍 伦敦卢顿机场

拉克希米看了看表。就在刚才，他和阿蒂亚一同从巴特西直升机机场（Battersea Heliport）乘直升机到达卢顿机场（Luton Airport），打算从这里转乘他的私人飞机去德国。纽约时间现在应该是下午。拉克希米用手机拨通了劳尔德·贝兰克梵（Lloyd Blankfein）——全球最大投资银行之一高盛集团的总裁兼首席运营官的号码。

拉克希米向贝兰克梵解释道:"米塔尔钢铁公司有一项重大的收购交易,我希望高盛能担任我们的牵头顾问公司。"

"拉克希米,这是我们的荣幸。"贝兰克梵答道。此刻,他正在位于曼哈顿下城区百老街85号的办公室里。这座29层的办公楼建于20世纪80年代,巍然耸立,外立面饰以褐砂石,建筑风格与城市金融商业中心地带那些近在咫尺的历史建筑相仿。尽管拉克希米从未同高盛合作过,但他和贝兰克梵见过多次面,算得上是老朋友了。高盛在全球拥有26000多名员工,净收入达377亿美元,拥有引以为豪的"成功文化"。虽然之前在其他的交易中,高盛提供咨询服务的客户常常败给拉克希米,但该公司在并购方面确实表现出很强的实力,担任着世界上一些大公司、大国政府和顶级富豪的金融顾问。

贝兰克梵是纽约人,出生于布朗克斯街区(Bronx)。他头发不多,总是笑脸迎人。拉克希米即将登上高盛的客户名单,这让他十分激动。如果高盛能同全球第一大钢铁制造商米塔尔钢铁公司合作,协助其完成重大交易,高盛将超过它的两大竞争对手——摩根士丹利和美林证券,稳居并购顾问公司排行榜的榜首。在以男性为主导、服务费高昂的投行世界里,最顶尖的提供商自然也要收取最高的费用。

拉克希米对贝兰克梵说道:"我希望你能研究一下战略方案,并做出可行性分析。你需要多长时间?"

"没问题,"贝兰克梵说道,"对手是谁?"

"安赛乐公司。"

"具体怎么拼写?"贝兰克梵问。

"A–r–c–e–l–o–r。"

当日晚,舒尔茨博士在蒂森克虏伯公司的世外桃源——兰茨贝格堡设宴招待拉克希米夫妇。现在，拉克希米考虑换一种方式发起对安赛乐公司的攻势，即同德国公司蒂森克虏伯公司展开合作。

🕐 1月19日星期四，上午9点30分
📍 伦敦伯克利广场大厦

伯克利广场大厦坐落在伦敦充斥着夜总会和私人赌场的梅菲尔区中心地带。这里矗立着无数两百年前种下的法国梧桐，树干盘根错节，树皮已斑驳脱落，影影绰绰地映在大楼中庭的透明玻璃门上。米塔尔钢铁公司的总部就在这栋楼里，自1995年公司成立以来已走过了十多个春秋。

拉克希米的办公室里，他正在接见伦敦高盛的联席行政总裁理查德·诺德和高盛巴黎办公室的并购董事经理沙里亚尔·塔吉巴克斯。塔吉巴克斯现年43岁，勤勉笃实，穿着得体，彬彬有礼。见面前一晚他工作至深夜，在网上搜集资料，以尽可能了解炼钢业的现状——拉克希米势不可挡的崛起给整个行业都带来了剧变。塔吉巴克斯出生于瑞士，父亲是一名伊朗的外交官。他在法国接受教育，还曾在哈佛大学读过法学，现在是一名美国公民。塔吉巴克斯在并购业务上有很高的声誉，但对于钢铁行业并不熟悉。实际上，投资银行的并购顾问不可能精通哪一个行业或领域，他们的特长是通过了解客户的需求，制定部署交易策略，并对待收购公司的股东展开游说。

拉克希米将两位来宾请进他位于7楼的实用风格办公套间。此时他更加确信，从工业逻辑的角度来说，米塔尔钢铁公司和安赛乐公司的合并实乃明智之举。前一天晚上，他曾尝试与舒尔茨谈起同蒂森克虏伯公司合并一事，但发现存在很多问题。首先，

蒂森克虏伯公司除了生产钢铁外，业务范围还覆盖多个工业领域，仅将其钢铁部门与米塔尔钢铁公司整合，势必困难重重。其次，该类型的交易在欧洲和美国会被质疑为恶性竞争的手段，难以顺利推行。

"项目启动会"开始了。除了拉克希米、诺德和塔吉巴克斯外，参会的还有另外三人：阿蒂亚以及米塔尔钢铁公司的投资人关系总监欧尼龙和幕僚长玛赫什瓦利。拉克希米先是用一句话表达了他对于与安赛乐公司合并的基本想法："现在，拿出你们的具体实施方案来。"

诺德问道："你有没有考虑过善意收购？"诺德身材魁梧、精力充沛，他是南非人，曾在高盛驻亚洲分部工作了 8 年。

拉克希米耸了耸肩："当然考虑过。能善意收购肯定最好了，但多莱先生已经向我表示，两家公司的文化无法融合，也不愿意再面谈。安赛乐公司现在正致力于竞购多法斯科公司，其中一个目的就是避开我们。"恰当的时机对拉克希米来说就是一切，他绝不会花上好几个月，等多莱收购多法斯科公司失败后再来跟他谈判。眼下除了恶意收购，已经别无选择。"我们准备绕过安赛乐公司的董事会和管理层，直接向他们的股东发盘。"

"那么，米塔尔钢铁公司是否有能力以现金全额支付收购价？"塔吉巴克斯对此表示反对，他说，"钢铁行业本质上仍然是一个周期性的产业。虽然目前的起伏趋于平缓，但如果公司背负的债务过重，会有很大风险。"

随着探讨的深入，他们发现收购安赛乐公司实际上存在诸多困难。首先，作为钢铁行业有史以来规模最大的收购交易，需要成立一个财团来提供相应的资金支持。其次，工会出于对合并后裁员或工厂倒闭的担心，会与反垄断组织欧盟竞争事务委员会成员（EU Competition Commissioner）以及一些政府官员联手提出反对意见。最后，现在需要估算安赛乐公司的资产价值，在此基础上确定一个对其股东和市场来说都具有吸引力的报价。这件事做起来并不容易，因为安赛乐公司不可能同意将财务资料披露给一个准备恶意收购自己的公司。

尽管拉克希米有高盛为他制订投标计划，而且成立了一个由银行工作人员、律师、政治顾问和公关人员组成的专门小组，但他仍希望从他最信赖的手下里找一个人来领导这个小组的工作。"玛赫什瓦利，你来当组长吧。"拉克希米向玛赫什瓦利点头示意。阿蒂亚把玛赫什瓦利称作"霹雳石"，这是美国政界的一个术语，阿蒂亚喜欢在开会的时候使用这个词。他解释说："我们这个项目和每个成功的竞选活动一样，需要有一个焦点人物。""玛赫什瓦利将负责管理工作小组，调整沟通策略，利用可用的渠道传达信息，制订每天的工作计划，并确立吸引安赛乐公司董事和个人股东的各种手段。"

简言之，拉克希米和阿蒂亚的任务是争取政府官员和安赛乐公司的众多投资者的支持，而玛赫什瓦利将担任总指挥。由于安赛乐公司的业务范围涵盖法国、卢森堡、西班牙和比利时四国，同时米塔尔钢铁公司又在荷兰和美国两国上市，所以米塔尔父子此次收购面临的最棘手的一项工作，便是打通这几个国家的市场监管机构，让他们在米塔尔钢铁公司正式向安赛乐公司的股东发出收购要约时，不会以反垄断的名义从中作梗，导致项目因为法律因素而无法推进。如果是收购英国的公司，拉克希米不出两个月就能把这些障碍扫清。

但现在，他迫切需要律师的协助。11点30分，玛赫什瓦利和塔吉巴克斯已经与美国佳利律师事务所的巴黎分所达成意向，由后者为米塔尔钢铁公司提供法律服务。事务所的首席律师皮埃尔-伊夫·沙伯特当即致电卢森堡的波恩·施密特·施泰肯（Bonn Schmitt Steichen）事务所的主理人，请这座卢森堡历史最悠久、规模最大、名气最大的律师事务所为米塔尔钢铁公司处理后续事务中的法务问题。与此同时，沙伯特的一名同事同嘉理盖思律师事务所（Garrigues，伊比利亚半岛最大的律师事务所）驻巴塞罗那办事处的一位高级合伙人签约，聘任后者担任拉克希米在当地的法律顾问。

当天下午 5 时 30 分，米塔尔钢铁公司办公楼的前台接待了一位访客。这位神采奕奕的男子皮肤黢黑、身形瘦削，鼻子长得很有特点，佩戴着宝格丽品牌的袖扣。他自报姓名："我是尤伊·扎维，来见拉克希米。"这人长得像本·斯蒂勒（Ben Stiller），说起话来却有阿尔·帕西诺（Al Pacino）的味道。

尤伊是高盛业绩最好的顾问之一，精通并购业务，也是欧洲最有影响力的金融家之一。作为欧洲投行领域的先锋人物，尤伊总是马不停蹄地为了一次次谈判从一个国家到另一个国家四处奔波。这次尤伊来到梅菲尔，担任高盛米塔尔项目小组的组长。

尤伊是一名法国公民，时年 45 岁。他在卡萨布兰卡出生，在罗马度过了他的童年时代，毕业于斯坦福商学院（Stanford Business School）。1989 年，尤伊入职高盛，很快便让欧洲人看到了他在收购方面过人的天赋。当时，欧洲正在摆脱经济桎梏，允许美国银行进入欧洲市场，这给步调滞缓、排斥异己的欧洲投行界带来了翻天覆地的变化。美国银行利用欧元的优势，着手拓展他们在欧洲的市场领域，重新划分势力范围，随着"老欧洲"全球化而俨然成为"欧洲公司"。尤伊充分发挥他的踏实认真、深谋远虑和准确的判断力，策划了一系列涉及知名大公司的兼并、分拆和收购项目。这其中，包括金融业巨头汇丰银行在 2000 年收购法国商业信贷银行（Credit Commercial de France）、2001 年意大利能源（ItalEnergia）收购电力公司蒙特迪森集团（Montedison）、2003 年矿业冶金行业的加拿大铝业公司（Alcan）收购佩希内公司（Pechiney），以及 2004 年制药商赛诺菲（Sanofi）收购安万特（Aventis）等。

高盛的伦敦办事处开设之初，共有 40 名员工。而现在，尤伊手下分散在欧洲各地的业务团队就有 900 人，这还不算上正在向中东、土耳其和俄罗斯等市场进军的人数。投资银行和炼钢业一样，其业务的扩张不受地域和国界的限制。而随着公司势力范围的扩大，尤伊也收获了丰厚的股份和奖金。此刻，尤伊快步走向一排电梯。想到即将和拉克希米合作，他激动不已。他和拉克希米有一个共同点：都不甘落于人后。不过，还有一个人比他更加好胜，而且完全有能力把他从头号合并业务顾问的宝座上拉下来取而代之的竞争对手，此人便是摩根士丹利的并购业务董事长，也是尤伊的哥哥——迈克尔·扎维。

尤伊参加了拉克希米的第二次启动会议，倾听了拉克希米描述的宏伟愿景。尤伊发言不多，但通过此次会议，他似乎清楚地把握了拉克希米讲话内容的每一个寓意和细枝末节。和尤伊之前的很多客户不同，拉克希米表面上非常谦逊，实则城府很深。

最后，尤伊总结道："现在的任务，就是确定你怎么样去做成某件事情，对吧？"

"没错。"拉克希米说。

"那实际上，我们就是要根据和你们讨论的情况，决定具体怎么做。"

"当然，"拉克希米笑着说，"这就是我请你们来的目的。"

尤伊强调道："对于如此之大的一笔交易，安赛乐公司必定会四下搜集情报,不放过任何一点消息,好阻止我们的行动。所以,为避免机密泄露,我们的核心团队人数越少越好。"

"确实如此,"拉克希米对此表示赞同,"但核心团队的每个成员都必须随时随地掌握进展情况。我们可没有时间来搞官僚主义和浪费时间的沟通程序。"

安全是大宗交易的命脉所在。在西多尔公司收购战的窃听事件后,拉克希米聘请了化险集团(Control Risks Group)为安全风险顾问,每星期都会有专业人员对他的办公室进行安全检查。化险集团的自我定位是"领先的公司战略型内部审查合作伙伴,帮助您的企业和组织免遭外部黑客攻击、管控内部风险",无论是清洁工,还是企业顾问,任何人搞鬼都逃不过他们的慧眼。

尤伊对所有人宣布:"这将是一场历史性的战役。从现在起,我们对自己的说话内容、说话时间和交谈对象,都必须十二万分的小心。在收购计划公开之前,我们用'奥林巴斯项目'(Project Olympus)作为这个交易的代号。米塔尔钢铁公司和安赛乐公司分别用'火星'(Mars)和'阿特拉斯'(Atlas)来称呼。"尤伊把希腊神话和罗马神话混为一谈了。众所周知,可怜的阿特拉斯被宙斯降罪,用双肩支撑苍天。但尤伊可能不知道,根据一些神话学家的说法,阿特拉斯最初的形象是一个心思诡谲、代表着危险和智慧的神。

🕐 **1 月 20 日,星期五**
📍 **法国里昂**

在多莱驾车去滑雪的途中,他的电话响了。

"多莱,我是拉克希米。我想明天来卢森堡,和你继续谈一下全球化战略。"

"不可能吧?"多莱一开始有点畏缩,但随之又放松了。毕竟,他收购多法斯科公司的交易还是很有胜算的。他加价之后,蒂森克虏伯公司没有再次还盘,而现在距截止日期只有 3 天了。"我可能周二回卢森堡。"他告诉拉克希米。

"那我们就周二见吧。24 日,下午晚些时候我去找你。"

结束通话后,多莱立马又拨给了戴夫扎克。"你给阿蒂亚打个电话,打听一下拉克希米这次来到底是什么目的。"

戴夫扎克马上打给阿蒂亚,了解他父亲的真实意图。然后他向多莱汇报:"阿蒂亚说他们想尽快和你谈谈多法斯科公司的事。"

"何必这么着急?国际钢铁协会大会再过几个星期就要开了,到时我们就能在巴黎与他们见面。"那个时候,他多半已经拿下了多法斯科公司,拉克希米也就不会再打安赛乐公司的主意了。

在多莱纵情滑雪时,尤伊和他的团队成员正在制定收购战略、分析数据,收购计划已经成形。上周末,拉克希米已经意识到,多莱不可能坐下来和他讨论两个公司友好合并的事情。他还深知,如果他在安赛乐公司竞购多法斯科公司成功之后立即发起收购,可能会面临重重阻碍,比如美国监管机构就可能以反垄断为由反对他们的交易。拉克希米习惯于横向思考问题,他很快就找到了一个解决办法。

1 月 22 日,拉克希米和舒尔茨通了个电话。拉克希米说完自己的想法,舒尔茨怔住了。尽管他在职业生涯中的表现异常卓越,但对于大宗交易并不是很有经验。他难以置信,还有机会凭一己之力,为蒂森克虏伯公司的王冠再加上一颗来自加拿大的珍贵宝石。

6

组建并购团队

••

🕐 1月23日，星期一
📍 伦敦伯克利广场大厦

米塔尔钢铁公司的董事会会议室里，拉克希米、阿蒂亚和玛赫什瓦利坐在会议桌的一侧。这是一张现代风格的仿胡桃木桌，其狭长的造型让人联想到航空母舰的甲板，像是酒店房间里常用的那种桌子。另一侧坐着十来个人，分别为佳利律师事务所的律师团队和高盛集团的银行家们。高盛的领队尤伊身旁，坐着该集团的头号数据分析员吉尔伯托·波齐。她是意大利人，身姿绰约，气质不凡。佳利律师事务所的团队由沙伯特率领。沙伯特毕业于哈佛大学，身材修长，面貌英俊，戴着一副眼镜。为参与本项目的法务工作，他专程从巴黎飞来伦敦。

拉克希米宣布会议开始。他说："请各位谈谈自己的想法。今天的讨论务必要全面一些。"

每个人有15分钟的时间向拉克希米汇报，内容涉及收购交易的可行性分析、组织规划、资金支持、市场反应、反垄断问题和市场准入的最低门槛，以及为了让米塔尔钢铁公司和安赛乐公司设有运营机构的 6 个国家的监管机构给收购计划"亮绿灯"，在技术、法律和财务方面将面临的一系列挑战。

"我们担心的主要问题，是卢森堡政府与以前的阿尔贝德公司关系密切，"第一个做报告的是沙伯特，"那么显而易见，我们会面临该国政府的较大压力和阻力。而且，卢森堡今年 5 月还将实施欧盟的反垄断指令，因此有可能会出台禁止任何收购的法律。卢森堡方面需要解决的问题不少。此外，这次收购属于跨国交易，受到国际法的制约，还有很多的不确定因素。因此，我们需要将卢森堡政府作为重点考虑对象。但安赛乐公司股权分散，没有哪位股东能凭一己之力真正对抗我们的收购计划。因此我们相信，无论卢森堡政府给我们射出多少暗箭、设置多少障碍，最终站在市场一方的我们必将胜出。"

"你确定市场会赢吗？"拉克希米问他。

沙伯特答道："只要我们的出价合适，市场就一定会让我们赢得交易。根据我的经验，价格合理的话，再多的障碍也能够清除。"

这时收购的具体金额还没有确定，但 3 个小时后一切便尘埃落定了。沙伯特讶异不已，以往他参与的所有收购项目中，像今天这种会议必定会持续好几个星期，这期间还有大量的电子邮件来往沟通。

如果安赛乐公司和米塔尔钢铁公司能成功合并，那么到 2009 年将产生超过 10 亿美元的降本协同效应。除了多法斯科公司外，这两家公司的业务范围在地理上并没有交叉，因此也不需要裁员或关闭工厂。玛赫什瓦利已经与瑞信银行、花旗集团和汇丰银行签订协议，这几家银行将为收购安赛乐公司的交易提供资金支持。他们将与高盛一同确定米塔尔钢铁公司的开盘价。当天，安赛乐公司的股价为 22 欧元。米塔尔钢铁公司的股价会更高一些，但会高出多少呢？谁都无从得知。

第二天，阿蒂亚把米塔尔钢铁公司的企业公关总经理尼古拉·戴维森叫到他的办公室，对她说："我们正在计划收购安赛乐公司。我希望你来负责这个项目的公关工作。"戴维森是苏格兰人，喜欢马球运动，穿着十分时尚。这是她第一次得知公司有此打算，于是她答道："打赢公关战同取得政府官员和安赛乐公司股东的支持一样重要。我们需要外援。"

戴维森全面评估了这个项目的公关要求。她明白仅靠公司内部的公关团队——基本上只有她本人再加上一个秘书——难以完成这个任务。现在，需要找到一家能处理国际业务的公关公司予以协助。米塔尔钢铁公司同梅特兰咨询公司打过交道。梅特兰咨询公司位于伦敦，其创始人兼总裁安格斯·梅特兰（Angus Maitland）也是苏格兰人，头脑过人，精于算计。他算得上是收购领域的老前辈，在启动和促成早期的一些收购案中扮演了重要的角色。一些知名企业如乐购（Tesco）、吉百利史威士（Cadbury Schweppes）和葛兰素史克（GlaxoSmithKline）等都是梅特兰的客户。梅特兰的部分咨询业务已卖给灵智广告公司（EuroRSCG）公司，而后者业务网络庞大，在全球多个其他地区都设有运营机构。现在，体格瘦小的梅特兰一身短袖短裤，正在加勒比海上乘着包租的游艇享受休闲时光。这时，一个卫星电话从伦敦打来。

对方正是戴维森，她在电话里告诉梅特兰："米塔尔钢铁公司正在秘密策划一个主动跨国收购提案。这将是一个轰动性的交易。现在我需要找一家外部关系网络强大、有能力处理跨国公关业务的公司，你愿意加入这个项目来协助我吗？"

"当然愿意——项目什么时候启动？"梅特兰问。

"下个星期。"戴维森回答。

梅特兰听完电话，激动得差点把手中那杯 13 年的麦芽威士忌洒了出去。在公关界，这样找上门合作的电话并不常见。而一旦打来，就意味着会有大笔报酬。正常情况下，他一定会放下手中的一切事务，再从其他客户的工作中抽调一个专门小组赶到客户身边，与银行家和律师团队联手，协助客户做成交易。这类委托的公关服务费高得惊人，不算上实际产生的开销也至少有每周 10 万美元。如果客户赢得交易，还会付给公关公司一笔丰厚的成交奖金。

若在平时，除非有其他客户让他确实脱不开身，否则梅特兰会抓起协议书，立刻冲到戴维森的办公室签约。但现在，他被困在距戴维森数千米远的加勒比海上，一时赶不回去。梅特兰想到，可以让他的副总菲利普·盖维斯出马，于是这位公关界的资深人士重新端起了麦芽酒。他知道，欧洲即将发生有史以来最激烈的一场收购战，而梅特兰咨询公司的名字和他的名字，都将在这场战争中成为世人瞩目的焦点。

随着收购计划迅速推进，尤伊发现需要提醒拉克希米注意另一个问题。他说："我认为我们会在公司治理上遇到困难。"米塔尔家族拥有米塔尔钢铁公司 88％ 的股份，对应极高比例的投票权。公司的股份分为两类：A 类股份和 B 类股份。A 类为外部股东，B 类则是米塔尔家族的股东。根据公司章程条款，B 类股份享有的投票权远远大于 A 类股份，具体而言：每股 B 类股份对应 10 票表决权，每股 A 类股份则只有 1 票。股东的利益分为两个层面，第一层是经济利益，即股份本身的价值及产生的股息；第二层则是投票权，即股东在股东大会上投票表决的民主权利，也就是他们对于公司各项事务的影响力。米塔尔钢铁公司的股权结构体现了典型的家族式企业特点。去年 8 月米塔尔钢铁公司刚合并不久，高盛出具了其对于该公司的第一份研究报告，其中提到：由于该集团受家族控制的程度较高，其任何估值都应做一个 15% 的扣减。

尤伊据此极力劝说拉克希米："这方面你必须要做出让步。"

但拉克希米提醒他："成功的企业大部分都是家族企业。公司上市的时候我们也咨询过，顾问说这种投票权的分配方式没有问题。而且，公司的经营一直遵循美国证券交易委员会和上市所在地（纽约证券交易所）提出的各项专业标准。米塔尔钢铁公司目前的公司治理实践，和美国本土公司在纽约证券交易所规定的上市标准下必须遵循的实践是基本一致的。"

尤伊说："可欧洲人不会这么认为。"

拉克希米露出了怀疑的神色，并对尤伊说道："但是米塔尔钢铁公司是欧洲公司，总部在鹿特丹，受荷兰法律的管辖。"

尤伊答道："这次收购本来就面临着很多问题。所以我们不能再自己制造新的问题了，必须想办法赶紧扫清这些障碍。"

拉克希米像平常一样专心倾听，不时点头表示同意，或暗示不同意，但绝不打断尤伊。

尤伊说完后，拉克希米说道："随时准备改变本来就是米塔尔钢铁公司企业文化的一部分。我会和阿蒂亚还有其他家人商量这件事。"

🕚 1 月 24 日星期二，上午 11 点

📍 卢森堡市自由大道 19 号

在雄伟庄严的安赛乐公司总部的办公室里，多莱难以掩饰他的兴奋。他对电话那头的拉克希米说："我们今天的见面只能取消

了。我得去汉密尔顿和多法斯科公司的管理层会面——我们的收购竞标成功了。"

"恭喜恭喜。"拉克希米带着笑意说道。

多莱淡淡地补充道:"我们现在不用过多讨论这件事,反正很快我们就要在巴黎见面了。"

随之,多莱率团队前往法兰克福机场,搭乘汉莎航空的航班飞往多伦多。拉克希米往窗外楼下看去,一辆辆黑色出租车环绕在伯克利广场的周围。他回到办公桌前,打通了身在杜塞尔多夫市的舒尔茨的电话。他现在必须要得到舒尔茨的答复。

在杜塞尔多夫,舒尔茨博士正在蒂森克虏伯公司总部三塔大楼(Dreischeibenhaus)接待媒体。他开始发言:"昨天晚上我们的执行董事会开了一个会,决定不再对多法斯科公司的收购价格加码。多法斯科公司的确对我们具有战略意义,但一味在价格上和安赛乐公司竞争会给蒂森克虏伯公司带来重创,我们不打算这样做。我们坚守的报价底线是 68 加元。一旦超过这个金额,就没有赢利的空间了。"

"那么我们公司的下一步计划是什么呢?"舒尔茨博士自问自答,明确表示蒂森克虏伯公司将提升其巴西工厂的产能,并开设新钢厂或与其他公司联盟,巩固公司在北美市场的地位。至于拉克希米私下和他达成关于多法斯科公司的交易一事,他只字不提。拉克希米是这样对舒尔茨说的:"我准备收购安赛乐公司。如果谈成了,我可以把多法斯科公司卖给你,就按你们最后的报价 68 加元。"

舒尔茨会上钩吗?从舒尔茨的语气中,拉克希米发现这个德国人颇为心动,但他说还要和董事会商讨。但现在,拉克希米要尽快得到肯定的答案。如果蒂森克虏伯公司同意了这笔交易,拉克希米就可以规避监管机构的反垄断调查,而且将多法斯科公司卖给蒂森克虏伯公司得到的巨额资金，又可以作为收购安赛乐公司的本钱。在伯克利广场大厦 7 楼的米塔尔钢铁公司总部，收购安赛乐公司的各项工作正在稳步推进中。现在，米塔尔钢铁公司公开收购报价的日期基本上确定了：1 月 27 日或 2 月 3 日其中一天。

"我不同意 27 日，"在一次日常例会上，拉克希米对尤伊说，"这个时间太仓促了。像这样的重大交易，需要一一敲定所有的细节，时间完全不够。一旦计划不够周全，任何疏漏都可能导致整个计划延期，甚至失去控制。"

"好的，就照您说的做，"尤伊答道，"我主要是担心夜长梦多。我们行动越晚，消息被泄露的风险就越大，这也可能让我们功亏一篑。"

尤伊回到他的核心团队，继续和组员们研究交易的各项事宜。拉克希米则开始了解一些外交辞令和相关技巧。在公开收购计划后，如果有国家政府表示反对，拉克希米可能需要对其展开外交攻势以保证交易成功。

高盛的政府事务部执行董事丽萨·拉比提出了建议："您得先给欧盟竞争事务委员会的专员尼莉·克罗斯（Neelie Kroes）打个电话，让她对整个事件的大体情况心里有数。""我们关注她有一段时间了，她本人并不反对大宗交易，所以她可以向欧洲其他委员和政府官员传达正确的信号。这对我们非常重要。"

"我可以向她保证，我们的收购不会涉及任何垄断问题。"拉克希米说道。

"千万别这么做。您需要保持中立的姿态，仅仅礼节性地和她取得联络就可以了。不要犯杰克·韦尔奇（Jack Welch）的错误。"拉比赶紧劝阻。

"好的，"拉克希米点点头，"我明白你的意思了。"杰克·韦尔奇是通用电气董事长兼首席执行官，拉克希米对这位传奇人物的事迹无所不知。韦尔奇以对公司管理层毫不留情的奖惩方式而著称。每年他都会辞退业绩排名最后 10% 的经理，排在前 20% 的则予以优厚的奖金和股票期权作为奖励。通过发挥异于常人的商业才能，他极大地提高了公司的工作效率，消除了官僚作风，使得通用电气的市值上涨了 4000 亿美元。在拉克希米听来，这个故事就像音乐一样美妙，他甚至在自己的讲话中将韦尔奇的传奇事迹引为经典。但 2001 年韦尔奇打算以 450 亿美元收购工业用品制造商霍尼韦尔（Honeywell）时，同欧盟委员会有了正面冲突。他四处扬言这次收购交易是小菜一碟，没有任何困难，也不会有反垄断方面的问题。他狂妄的举动严重激怒了欧盟委员会的成员们。"所以，他们让那笔交易流产了。"拉贝说。

拉克希米笑了。韦尔奇人称"中子杰克"，他素来擅长扫清一切障碍达到目的，战无不胜。他原本计划那年夏天退休，并且他期盼已久的自传《勇往直前》（*Straight from the Gut*）也将面世。但没想到，在更为强硬的欧盟委员会面前，顽强不屈如他也栽了个大跟头。

"法国的工作推进会麻烦一些，"拉贝对拉克希米提出了警告，"您必须和法国的经济财政工业部部长蒂埃里·布雷顿（Thierry Breton）见面。"

"这事已经敲定了，"拉克希米回答，"我给巴黎的一个朋友打过电话，告诉他说我想见他们的财政部部长，双方认识一下。他昨天给我回电话，说布雷顿很乐意和我见面。他听说过我的情况，希望能在 30 日约我共进早餐。"

"那太好了。"拉贝说。

"布雷顿部长还不知道我们打算收购安赛乐公司，但我想在公开计划之前，把这个消息透露给他。"

　　紧接着，拉克希米和拉贝一起拟定了一个需要接触的政要名单，其中包括卢森堡首相、比利时首相以及西班牙的一些重要政府官员。此外，拉克希米还要同安赛乐公司的各家炼钢厂所在地的市长和其他当地官员会晤。现在只剩最后的见面日期需要确定了。

　　就在那个星期，拉克希米在他的办公室里接待了尤伊引见的另一位客人——第七印象的总裁安妮·梅奥克斯。梅奥克斯是法国的一流公关策划人，在欧洲拥有强大的关系网。她曾任爱丽舍宫吉斯卡尔·德斯坦（Giscard d'Estaing）总统的媒体关系主管。现在，她自己经营一家"独立公关公司"，主要处理恶意收购所涉及的政客、记者、实业家等相关方面的公关事务。德斯坦的侄女康斯坦斯（Constance）现在就在梅奥克斯的公司任职。梅奥克斯50岁出头，喜欢穿着职业套装，再搭配以精美的古董戒指和华丽的吊灯式耳环，气质高贵而优雅。她说话带着意大利口音，一双眼睛顾盼生辉，多谋善断而又直言不讳，常常让和她打交道的内阁部长或企业高管们紧张不已，恨不得从她面前逃之夭夭。

　　拉克希米说："我觉得我们应该邀请几位法国记者，到我们公开收购计划的新闻发布会现场进行报道。你们的意见如何？"

　　梅奥克斯挑了下眉头，直截了当地说："只是邀请记者来伦敦还不够。虽然安赛乐公司在法国没有股东，但法国仍然把安赛乐公司当作他们的国宝。您收购安赛乐公司，在法国必定会引起很大的反响，会非常轰动。不管您相不相信，因为您不是法国人，法国政府方面会全部给您投反对票。"梅奥克斯和布雷顿已有20年的交情，她向拉克希米解释道："拉克希米先生，您可能还不知道，法国人对您的了解仅限于您是印度人，是一个超级富豪，您女儿的婚礼在巴黎举办，耗资不菲。他们对于米塔尔钢铁公司一无所知。所以，您必须得亲自去法国，向他们阐明收购安赛乐公司是一个精心策划的成熟项目，以及钢铁行业全球化的必要性。您还要向法国人保证您会妥善处理就业问题，绝不是怀着敌意而来的。"

"但布雷顿一直是支持私营企业的啊，"拉克希米反驳道，"所以我安排了和他见面。他肯定能够理解我们这个项目吧？"

"在英美国家，资金是最重要的考虑因素，凡事由股东会决定。但在法国，我们最关注的是就业。一旦您收购了安赛乐公司，就必须清楚交代后续的安排。"

他们正说话间，梅奥克斯的手机响了。"抱歉，我可以接个电话吗？"

"当然。"拉克希米一边说着，一边思索着梅奥克斯刚才说的话。法国没有安赛乐公司的股份，尚且如此棘手，那么大股东国卢森堡的情况又将如何？

梅奥克斯用手掌盖住手机话筒，对拉克希米说："抱歉，是弗朗索瓦·皮诺（Frangois Pinault）。他想让我去一趟威尼斯，和他见面。"

皮诺是梅奥克斯的大客户之一。这位白手起家的零售业巨富身家上亿，20 世纪 90 年代后期，他打败法国亿万富翁贝尔纳·阿尔诺（Bernard Arnault）领导的全球头号奢侈品集团路威酩轩（LVHM），赢得了古驰公司（Gucci）的股份。这场恶意收购也令皮诺名声在外。皮诺学历不高，在法国精英圈子里不被大多数人认可，但这并不影响他成为国际艺术品市场上最有权势的人物之一。1998 年，他以 7.21 亿英镑收购了佳士得拍卖行（Christie's），同时也跻身世界顶级收藏家之列。皮诺曾计划耗资 1.5 亿英镑，在距巴黎市中心 5 千米的塞纳河一个小岛上，为他的众多藏品修建一座当代艺术博物馆。但受法国在建设规划方面的官僚作风阻碍，该工程迟迟难以实施。他只得放弃这个项目，转而从菲亚特汽车公司手中购买了威尼斯 18 世纪的格拉西宫（Palazzo Grassi）80％的股份，花了 5 个月的时间，紧锣密鼓地完成了翻修。不曾想，皮诺买下格拉西宫的举动激怒了法国人。

而现在，梅奥克斯的推托又让皮诺大为光火，他可不习惯一直等着别人。他的首次展览计划 4 月底开幕，眼看着就逼近最后的时间节点了。他想知道，伦敦到底有什么事情如此重要，让梅奥克斯无法抽身来处理他这边的工作。

拉克希米看着梅奥克斯用手指拂过她的一头金发，同时在电话里试图安抚皮诺。

"对，我还在伦敦。不行，我不能告诉你，但这件事非常重要。"她说着，目光扫过拉克希米。

"麻烦你一下，"拉克希米开口了，"能让我和他说两句吗？"

梅奥克斯把手机递给了他。

"皮诺先生，我是拉克希米·米塔尔，"拉克希米说道，"梅奥克斯最近在协助我做一个很重要的大项目，你看能不能让她在这里多待几天。"在计划公开之前，他不能向皮诺透露任何信息，否则这个法国人就成了"涉密人物"。但随之，拉克希米以他一贯的机敏补充道："我常听人说起您，您是法国最成功的企业家。衷心希望您能在时机成熟时支持我，我会感激不尽的。"

他又说了几句，然后将手机还给了梅奥克斯。

"他说了什么？"她问。

"他说，'能来法国和我见面吗？'"拉克希米笑着说。

梅奥克斯也笑了："这就开始组织法国亲友团了？"

"好吧，"拉克希米搓着手，说道，"我们去巴黎吧。你告诉我们要怎么做，我们照办。"

7
突然宣战

..

🕐 1 月 25 日星期三，晚上 8 点

📍 安大略省奥克维尔，乔纳森餐厅

在汉密尔顿和多伦多之间宁静的卫星小镇奥克维尔，佩瑟在屡获殊荣的乔纳森餐厅（Jonathan's）的白金包房设宴，庆祝安赛乐公司成功合并多法斯科公司。此刻，佩瑟举起酒杯向来宾们致意："一直以来，我们都对安赛乐公司，以及安赛乐公司的各位朋友——包括多莱——怀有深深的敬意。"几个月以来，多法斯科在收购战中一直站在蒂森克虏伯一边，而现在安赛乐胜出，佩瑟选择这个庆祝地点也是希望能保持低调。他继续发表祝酒词："安赛乐的商业发展战略和价值观同多法斯科是高度一致的。为了我们共同的未来，希望大家合作愉快。"

多莱回应道："对于此次成功收购多法斯科公司，我们当然非常高兴。多法斯科对安赛乐具有非常重要的意义，安赛乐把它当作在北美市场发展的窗口。多法斯科已经成为安赛乐集团的一分子。我们相信在竞争日益激烈的北美钢铁市场，多法斯科一定能

发展为实力更强、更具竞争力的生产商。借此机会我还想表示，我们将继续为多法斯科的管理团队提供支持。"多莱结束了他的讲话，微笑着环视8位来宾，他们和佩瑟一样坐在高靠背扶手椅上，围着富丽堂皇的胡桃木餐桌坐成一圈。他们本来对安赛乐极为抗拒，希望被德国盟友蒂森克虏伯公司收购。但现在，安赛乐为他们提供了高额的股票期权，无疑已经弥补了这一遗憾。

安赛乐对多法斯科的收购交易就此收场。此刻，多莱也正和他的团队成员一起举办庆祝晚宴，细细品味这美好的一刻。出席宴会的有安赛乐的首席财务官尤吉卓、副首席执行官沃斯，还有幽默风趣的企业公关主管帕特里克·赛勒。多莱觉得自己之前像是一名囚犯，被判处了同拉克希米绑在一起的无期徒刑，但在最后一刻，突然被宣布暂缓执行。现在，他在职业生涯结束前重回钢铁行业宝座的心愿终于实现了。

● 1月26日星期四，下午2点
● 伯克利广场大厦米塔尔钢铁公司

戴维森手机上的提示灯闪了起来。她坐在办公桌前，点开语音邮件。

"戴维森你好，我是《金属导报》（*Metal Bulletin*）的鲍勃·琼斯（Bob Jones）。你能马上给我回个电话吗？有消息称米塔尔钢铁公司可能要收购安赛乐公司。是否属实？"戴维森马上快步走出办公室找拉克希米，却和玛赫什瓦利撞到了一起。玛赫什瓦利对她说："我刚收到了琼斯的语音消息。"

随后，她在阿蒂亚的办公室外找到了他。"阿蒂亚，我刚刚收到一条消息……"但没等她说完，阿蒂亚的手机就响了起来。他低头看了看屏幕说："是琼斯打来的。"

尤伊通知他的团队："我们的行动必须提前到明天。"

拉克希米表示赞同："不能再让泄密继续了。这样下去安赛乐就有时间进行防御。"拉克希米的整个职业生涯中，一旦确定目标，他会立即迅速执行以达成目的。但他现在来不及在公布收购消息之前和布雷顿见面了，他对此深感遗憾。

顾问们面面相觑，这意味着他们必须在一夜之间完成接下来几天要做的工作。波齐和银行团队确定最终数据后，米塔尔、沙伯特和欧尼龙开始起草新闻稿，其中除了公布对安赛乐的收购报价，还附上了对此次收购行动基本事项的阐述。稍后，新闻稿将发给法国、卢森堡、比利时、西班牙、荷兰和美国这几个国家的监管机构。在此之前，米塔尔钢铁公司方面已经和上述机构通过电话知会此事。为防止文件出现意外导致进一步泄密，整个过程中都使用之前约定的代号指称安赛乐和米塔尔两家公司。

下午3点，拉克希米在阿蒂亚的陪同下，召开了一次董事会全体电话会议。高盛的银行家团队和佳利律师事务所的律师团也出席了会议。在会上，拉克希米介绍了交易的大致情况、资金情况和其他相关安排。会议只是例行公事，几分钟就通过了收购提案。董事会还委托米塔尔父子和罗斯为共同代表，有权对要约的条款和条件进行更改及最终确定。

接下来就是落实收购的细则内容了。高盛已经请来了为交易提供资金的各家银行的代表，他们确定的筹资额为60亿英镑。安赛乐公司的一些大股东也来到了现场，他们将买入米塔尔钢铁公司的股票，作为后者收购的部分资金。这些人一边在铺着地毯的走廊上来回踱步，一边给同事或可能的股票买家打电话，在手机上不断收发电子邮件，为即将开始的收购交易争取各种支持。这其中，来自瑞信银行的弗莱彻可能是最为重量级的大人物。弗莱彻烟瘾很大，生性幽默犀利，直言不讳，他粗犷的长相与出演莎士比亚戏剧的罗伯特·斯蒂芬斯（Robert Stephens）颇为相似。

自从拉克希米收购特立尼达和多巴哥钢铁公司之后，弗莱彻就一直与拉克希米合作，担任伊斯帕特国际公司的首席金融顾问。这次收购安赛乐，是他第一次在拉克希米的交易里扮演辅助的角色。这位大人物不高兴了，非常生气。一大早，弗莱彻把他的衬衫塞回裤子里，走进伯克利广场大厦。他找到尤伊，告诉他："说实话，这个项目由你牵头，我感觉很不舒服。我真担心我们会打起来。"

尤伊冷静地答道："我来这里是工作，不是来破坏你和米塔尔钢铁公司的关系。你对钢铁行业比我了解得多，我们没有必要发生争执，也没有这个时间。"

花旗集团的斯皮罗·尤尔金出生于黎巴嫩贝鲁特。他像弗莱彻一样性格粗放，穿着从萨维尔街（Savile Row）定制的蓝色条纹西服，随身带着名牌丝绸手帕，打着领带——他有整整400条领带。自20世纪90年代中期以来，花旗集团一直为拉克希米的并购项目提供资金支持。拉克希米同罗斯的国际钢铁集团合并时，花旗集团为他提供了金融顾问服务。米塔尔家族充满斗志的行事风格感染了尤尔金，他已经准备好迎接战斗。第三个"大人物"是汇丰银行的阿德里安·科茨。在米塔尔钢铁公司成立之前，汇丰银行就是拉克希米的私人公司米塔尔控股公司的融资银行和金融顾问。科茨的口号是："让市场在我们面前瑟瑟发抖吧！"但他到达米塔尔钢铁公司总部的那天，似乎失去了那种激情。

"收购安赛乐这个想法不错，从投资银行家的角度来看是一个很好的项目，"他对拉克希米和阿蒂亚说，"但这种方式的性质太恶劣了，也不容易操作。局面会闹得很僵，难以处理，所以你们真正应该问自己的问题不是怎么去做，而是应不应该放弃。"

"科茨，如果你要退出，我们不阻止。"阿蒂亚回答。但最终科茨还是留下了。谁又愿意错过这样的重大交易呢？

"但高盛那些人对钢铁行业完全一无所知。"科茨对弗莱彻说。

弗莱彻带着几分讥笑答道："在这个大胆的交易里，说不定无知反而是优势呢。"他走出房间，到走廊上抽烟去了。

自从来到米塔尔钢铁公司总部，弗莱彻、尤尔金和科茨3人一直为了同拉克希米面谈的时间争执不下。他们想，不管怎么说，这笔交易60亿英镑的资金里有我们的一分子。但拉克希米已经有了打算，并对每一笔预付款都做出了回应。他明确答复："高盛来主导交易，我们都必须配合他们的工作。"

🕘 **晚上9点35分**

📍 **阿蒂亚·米塔尔的办公室**

拉克希米坐下来，阿蒂亚陪在他的身边。拉克希米最后看了一眼纸上的一系列要点。电话就放在他的面前，他即将打出人生中最重要的一个电话。此刻，他的心情很平静。他确信自己要做的事是完全正确的。

"祝你好运。"阿蒂亚说。拉克希米开始拨出号码：0033……

在与伦敦有着5个小时时差的多伦多，多莱正在皮尔逊国际机场（Lester B. Pearson International Airport）1号航站楼汉莎航空的商务舱候机室里，这时他的手机响了。多莱掏出手机，看着屏幕露出了诧异的表情，这是一个陌生的号码。

"喂，哪位？"

"多莱，我是拉克希米。我打电话是礼节性地通知你：米塔尔钢铁公司明天将直接向贵公司的股东公布收购安赛乐公司所有股份的计划。"

那一瞬间，赛勒正巧抬起头看到多莱的神色——这位总裁看起来就像是马上要从楼上掉下去一样。

"我简直不敢相信，"拉克希米对他的儿子说，"他居然把电话挂了。"拉克希米重新拨通号码，听到的只有多莱的语音信箱提示音，拉克希米给他留言："安赛乐公司和米塔尔钢铁公司对于钢铁行业的整合有着共同的愿景。所以我希望，双方能继续保持友好合作。我不希望把双方关系搞得太僵。"

阿蒂亚接过父亲的电话，拨了出去。此时戴夫扎克正在一辆雷诺威赛帝（Renault Vel Satis）车里，开到 A4 斯特拉斯堡 – 巴黎高速公路的梅斯路段时，车内的手机铃声响了。

"是阿蒂亚打来的。"克洛伊·戴夫扎克（Chloe Davezac）告诉她的父亲。克洛伊刚刚结束在安赛乐的实习，现在正赶着回巴黎和男朋友见面。她说："他会给你留言的。"她希望父亲不要接电话，免得耽误行程。

"我得和他谈谈。"戴夫扎克对女儿说道。他开始变道并放慢车速，接听了电话。

"戴夫扎克，我们遇到了一个问题，"阿蒂亚说，"我们想和多莱谈谈，你知道他在哪里吗？"

"多莱在多伦多。"

"我们知道，但我们和他沟通不上。他不接电话。"

"那他一定是在飞机上。"戴夫扎克说。他听到阿蒂亚暂停了一会儿，和电话那头的其他人交谈。

"戴夫扎克，米塔尔钢铁公司将在明天早上宣布收购安赛乐公司的所有股份。"阿蒂亚说出了这个消息。

"多莱，我们不知道拉克希米能够等上多久。"他不久前在拉克希米夫人的车里说出的这番话，现在开始在他自己耳边回荡。戴夫扎克不难想象，多莱有多么难以置信，多么深受打击。拉克希米准备偷走他的公司时，自己却被困在了大西洋的另一边。

多伦多方面，安赛乐团队飞往法兰克福的航班还有一个小时起飞。他们必须确定为了筑起防线对抗拉克希米，最先要做的是什么事情。回欧洲的长途飞行中，他们没有集体讨论的机会。由于订机票的时间太仓促，他们的座位都不在一起。没多久，他们已经数不清自己给卢森堡总部打了多少通电话。第一个接到电话的是安赛乐的董事长金希。听到这个消息，他惊得目瞪口呆。

多莱在飞机上就座时，想起曾有一位投资银行家给他提过的中肯建议：在抵抗恶意收购时，最重要的一件事情之一就是保证睡眠，因为这会是一个极其耗费体力和精力的过程。安赛乐公司的内部律师也告诉过他，安赛乐公司的章程有规定，收购安赛乐公司必须是全额以现金支付。拉克希米收购了乌克兰的克里沃罗格钢铁公司之后已经捉襟见肘。除非承担破产的风险，否则以他的财力绝不可能负担得起安赛乐公司的收购价格。

多莱闭上了双眼。

飞机起飞时，尤吉卓转身对沃斯说："沃斯，你知道吗，从现在起，无论要发生什么，安赛乐的命运都被改变了。"

伯克利广场大厦7楼，灯火通明。1月26日午夜，拉克希米召开了一次电话会议。他向米塔尔钢铁公司在全球各地分支机构的55位经理宣布，米塔尔钢铁公司即将对安赛乐公司发出收购报价。

"这笔交易规模很大，"会议上，拉克希米开始了他的讲话，"新闻媒体会包围你们，向你们提出各种问题。我要说的是，我们有信心赢得这场战争。我也相信你们一定不会让此事影响生产。业务经营才是我们最重要的任务。"在米塔尔父子忙于安赛乐收购项目期间,慕克吉将负责保证生产运营的正常开展。

米塔尔钢铁公司的所有人都兴奋无比,他们纷纷从全球各地向拉克希米发来祝贺。似乎没有谁真正明白,恶意收购到底意味着什么。

凌晨4点30分。正在为次日的新闻发布会演讲做准备的阿蒂亚来到戴维森的办公室,后者正在和高盛的数字分析师波齐一起修订新闻稿。阿蒂亚拿起一份复印件,细细研读,然后说:"这里面的数字有错。"过度疲劳带来的不良后果慢慢显现出来。阿蒂亚和他们完全不一样,他充满了年轻人的活力。他转向戴维森,问道:"我的演示文稿里要不要加一张幻灯片,把米塔尔钢铁公司和安赛乐公司两家公司的徽标放在一起,代表合并后的新公司形象?"

一开始戴维森以为他在开玩笑,但随即意识到他是认真的,就赶紧说道:"我认为这样做非常不明智,给人一种狂妄自大的感觉。"

这时,已经有很多谣言在媒体记者和钢铁分析师的圈子里四下传播,其中一个版本说的是,安赛乐即将收购米塔尔钢铁公司。

8
新闻发布会

1月27日，星期五

"米塔尔钢铁公司……今天宣布，已向安赛乐公司的股东……发起收购报价，世界上第一个产量超过1亿吨的钢铁生产商即将诞生"，比排名第二的竞争企业新日铁产量高出4倍。

当天早上6点30分（卢森堡时间早上7点30分），这份长达11页的新闻稿终于公开发布。更早一些时候，拉克希米已经将此事知会各相关国家的监管机构，包括法国金融市场管理局（Autorite des Marches Financiers，AMF）、卢森堡证券金融监督委员会（Commission de Surveillance du Secteur Financier，CSSF）、西班牙国家证券市场委员会（Comision Nacional del Mercado de Valores，CNMV）和比利时银行金融保险委员会（Financiere et des Assurances，CBFA）。米塔尔钢铁公司还与荷兰监管机构金融市场管理局（Autoriteit Financiele Markten，AFM）取得联络，并向华盛顿特区的美国证券交易委员会提交了申请。安赛乐公司的股票在比利时、法国、卢森堡和西班牙的股票市场暂停交易；米塔尔钢铁公司的股票则在阿姆斯特丹的泛欧交易所（Euronext）暂停交易，"待公司发布通告后再行恢复"。

在此之前，拉克希米已经对欧盟竞争事务专员克罗斯做了礼节性的电话拜访。拉克希米在电话中简短地向克罗斯阐述了此次收购的前因后果，并没有要求得到她的支持。他还给正在对非洲进行正式访问的卢森堡首相让 - 克洛德·容克（Jean-Claude Juncker）打过电话，但首相没有接听他的电话，这是一个不好的预兆。接下来，拉克希米还联系了炼钢业所有主要竞争对手的执行总裁，寻求他们的支持。第一个对象是中国的上海宝钢集团公司。拉克希米这样做也暗含了警告的成分：不要以安赛乐公司的白衣骑士的身份涉足这场交易。中国、日本、巴西和俄罗斯的世界级钢铁企业纷纷承诺将支持米塔尔钢铁公司。拉克希米绝不会忘记这些承诺。

新闻稿是这样写的："该报价对安赛乐公司股票的估值为每股28.21欧元，比2006年1月26日安赛乐公司在巴黎泛欧交易所的收盘价高出了27%……报价对安赛乐估值为186亿欧元。"

合并后的新公司预计年收入690亿美元，息税折旧及摊销前利润（EBITDA）为126亿美元。拉克希米在说明书中提出，将以下面三种渠道收购安赛乐公司目前的全部股票。第一，现金收购和股份交换混合：每5股安赛乐公司股票折换4股米塔尔钢铁公司新股股票，外加35.25欧元现金。第二，纯现金收购，每股安赛乐公司股票直接兑换28.21欧元现金。第三，二级股交换，即每15股安赛乐公司股票折换16股米塔尔钢铁公司新股股票。这表明拉克希米可用于收购的现金不超过交易价格的25%，只得通过证券置换来代替大部分需要支付的现金。

米塔尔的团队成员疲惫不堪，他们拖着缓慢的步伐，从伯克利广场大厦走到不远处皮卡迪利大街（Piccadilly）上的英国电影和电视艺术学院（British Academy of Film and Television Arts），准备参加新闻发布会。他们中大多数人已经两天没睡过什么觉了，现在各自打着电话，让家人把剃须用品和换洗衣服带过来。拉克希米和阿蒂亚乘车抵达新闻发布会现场。礼堂里有150名记者，让他们颇为吃惊。"戴维森跟我说只有35人来。"拉克希米一边说，一边迈着轻快的步子走向讲台。他看起来很放松，就像刚刚度假归来。和以前一样，拉克希米的妻子、孩子和父亲坐在最前排的位置。拉克希米戴上眼镜，像牧师一样凝视着他的听众，然后开始他的讲话：

"过去10年里，钢铁行业朝着整合的方向发展，这一趋势有助于创造股票的可持续价值，给所有股东带来了回报。米塔尔钢铁公司和安赛乐公司都坚定不移地践行着钢铁集中化发展，对于行业发展有着相似的愿景。两家公司通过组合可以加速集中化的进程，同时为企业赋予独特的优势，从而更好地把握将来面临的机遇。"

现场的记者情绪高涨——这次合并的规模之大，在钢铁史上绝无仅有。而拉克希米的收购团队在短短4天内便完成了收购计划，几乎可以算是一个奇迹。拉克希米眉飞色舞、踌躇满志，而其他成员由于夜以继日的辛苦工作，看上去已经筋疲力尽，有些人连头都抬不起来了。台上，拉克希米继续描绘着他的愿景；台下，几位银行家打起了瞌睡。

"我们的报价高出安赛乐公司以往的股价，很有吸引力。而且根据我们的收购计划，安赛乐公司的股东有机会参与合并后新公司的运作，从公司巨大的增长潜力中受益，同时还能收获丰厚的现金回报。我们真心希望各位股东认真考虑本次收购的种种有利条件，接受我们真诚的收购要约，参与到世界上唯一一家跨国钢铁公司未来的发展中来。"

此外，拉克希米还同意缩减其家族在公司的控制股权。"如果收购成功，我们将米塔尔家族持有的 B 类股权享有的投票权比例从 10：1 调整为 2：1。"拉克希米一贯务实。他听从了尤伊的建议。如果收购成功，拉克希米甚至考虑将合并后新公司的总部迁至卢森堡。

接下来的消息无异于重磅炸弹。"米塔尔钢铁公司已与蒂森克虏伯公司达成协议，以每股 68 加元等值欧元的价格，将多法斯科公司的所有普通股转售给后者。"

前一天，拉克希米已同舒尔茨签下协议，达成了这笔交易。舒尔茨最终得到了他想要的多法斯科公司，拉克希米则摆脱了潜在的监管风险。更有意思的是，蒂森克虏伯公司收购多法斯科公司的价格，比多莱谈成的价格每股还低 3 美元。在乌克兰的收购战中，多莱和金希拼力竞购，让拉克希米多花了 10 亿美元。现在，拉克希米略施小计，让多莱为多法斯科也花了冤枉钱。为什么会出现这样讽刺性的局面，多莱自己心知肚明。

这时，一名记者提问："多法斯科公司的表现很不错，为什么要把它卖掉？"

拉克希米停了下来说："我想告诉安赛乐公司的股东：你们想要进军北美的市场。而米塔尔钢铁公司可以实现的，是收购多法斯科公司所获市场份额的 4 倍！这还没有算上在新兴市场上业务快速增长带来的收益。"

坐在拉克希米身旁的阿蒂亚也解释道："多法斯科公司的产量比起米塔尔钢铁公司在美国的资产来说根本无足轻重。多法斯科是排在第五名的制造商，我们是第一名。在汽车行业，多法斯科排名第四，我们还是第一名。所以，多法斯科对我们来说规模太小，意义不大。我们不需要该公司的工厂和设施。"

佩瑟住在加拿大安大略省的登打士大街（Dundas）。这是汉密尔顿西郊一个约2万人的小社区，以每年一度的仙人掌节而远近闻名。佩瑟生活很有规律。这天，他走出家门，准时坐进了他的座驾凯迪拉克STS 2003，驱车30分钟到达多法斯科公司。一般他在路上喜欢收听当地电台FM102.9的新闻，但今天他关掉了汽车调频，想专心考虑工作上的一件事。

佩瑟大步流星走进多法斯科公司的大楼，等候在电梯旁。突然身后传来一个高亢的女声："佩瑟先生！佩瑟先生！请等一下！"

一名销售同事朝他跑来，气喘吁吁。在整洁有序、一丝不苟的佩瑟看来，这位女士看上去不太修边幅。"你听说那个消息了吗？"她甩甩头问佩瑟。

"什么消息？"

"米塔尔钢铁公司刚刚收购了安赛乐公司。"

"不可能，你肯定是搞错了，"佩瑟斩钉截铁地说，"这是绝不可能的事，我们已经和安赛乐合并了。"

"但收音机里是这么说的。"

电梯门在二人之间缓缓关上。佩瑟看到了对方眼中的绝望。

佩瑟在办公桌前坐下，登录电子邮箱查看邮件，然后上网看新闻。他的肚子不太舒服，像是跟着电梯一路下落，掉到了一楼的地面上。

当天下午，阿蒂亚正在驾车回家的途中。他信心满满，就好像收购安赛乐的交易已顺利完成。在早期，媒体和投资者对"拉克希米的大胆收购计划"反响很是乐观。芝加哥的分析师米歇尔·阿普尔鲍姆（Michelle Applebaum）对拉克希米的胆识极为欣赏，她说："这个交易无异于钢铁界的微软公司收购了苹果公司。"

多莱乘坐的飞机即将在欧洲落地。戴夫扎克给印度的朋友和熟人通了电话，想了解他们是否知道，为什么拉克希米此次行动如此突然而迅速，远远超过了平时。他们告诉他："拉克希米的胃口之大，你们欧洲人永远无法了解。"

拉克希米准备回家，同乌莎一起慢慢回顾刚刚结束的一个星期发生的各种大事。这时，阿蒂亚在他的车里接听了一个电话。是尤伊打来的。

"干得好，尤伊，"他说，"我们正在回来的路上。"

"没错，这真是一次了不起的行动。"尤伊对此表示赞同。但阿蒂亚听得出，他话里面带着一个"但是"——"但是，不要指望这件事能很快结束。"

9

卢森堡大公国

..

作为一个内陆小国，卢森堡对战争和敌对侵袭非常敏感。卢森堡的面积约为 2586.3 平方千米，跟英国的萨里郡差不多大，仅有美国罗得岛（Rhode Island）一半大小。几个世纪以来，这个小国饱受奥地利、法国、德国和西班牙的困扰。非欧洲本土居民可能都不知道卢森堡的具体位置。卢森堡大公国位于欧洲西北部，东临德国，南接法国，北边和西边接壤比利时，境内分布着茂密的森林和起伏的阿登高地。

卢森堡中部的地形对军事历史学家仍然极具吸引力，那里既有高耸的城墙堡垒，也有坚不可摧的天然外部屏障——佩特罗斯（Pétrusse）和阿尔泽特（Alzette）峡谷的悬崖。卢森堡曾一度拥有过 40 座防御工事和一条长达 23 千米的结构复杂的地下隧道，这些均出自法国、德国和奥地利顶级军事工程师的手笔。卢森堡也因此被称为"北方的直布罗陀"。

1839 年签订的《伦敦条约》承认卢森堡在荷兰国王威廉一世（Grand Duke William）的辖下拥有了独立地位。在奥瑞治家族（House of Orange）的治理下，卢森堡承诺永久保持中立。在两次世界大战中，卢森堡均遭受了德国的侵略，这使其放弃了一直中立的想法，于 1949 年签署了《北大西洋公约》，成为北约的一员。

在卢森堡市以西 5 千米的地方，有一片人迹罕至的区域，这里有一处庄严肃穆的纪念地，用于缅怀所有在战争中逝去的人。这里是管理完善的卢森堡美军公墓，墓地中一排排白色十字架，是为了纪念美国第 3 集团军第 5 装甲师牺牲的 5076 名士兵。在 1944 年的冬天，这些英勇的士兵在卢森堡北部腹地同德国装甲部队进行了 3 个月的激烈交战，并牺牲于此。卢森堡在 1945 年 2 月解放。传奇的美国第 3 集团军统帅乔治·巴顿（George Patton）将军也长眠于此，他的坟墓位于整个公墓的中央，四周围绕着该军牺牲士兵的墓碑。其墓碑前是一座 30 米高的纪念碑，上面雕刻着在战争中献出生命的战士名字，电影《突出部之役》讲述的就是这场著名的战争。

在战争快结束的时候，被称为"血胆将军"的巴顿在德国遭遇车祸，造成颈椎骨折，并因此而去世。遵照其"与留在卢森堡的部下葬在一起"的遗愿，这位将军被安葬在了卢森堡美军公墓里。这个仅拥有 45 万人口的小国非常尊敬这位将军，如果按其意愿，巴顿将军应该葬于卢森堡首都中心的卢森堡圣母主教座堂（Cathédrale Notre-Dame de Luxembourg），卢森堡的很多大公爵都安葬在这里。

卢森堡对巴顿将军及其军队满怀感激之情。如今，卢森堡已成为一个非常繁荣的工业化民主国家，人均年收入 6.7 万美元，是全球人均收入最高的国家。卢森堡也学会了如何提升自己的影响力，特别是在欧洲事务方面。出生于卢森堡的杰出政治家罗伯特·舒曼（Robert Schuman）是促使卢森堡成为欧洲经济共同体创始成员国的重要人物，在 1965 年布鲁塞尔成为欧洲大陆新的政治中心前，卢森堡一直是欧共体的核心所在。即使是现在，卢森堡仍是欧洲法院、欧洲审计院和欧洲投资银行的所在地，同时也是欧洲议会的秘书处。

卢森堡首相让 - 克洛德·容克是西欧任职时间最长的国家领导人，这位备受尊重的政治家，经常就重要的欧盟事务在相邻大国德国和法国之间进行调和。52 岁的容克个头不高，有着敏锐的政治头脑，他心里有一份全球数一数二的外交黑名单。

该国正在努力摆脱世人对其的固有印象，向世人展示卢森堡并非仅是个银行遍布的小国家。但其确实是世界顶尖的金融中心，拥有 150 家世界知名的金融机构，2.35 万名金融从业人员，这些现代化的高科技办公机构贡献了该国 70％的国内生产总值（GDP）。2006 年，卢森堡的银行总资产已达到了 1 万亿美元。在共同基金方面，卢森堡略逊于美国，屈居世界第二位，拥有 2.15 万亿美元的注册基金（包括在该国注册或总部位于该国的基金）。

除此之外，卢森堡的传媒行业也很发达，卢森堡广播电视公司（RTL）和全球最大的卫星电视入户服务供应商欧洲卫星公司（SES）的总部均位于卢森堡。在物流方面，卢森堡拥有欧洲规模最大的全货运公司——卢森堡国际货运航空公司（Cargolux），同时卢森堡政府也在推动其成为欧洲重要城市间的交通枢纽。卢森堡不仅是电子服务的中心，还成功实现了中小型高科技产业的多样化发展。

为了获得更高的收入，每个工作日都有超过 10 万人从比利时、法国和德国来到卢森堡工作，他们多为金融从业人员或欧盟机构的工作人员。该国大部分人口都至少掌握三门语言，但仅有本土居民会说卢森堡语（一门混合了德国方言和法语的语言）。官方和法律用语为法语，媒体多用德语，而英语则是商业领域的常用语种。说葡萄牙语和意大利语的人口也在不断增长。

卢森堡的银行保密法、税收优惠和欧洲最低的增值税税率对金融家和拥有极高身价的成功人士极具吸引力。20世纪80年代，德国政府决定对国内银行存款征收年均10％的存款税。在此"预扣税"的法律条款正式实施前，大批巨额个人资金涌向卢森堡，且再也没有回归。这令卢森堡的银行业人士非常兴奋，并在德国媒体的见证下，他们一起为德国总理赫尔穆特·科尔（Helmut Kohl）送去了10箱香槟。卢森堡和其开朗友好的人民确实很有幽默感。

除了这些，卢森堡还有很多令人津津乐道的地方。当飞往卢森堡的飞机掠过基希贝格高原（Kirchberg Plateau）时，其边缘耸立着的6块30米高的倒置铁板会映入眼帘，这些并排排列的铁板旁是一座环岛。这座锈迹斑斑的雕像是卢森堡钢铁大国的象征。

钢铁与卢森堡的每个家庭都息息相关，在过去超过75年的时间里，钢铁行业一直都是这个国家的支柱产业，是其国民收入和就业岗位的主要来源。卢森堡首相的父亲便在钢铁行业就职，这样的故事在这个欧洲小国的各个阶层比比皆是。因此，卢森堡人对钢铁行业有着深厚的感情。

19世纪末，卢森堡南部发现了一处铁矿，铁矿所在的乡村视野开阔，地势起伏，是法国洛林高原的一部分，而洛林高原正是法国钢铁行业的基地。1911年，卢森堡阿尔贝德钢铁公司成立。在20世纪60年代阿尔贝德钢铁公司的鼎盛时期，其设在南部城镇的各家钢厂达到了600多万吨的产量，这些城镇的名称十分稀奇，如阿尔泽特河畔埃施（Esch-sur-Alzette）、埃施-贝尔瓦尔（Esch-Belval）、迪弗当日（Differdange）和迪德朗日（Dudelange）等。该公司有2.7万名员工，约占该国钢铁工人总数的一半。这家大型集团公司是卢森堡的产业旗舰，以5％的常规增长速率迅速在这个小国崛起。该公司也曾有过一段艰难时期：在第一次世界大战、1919 年至 1920 年的社会动荡和随之而来的大萧条的冲击下，该公司裁减了大量员工。也正是在这个时期，国家推动建立了政府、阿尔贝德钢铁公司管理层和工会三方之间独特的协商机制。

到 1950 年，钢铁产业已经成为欧洲战后的核心产业，德国的鲁尔、法国的洛林，以及地处二者之间的比利时和卢森堡都是著名的钢铁基地。在法国政治家让·莫内（Jean Monnet）的一项倡议下，1951 年成立了欧洲煤钢共同体（European Coal and Steel Community），此机构便是欧盟的前身。到 20 世纪 60 年代，阿尔贝德钢铁公司已经占到卢森堡经济总额的 46.5%。但到了 20 世纪 70 年代，钢铁行业逐渐失去其战略地位。多年来，欧洲多国政府一直在刺激停滞的国有企业的发展，但结果却令人失望，即使生产商在 1972 年石油危机时提高钢铁价格，也未能改变这种局面。阿尔贝德钢铁公司再次经历了一段艰难时期，但得到了卢森堡政府的鼎力支持，政府持有该公司 40% 的股份。

在 20 世纪 90 年代末，卢森堡开始了钢铁行业的私有化改造。最早开启这种改造的是西班牙，该国决定出售其塞雷利集团的股份。塞雷利是一家位于巴斯克（Basque）地区的钢铁制造商。尽管同法国竞争对手弗朗西斯·梅尔（Francis Mer）领导的法国优基诺钢铁集团展开了旷日持久的竞争，但阿尔贝德钢铁公司看到了自己的机会，赢得了西班牙政府的青睐。和多莱一样，毕业于巴黎综合理工学院（École Polytechnique）的梅尔也曾是一位矿业工程师，他还曾是法国主要产业集团圣戈班集团（Saint-Gobain）的高层核心管理人员，负责法国优基诺钢铁集团的私有化改造和钢铁行业的整合发展。

2002 年，在与布鲁塞尔的竞争管理局经过长期的商讨后，阿尔贝德钢铁公司和私有化的法国优基诺钢铁集团合并成立了欧洲最大的钢铁集团——安赛乐公司，并再次展现出雄厚的经济实力，而卢森堡政府仍是该公司的最大股东，持股 5.6%。

阿尔贝德拥有众多优秀的领导者。在卢森堡主干道自由大道上雄伟庄严的公司行政总部，一楼董事会会议室的墙上醒目地悬挂着这些领导者的肖像。其中一位便是埃米尔·梅里施（Émile Mayrisch），他 23 岁在迪德朗日入职，35 岁进入公司管理层。充满想象力和创意的梅里施是一位干练的外交家和精明的谈判者，他带领公司摆脱自身瓶颈，并在阿尔贝德的创建过程中发挥了重要作用。梅里施执着于公司的效能和企业发展。在他对公司发展的设想引导下，阿尔贝德买下了根特运河旁的沿海区域，并在那里建造了马里蒂姆钢铁公司，这也是比利时最先进的钢厂之一。

1961 年，一位名为约瑟夫·金希的卢森堡年轻人加入了阿尔贝德。他的父亲和祖父都曾在钢铁行业工作。金希在公司一路青云直上。1972 年，他成为公司的首席执行官，1992 年晋升为集团管理委员会的主席，并在次年成为董事会执行主席。金希拥有可与梅里施相媲美的外交手段和高超的谈判技能。一些同事在背后偷偷称之为"银狐"。现在，安赛乐公司在卢森堡当地的员工数量已经缩减到了 5000 人，但其在国外的 516 家公司和分公司雇员已达到 4.9 万人。安赛乐公司现已跃居世界排名第二的钢铁公司。更重要的是，公司的决策中心仍位于卢森堡，这是金希在并购西班牙塞雷利以及在 2002 年并购法国优基诺时一直坚持的条件，要知道与法国人合作绝非易事。金希曾和弗朗西斯·梅尔共同担任联合主席，年轻 6 岁的梅尔将在金希退休后，接替其成为独立主席。然而，在 2002 年的一天，梅尔拨通了金希的电话，告知金希他将接受雅克·希拉克政府的财政部部长一职，因此需要辞去现在的职位。金希向他表示衷心的祝贺，恭喜他可以在更大的舞台上发挥自己的才能。

梅尔退位之后，作为公司唯一董事会主席的金希开始收集一些精美的艺术品，他在自己办公室的外墙上悬挂了一幅卢森堡知名艺术雕塑家奥古斯特·特雷蒙（Auguste Trémont, 1892—1980）创作的三联画。特雷蒙在第一次世界大战期间曾受雇于阿尔贝德，其作品描述了健壮的钢铁工人在熔炉的高温下辛勤工作的场景。当然，画的都是卢森堡的钢铁工人。

金希身材高大，气质非凡，留着花白的胡须，如今他已是卢森堡举足轻重的人物，可以与卢森堡首相容克直接通话。金希年事已高，他现在已经不太能与时俱进，常以"钢铁老人"自居。尽管在安赛乐公司总部，"禁止吸烟"的标志比比皆是，但董事长仍一根接一根地抽着卢森堡的知名香烟——马里兰烟，浓郁的烟味从其办公室的门缝中渗出，跟土耳其咖啡馆的味道非常相似。现在金希已年近72岁，密友通常会以"约普"（Jupp）称呼他，但其他人通常称他为"董事长"或"董事长先生"，因为如果董事会同意，其董事长的任期还可再延长两年。而董事会一定会同意这项任命，因为他们从未反对过董事长的决议。也有一些人说，金希只是在等待公司为其设计雕像，用钢材打造的雕像将放置在安赛乐公司总部对面的广场上。

鉴于其普鲁士式的姿态，也就不难理解为何金希喜欢引用德国哲学家黑格尔的名言："世界上任何伟大的成就都离不开激情。"

金希是一位高尔夫球爱好者，周四晚（2006年1月26日），金希盘算着周末参加卢森堡大公国俱乐部（Club Grand-Ducal de Luxembourg）的多轮周末赛，该俱乐部有风景秀丽的高尔夫球场，那曾是阿尔贝德的产业。很晚的时候，他接到了多莱的电话，这通电话使他对安赛乐燃起了前所未有的热情。

10

意料之外的漏洞

··

🕒 2006 年 1 月 27 日星期五，上午 8 点 30 分

📍 法兰克福机场

　　汉莎航空从多伦多出发的夜间航班准点降落。落地后，多莱、沃斯、尤吉卓和赛勒拎着各自的行李，快速通过了机场的护照检查站。在长达 8 小时的飞行中，他们几人只偶尔眯了一小会儿，这使他们在应对拉克希米突然的敌对行为时，显得非常疲惫和忧心。他们双眼通红，十分担心拉克希米的这次行动会对自己的未来产生巨大影响。毕竟，即使他们保住了自己的工作，也会失去现有的地位。他们正面临着一场危机，在冬日冷寂的灰色晨光中，这场危机在他们的脸上展露无遗。

　　安赛乐公司的一行人穿过进站大厅，径直走向公司安排的两辆正在等待的宝马 7 系汽车，这两辆车将带他们前往卢森堡。多莱、沃思、尤吉卓同乘第一辆车。汽车沿着科布伦茨 - 特里尔高速公路行驶，在两个半小时长达 250 千米的车程中，多莱查看了手机昨夜收到的信息。听到拉克希米发来的语音消息时，他不由

得皱起了眉头。

"拉克希米说他想跟我们友好地商谈一笔交易",多莱向同伴说道,"他说他之所以提前行动,是因为公司信息被泄露了。"

"他有透露并购提案详情吗?"尤吉卓问道。

"没有,根据章程,安赛乐仅支持全现金收购,而我认为拉克希米没有这样的经济实力。"

"那我们需要赶紧核实一下章程第 7 条的具体内容,"沃斯紧张地补充道,"我记不太清了。"

2005 年 12 月下旬,沃斯被任命为多莱的副手,这仅是总理事会一系列精简改革措施的一部分。多莱将总部高层由 8 人缩减为 4 人,仅剩他自己、沃斯、尤吉卓和罗兰·容克(另一位终身奉献于钢铁行业的卢森堡钢铁公民)。

出身名门望族的沃斯是土生土长的卢森堡人,在该国颇具影响力。在获得会计师资格后,他加入了阿尔贝德并一路晋升,在 2002 年成为该公司的首席财务官,同年,他接受了提升安赛乐股价的任务,该任务是打造公司形象的系列活动的一个环节,公司希望可以通过这一系列活动提升公司知名度,更好地向大家介绍公司为实现自身转型而采取的措施。公司的正面消息会促使公司股价上涨,而稳健的股价是抵御收购的最佳防范手段。

2005 年 4 月,沃斯向董事会进行了汇报。与其同行的还有德意志银行全球产业与自然资源联席主管布雷特·欧施尔,他兼任该公司的长期投资顾问。欧施尔来自美国,这位曾经的摩根大通分析师对全球钢铁行业的发展有着专业的见解。欧施尔及其团队对安赛乐面临的威胁进行了细致的分析,并提出了可能的防御手段。虽然多莱一直在向董事会强调,没有哪家钢铁公司可以直接拿出 150 多亿欧元的现金,但这是以没有行业掠夺者,特别是拉克希米出现为前提的。此外，几家拥有一定现金储备的私募股权公司已经嗅到了安赛乐反击的迹象，并开始试探。但他们很难让金融行业为其服务。

安赛乐的股价仍处于 13 欧元的低位，而董事会认为股价至少需要提升至 20 欧元。董事会还决定通过闪电式宣传提升公司的企业形象，向股东、客户、供应商和员工展示在 3 家企业合并后，他们取得的实质性进步。安赛乐准备打造焕然一新的公司网站，更新公司的宣传册，升级呈现给股东和员工的简报，并计划在 2006 年 2 月以 2005 年出色的财务业绩为背景，通过全球广告宣传公司的成就。

这是先前提到的"猛虎计划"的一部分，该计划由沃斯负责，旨在消灭所有潜在的，特别是拉克希米这类的掠食者。1 月初，安赛乐的股价涨到了 22 欧元，董事会对"猛虎计划"取得的成果非常满意，但这个股价仍低于多莱、金希和其他高层对公司真正价值的预期。

上午 10 点 30 分，专车抵达了离卢森堡边境不远的特里尔，多莱回想起自己在特里尔大学学习数学和物理的 6 个月时光。该校是德国最古老的大学之一，同时也是卡尔·马克思成长和学习的地方。多莱在这里有很多美好的回忆，他在这个小镇取得了工程师资格。在他的记忆中，特里尔是个美丽的地方。第二次世界大战使很多德国城镇夷为平地，但这个古老的小镇几乎完全没受到战争波及。

他的回忆被一阵手机铃声打断，是金希的电话。董事长在电话里说道："周末召开紧急董事会议。我们需要向总理事会汇报我们的选择。"

"我已经预约在明天（周六）上午 11 点，与所有顾问召开总理事会会议。"多莱跟他说道。"会议结束后，我会立即向您汇报，然后我们就可以准备召开董事会议了。"

总理事会的成员通常也会出席董事会议，但令多莱恼火的是，在他出色地完成各项工作，如成功完成安赛乐的整合，扩大公司规模，提升公司效率，显著改善现场安全，以及激励安赛乐350名高层管理人员的企业家精神之后，他仍未被正式任命为董事会成员。对于一家在全球拥有如此影响力的欧洲上市企业来说，公司的首席执行官不是董事会正式成员的情况非常少见。在这位法国成功人士的心里，这是对他的羞辱。

卢森堡的卢森堡广播电视公司已经报道了这一消息。报道称，由于安赛乐公司和米塔尔钢铁公司的股票仍处于停牌状态，因此欧洲各个金融交易室内存在大量投机交易行为。卢森堡广播电视公司的电台和电视台对此进行了大量的报道，看到新闻后，人们不禁问："米塔尔钢铁公司是什么来路？"

尤吉卓的副手菲利普·卡普伦快速回应了这个问题。他打印了有关米塔尔钢铁公司的新闻报道，很快找到了该公司的财务亮点，并将这个头版新闻通过电子邮件发送到尤吉卓的黑莓手机上，随后拨通电话同他沟通相关细节。来自西班牙的尤吉卓认真聆听了副手的汇报，并向多莱和沃斯转述了要点。

"这不是全现金并购，"多莱嘲笑道，"这场并购永远无法实现。"但随着安赛乐公司一行人离卢森堡市越来越近，他心中的怒火和敌意越来越汹涌。他比任何人都担心拉克希米会在某一天跟安赛乐公司达成协议，但是他这种激进举动迅速给他引来了沉重的反击。多法斯科公司和蒂森克虏伯公司达成协议的消息，尤其令人担忧和不安。他很快便回忆起两周前在拉克希米家的谈话，当时拉克希米还鼓励他加大对多法斯科公司的出价。现在，他终于明白拉克希米这样做的原因了。他更加肯定拉克希米当时便在密谋对付他。通过鼓励安赛乐出高价，拉克希米为自己跟蒂森克虏伯公司的谈判争取了更多空间。他可以将多法斯科公司以每股68加元的价格出售给德国人，而这个报价是蒂森克虏伯公司一开始设定的成交价，因此他知道以这个价格可以稳妥成交。他还可以将蒂森克虏伯公司和安赛乐公司对多法斯科公司的报价差额收入囊中，为其并购卢森堡的竞争对手安赛乐公司增加竞标资金。但是，你永远无法猜透拉克希米的想法。

上午 11 点多，安赛乐公司股票的停牌状态解除。欧洲的股票交易所里出现了安赛乐公司股票的交易高潮。前一晚（1 月 26 日），安赛乐公司在卢森堡、巴黎和马德里股票交易所的股价均收于 22 欧元。米塔尔钢铁公司的股票在阿姆斯特丹的收市价是 27 欧元（相当于米塔尔钢铁公司在纽约市场的收市价 32 美元）。现在，安赛乐公司的股价在几秒内便飙升至 30 欧元，比拉克希米的出价高出了 8%，相较于安赛乐公司周四（米塔尔钢铁公司宣布对安赛乐公司的收购意向前）在巴黎股票交易所的公开市场收盘价，此报价上涨了 27%。精明的机构股东在一年前便开始以 13 欧元到 15 欧元的价格购入安赛乐公司的股份，现在看到股价暴涨，他们迅速抛出手中的股票，赚取了一倍的利润。在安赛乐公司股票交易活动最频繁的巴黎股票交易所，正在进行着快速而频繁的交易，在交易恢复后的两个小时内，发行的 6 亿股票中有超过 7000 多万公开股易手，几乎占股票发行总数的 12%。

通常情况下，在正式宣布收购意向后，竞争对手会投身股票市场收购目标公司股份，为自己奠定一定的战略基础（通常是收购该公司 10%～20% 的股份），以实现自己的收购计划。拉克希米决定不采取这样的战略，而且有很好的理由。根据安赛乐公司的章程，拉克希米不得不承诺将采用全资金收购的方案，而这一承诺对公司财务而言是一个巨大的挑战。

现在，安赛乐公司和米塔尔钢铁公司的交易闪电战还吸引了其他类型的投资者：对冲基金。这些国际投资人拥有数十亿英镑的资本，均由敏锐的前投资银行家掌管，这些投行银行家可为客户带来持续的超额回报，通常每年会创造超过20％的收益，这与创收10％便沾沾自喜的大多数基金经理不同。对冲资金的投资规模越大，风险也越大。他们经常使用银行贷款补充投资者的投资额，从而利用他们的头寸来获取短期的巨额收益。他们的投资头寸数额巨大，每笔交易的收益在2亿至5亿欧元之间。这些投资者果敢而大胆，他们使用复杂的计算机分析来跟进他们在各种资产类别中的投资，他们的基金经理擅长使用各种手段来对冲他们对某公司股票的投资战略所带来的风险。但是，他们一般不会进行对冲，而是凭借对市场走向的敏锐感知，根据自己的市场判断进行投资，就像乔治·索罗斯一样，这位匈牙利出生的美国金融投资者凭借其1992年在货币市场上对英镑贬值的投资，赚取了数十亿美元，并因此扬名。

这些对冲基金也可能会成为某家公司的实际掌控者，但这通常只适用于他们眼中有良好发展前景的公司。或者，他们也会收购一家经营不善的公司，然后利用自己的影响力促使公司管理者做出战略调整，或者促使他们下台。这类对冲基金也称为"基金投资者"。德国人则更喜欢称它们为"蝗虫"。

还有一种获得广泛认可、所有对冲基金经理都会使用的市场方法，就是从现有机构所有者那里，以略高于现行股价的价格借入公司股票，这一过程也称为"证券借贷"。股票所有权转移给借贷人，其中包括在股东大会的投票权，因此，由于对冲基金暂时掌握了目标公司的大量股票，便能够决定竞标结果。另外，投资者还会使用"差价合约"，一种可以使投资者在没有相关所有权的情况下，投资该公司股票的金融工具。对冲基金为提供差价合约的投资银行创造了巨额收益。和其他行业一样，银行会向大客户提供政策倾斜，为他们提供更优惠的条件或其他优惠。批评者认为这会引发市场的混乱。他们的看法是对的！

对冲基金就像蝗虫一样，正四处寻找他们可以吞噬的每一股安赛乐公司股份。他们会找到可达成交易的方法，然后很快便发现，这种交易方法在金融市场上也是被认可的。更重要的是，他们意识到米塔尔钢铁公司不得不提高竞价，特别是在有第三方（另一家有意向并购的钢铁公司）提出竞争性报价的情况下。但大多数对冲基金都嗅到了巨额利润的气息，如果真像他们预期的那样，安赛乐公司股价继续上涨，这些利润可能在几周内便会兑现。当然，他们也知道，安赛乐公司也一定会采取强有力的防御措施，这些措施通常会从两方面入手，第一，促使并购者提高报价，或者实现股东价值最大化。第二，当然，安赛乐公司也可能会实施"毒丸"计划来阻止并购，但这对对冲基金而言却不是什么好消息。例如，安赛乐公司可能采取的一种毒丸防御措施就是向卢森堡政府发售新股，确保该国政府拥有该公司 30% 的拦截性股权。但此举会被所有投资者，特别是对冲基金认为是蓄意阻挠收购的反市场行为，会引起公司股价迅速暴跌，使投资者蒙受巨大的损失。

🕐 1 月 28 日，星期六
📍 伯克利广场大厦

跟进消息，确保以恰当的方式将该消息发送给正确的人，几乎同发送消息本身一样重要。梅特兰咨询公司的盖维斯与戴维森一起查看了有关拉克希米并购提案的早期新闻报道。当银行家和律师沉沉睡去时,戴维森和盖维斯却在兴致盎然地阅读着专栏文章。

"在我参与的所有交易中,好像从未有过如此正面的报道",盖维斯回忆道,这位性格直率的南非人并非以夸夸其谈而闻名。盖维斯个子高大、头发稀疏,喜欢沉思。他跳槽到梅特兰运营的国际公关机构前,曾在《金融时报》工作了8年,其中2年负责为莱什(Lex)专栏撰稿。"这是一笔漂亮的交易——天才之举。"盖维斯说道,并大声朗读出美国首河咨询公司汤米·塔康(Tommy Taccone)的评论,"投资界喜欢该交易中使用的策略,但这不是理所当然的事情。"

戴维森说:"《华尔街日报》引用彼得·马库斯(Peter Marcus)的话,一语中的。他说拉克希米凭借自己的才能可以打造新的行业环境,并对其施加影响,使其有利于米塔尔钢铁公司和其竞争对手的发展。"首席钢铁分析师马库斯是钢铁行业研究机构"世界钢铁动态"(World Steel Dynamics,WSD)的领导者,世界钢铁动态坐落于新泽西州的英格伍德克里夫(Englewood Cliffs),此地距离对钢铁行业产生巨大影响的乔治·华盛顿大桥仅5分钟车程。世界钢铁动态将自身定义为"战略信息服务提供商",为钢铁工业发展提供潜在和可能的批判意见和新观点。世界钢铁动态举办了世界上最大的国际钢铁会议,所有的钢铁界人士,特别是拉克希米、多莱和他们合作的银行家都非常重视这场盛会,纷纷拨冗参加。对拉克希米而言,能让好斗且爱挑剔的马库斯这么快就站在他这边,是一件非常有成就的事。

与此同时,英国媒体正在收集米塔尔钢铁公司交易团队在新闻发布会和收购启动会上发布的所有有关米塔尔钢铁公司的消息。阿蒂亚已经接受了《泰晤士报》的采访，该报以《米塔尔钢铁公司欲在不关停情况下实现 10 亿美元效益》为标题，讲述了米塔尔钢铁公司的收购事件。该报称："收购安赛乐公司的收益将来自市场购买力，而不是裁员。"除了安赛乐公司本身经营状况所导致的倒闭，不会有任何钢厂因为收购而关闭。戴维森本来是想自己来写这篇报道的。

但是米塔尔钢铁公司的公关团队并没有被冲昏头脑。盖维斯建议道："记住，今天才只是第一周的第二天。"《卫报》和《每日电讯报》的两个专栏对米塔尔钢铁公司的治理结构表示质疑："安赛乐公司的股东真的想在自己没有决策权的公司持股吗？"

🕐 1 月 28 日，星期六
📍 卢森堡市自由大道 19 号安赛乐公司总部

安赛乐公司总部的外观类似法国城堡，气势宏伟，复折式蓝色板岩尖顶高高耸立，外立面是经典的雕刻石料。如果再加上一大片草坪和城壕，便可与城堡相媲美。夜晚在灯光的衬托下，这座建筑尤显威严壮丽。这座建于 1920 年的建筑使用孔布拉希恩（Comblanchien）和萨沃尼埃（Savonnières）的厚切米白色石材，此石材通常用于建造教堂，以彰显其建筑的坚固和威严。在总部正门上方有一座座雕塑，以栩栩如生的姿态展现了科学、工业和贸易的伟大胜利。

大楼内是另一番景象。到处是熙攘忙碌的人。面色严肃的员工匆匆穿过高顶宽阔的走廊。随着与会人员的到来，在接待处排队等待安检的队伍长度一点也没有缩短的趋势，工作人员也随之变得手忙脚乱起来。这里面有投资银行的工作人员、律师、会计师和公关顾问，这些人就像当年的淘金者一样蜂拥而至，迫切地想获得安赛乐公司的委任，成为其防御团队的顾问。接待处右侧的等待室里都是陌生面孔，他们正在等待被引导到众多会议室中的某一间。电话线路也非常繁忙，媒体和金融市场都迫切地想了解安赛乐公司会如何回应拉克希米的并购提案。

总理事会会议已经开始，会上尤吉卓给多莱带来了一些坏消息。"我和米歇尔对公司章程，特别是第 7 条进行了详细的研究，这个条款和我们之前的理解不一样。"这位西班牙人说道。

"那是怎么规定的？"多莱追问道。

"任何直接收购公司全部股份的人，都不必以全现金形式收购。"尤吉卓回答道。

此时的多莱如同挨了一记重拳。胸中汹涌的怒火使他又重新振作起来。"为什么这里连个好点的有意义的顾问都没有？"

到上午 9 点 30 分，安赛乐公司的正门处已经排起了长队。大约 18 米长的队伍一直延伸到外面的人行横道上，排队的人多是已被任命的顾问，在陆续进入安赛乐公司总部。队伍里有两名来自美国顶级律所——世达律师事务所的律师，他们在前一天被安赛乐公司任命为与米塔尔钢铁公司对抗的首席律师顾问。带领团队的是世达律师事务所巴黎分所的合伙人和首席律师皮埃尔·塞尔凡－施赖伯。他们的巴黎分所位于爱丽舍宫对面时尚的圣奥诺雷郊区街（Faubourg Saint-Honoré）。斗志昂扬的前法国骑兵军官塞尔凡－施赖伯喜欢异国情调和越野摩托车，与其同行的是其得力助手斯科特·辛普森，他身材矮小，不足一米六，是一名非常出色的国际并购顾问。喜欢挑战的辛普森来自美国，是世达律师事务所伦敦分所的领导人。在创造性防御方面，这个两人组合是最佳团队。

当他们领取到自己的安全徽章时，穿戴考究的塞尔凡 - 施赖伯看着那些疲于应付的接待工作人员，以及越来越焦躁的等待人群，咧嘴一笑。"这儿看起来就像一个被卡车碾过的蜂箱。"他对辛普森说道。但是世达律师事务所的这两位搭档发现，自己也如同低阶律师一样，被带到了顶楼最深处的一间阁楼里。

塞尔凡 - 施赖伯环顾这个小阁楼，说道："这是什么鬼房间。"他接着说道："安赛乐可能是钢铁行业的老大，但我们在抵御并购方面也是难逢敌手的，他们需要明白，我们才是并购战中的核心力量。"

"在跟他们开会商讨后，他们便会明白这一点。"辛普森认真地说。

不久，安赛乐的本土外部法律顾问菲利普·霍斯也被领进了这个房间，与世达律师事务所的两位律师一起等待。霍斯是一位身材高大的卢森堡人，是个举止严谨的绅士。他曾是卢森堡顶级律所——卢森堡安银律师事务所的合伙人，该律所位于卢森堡市中心一座拥有奶白色外墙的联排别墅内。这次收购对他而言是一次令人兴奋的新尝试。

上午 11 点，这 3 位律师被请去参加所有顾问的会议。与会的还有德意志银行的布雷特·欧施尔和美林证券巴黎办事处性情开朗的马克·潘德劳德，他们是安赛乐公司在职时间最长的两位战略投资顾问。来自法国巴黎银行巴黎融资部的克里斯托弗·穆林是这个团队的新成员。法国巴黎银行总裁米歇尔·佩贝罗（Michel Pébereau）在过去 24 小时里对金希穷追不舍，所以巴黎银行击败了劲敌法国兴业银行（安赛乐公司的另一家长期顾问公司），赢得了这笔利润丰厚的买卖，遭到了巴黎银行业的群嘲。兴业银行的总裁兼首席执行官丹尼尔·布顿（Daniel Bouton）还曾在安赛乐公司担任过 18 个月的主要独立非执行董事，他对巴黎银行中标尤为不满。让这次委任更具传奇色彩的是，这两家法国银行在 7 年前曾有一场激烈的对决，而在那场争夺战中，兴业银行击退了巴黎银行的掠夺性攻击。在穆林成为安赛乐公司咨询顾问的同时，仍在等待金希来电的布顿返回了巴黎。

安赛乐公司的内部团队代表是比利时律师弗雷德里克·范·布莱德尔，他曾是根特马里蒂姆钢厂的首席执行官。与他同行的是"猛虎计划"团队，成员包括沃斯、尤吉卓，以及由卡普伦和博耶组成的支持小组。博耶是一位年轻的法国人，来自人力资源部，主要负责调整公司混乱的行政管理工作。

上午 11 点 15 分，多莱走进了房间。他黑着一张脸。他到现在还不能理解，为什么法律顾问会在公司现金收购的方式上错得这样离谱。他没做任何寒暄便开始大发雷霆，特别是对沃斯横加指责。"这些年来，你们'猛虎计划'团队到底在做什么？眼下的局面是谁造成的，谁就得为它买单！"多莱咆哮道。

然后他看到了塞尔凡－施赖伯。"你是哪位？"他问道。

"我是世达律师事务所巴黎分所的皮埃尔·塞尔凡－施赖伯，这是我的同事，来自伦敦的斯科特·辛普森。多莱先生，我们是您的首席律师。"

"不管你给出什么建议，一定要首先保证它清楚、简洁和准确。我不想听到法律建议变来变去的。"

尽管辛普森和塞尔凡－施赖伯想尽力展现自己的专业性、专注度和掌控力，但是剩下的会议进程仍然纷乱无序。不断有人离开房间，也有新成员不断加入。无休止的交谈、不断响起的电话和咖啡杯碰撞的声音，夹杂在各种分歧的意见中。而塞尔凡－施赖伯期望的掌控一切的核心团队并未缔造成功。

"在所有的收购防御中，必须要做的一件事就是拖慢并购谈判的进程。"他解释道。

"拖慢进程？"多莱问道，"我希望这次并购立即停止。"

"我们需要尽量拖延时间，找到可以阻止米塔尔钢铁公司并购的办法。"塞尔凡－施赖伯快速补充道。"天啊，这家伙真是太神经质了！"他在心中暗道。

塞尔凡－施赖伯已经预见到自己要面临的是一个不断变化的复杂的法律环境。有5家不同的欧洲机构可对米塔尔钢铁公司的并购进行监管，分别是卢森堡金融监管委员会、法国金融市场管理局、西班牙国家证券市场委员会和比利时银行金融保险委员会。这些机构都认为自己对这次并购有管辖权，但是根据基本公司法，这次并购的监管国家是卢森堡。米塔尔钢铁公司在荷兰的阿姆斯特丹泛欧交易所受到法国金融市场管理局的监管，在美国受到美国证券交易委员会的监管。为了确保米塔尔钢铁公司的正式并购文件合规，总共需要征求6家监管机构的意见。并购文件是一份515页的招股说明书，包括并购原因、潜在风险以及两家公司的大量财务信息。提交给各个机构的文件还需包含以该机构所在国家语言撰写的本土法规。根据一项新的欧盟通行法律，荷兰金融市场管理局（Dutch AFM）有权批准该招股说明书。一旦获得荷兰方面的批准，该文件在其他司法辖区也可以适用。

当然，在这之前，他们需要与各国的律师进行数周磋商。米塔尔钢铁公司决定将对安赛乐公司并购的司法管辖权扩展到美国，因为美国的机构投资者拥有该公司的大量股份。执行监管的是欧盟的欧盟竞争管理局，美国的反垄断监管机构、司法部（DOJ）和对外贸易委员会（FTC），以及加拿大竞争局（Canadian Competition

Bureau），这些机构均需要对该并购是否存在违反本地竞争法规做出裁定。欧盟的裁定时间最为关键。如果米塔尔钢铁公司的并购很快便通过了欧盟的审查，那竞争管理局会在一个月内给出裁定结果。如果存在比较严重的竞争问题，则可能会需要更长时间才能完成裁定，最长可达 3 个月。此并购在美国受到两个部门的监管，因此这一过程会更加复杂。

每位安赛乐公司股东都会收到招股说明书。投资者可能需要花上一周的时间才能看完说明书上的细则。

"在欧洲和美国，米塔尔钢铁公司和安赛乐公司存在业务重叠，因此其还面临反垄断审查的问题。"辛普森继续说道。美国的反垄断法和欧洲的竞争法都是为了阻止会导致垄断、卡特尔和掠夺性定价的并购。"由于监管机制不同，我们还可以进行监管套利。"监管套利是辛普森最喜欢的一句行话。在这场游戏中，他们用到了所有能拖延时间的法律技巧，利用不同法律体系之间的差异进行对抗，从而消磨并购方的意志。

塞尔凡－施赖伯接着提出了两家公司在地理位置上的重叠问题和竞争政策问题。银行顾问们面面相觑。布莱德尔认为，这些能干的律师并未事先做足功课。"尽管米塔尔钢铁公司和安赛乐公司排名世界前两位，但它们的业务在地理上没有重叠，"他有礼貌地说道，"仅有一处无关紧要的重叠，源自我们对多法斯科公司的并购。除此之外，安赛乐没有发现米塔尔钢铁公司任何实质性的垄断问题。"

布莱德尔将讨论又转向了其他可能的防御主题。第一，根据公司章程，安赛乐公司有权在不征得股东许可的情况下，增发公司的股票，发行额最高可达公司价值的 30％。让友好持股人掌控增发股票，如果充分利用好这一潜在的强大工具（在英美国家中不存在），可以防御并购攻击。此举能帮安赛乐公司收获大量反并购的支持者。第二，为了符合欧盟在成员国之间执行统一规则的指令，新收购法案必须在 5 月前被卢森堡政府列为正式法规。这样，卢森堡政府便拥有了管辖米塔尔钢铁公司并购行为的权限。如果安赛乐公司真的可以通过保护主义的毒丸措辞影响该法案的内容，那它便可以阻止米塔尔钢铁公司的并购。第三，拉克希米的并购提案中最薄弱的环节是其公司的管理。尽管他减少了家族持股比例和决策权限，但该公司在阿姆斯特丹和纽约股票交易所可交易的股票数量仍然十分有限。米塔尔钢铁公司的股票"缺乏流动性"，这一术语通常是用于形容那种公开发行的股票，并在过去 12 个月内的交易金额小于公司市值 25% 的公司。如果可交易的股票数量非常少，那股票的适销性也会受到影响，这家公司的市值也会变得不稳定。因此，监管机构普遍规定，在融合了非流动性股票和现金的并购提案中，并购者必须提供全现金替代方案。

安赛乐公司方面很快便意识到，如果新的卢森堡收购法案中也有此类规定，那米塔尔钢铁公司的并购便会偃旗息鼓。尽管他在举债筹资方面能力非凡，但全现金收购，对米塔尔钢铁公司而言仍是难以实现的目标。但是塞尔凡－施赖伯警告道："你们不能采取任何可以自动阻止米塔尔钢铁公司并购的措施。"违反市场规则的毒丸计划是不可行的，比如为了破坏并购，不考虑市场和投资者的意愿，突然大规模发行股票。但是，塞尔凡－施赖伯特别强调了"自动"这个词。阻止米塔尔钢铁公司以低廉的价格并购安赛乐公司，则是另外一回事。

此外，还可以考虑其他防御策略，如寻找可以竞价的潜在白衣骑士或白衣护卫，帮助安赛乐公司抵御米塔尔钢铁公司的并购。安赛乐已经与中国、日本、俄罗斯、巴西和整个欧洲的大型钢铁企业建立了联系，这些企业都想通过整合来挫败米塔尔钢铁公司。对安赛乐公司而言，唯一的问题是大众认为安赛乐公司在这场谈判中处于弱势地位，而潜在的合作伙伴会受到这种认知的影响。另一个需要考虑的问题是此类谈话需要保密，而多莱和拉克希米都很清楚，钢铁行业是一个没有秘密的小领域。

当然，房间里仅有一人发现了另一种备选方案。"我们也应该看看米塔尔钢铁公司的并购提案是否有可取的地方。"卡普伦说道。有一瞬间，塞尔凡－施赖伯感觉多莱已经濒临爆发的边缘。

"我雇你来不是唱反调的，快给我闭嘴。"多莱冲卡普伦喊道。

卡普伦曾是优基诺的首席财务官，作为法国国家行政学院的优秀毕业生，他一直是这座精英学府的天之骄子，很多法国政治家和高级公务员都毕业于该校。持有右翼观点的卡普伦身材魁梧、机智风趣，但不会使用什么外交辞令。当有人抨击他是右翼无政府主义者时，他会进行有力的回击："我正在努力争取呢！"但卡普伦的同事却并非人人都同他自己一样赏识其毋庸置疑的才智。"菲利普十分聪明，是典型的法国人，各方面都很出色。"一位同事评价道。

随着会议议题的结束，塞尔凡－施赖伯、辛普森、霍斯和布莱德尔又回到了顶楼的阁楼。"我们需要制订一个日程表，明确我们在该时间框架内的工作安排。"布莱德尔说道。

"这将是一场极其复杂的战斗。"塞尔凡－施赖伯回复道。"6个监管部门的对接、大量可变因素和我们拖延时间的战略都需要考虑在内。"他列了一个大概的时间表，表上的最后一天是6月28日，恰好是在5个月之后。

"你关于监管套利的观点是刚才会议上最有价值的意见，"布莱德尔说道，"我觉得我们真的可以从这点下手。米塔尔钢铁公司现在是美国钢铁产业的龙头企业，如果我们能破坏米塔尔钢铁公司和蒂森克虏伯公司的协议，那米塔尔钢铁公司在美国就会面临一个很大的监管问题。"

律师们发现了一个有意思的新线索。"如果米塔尔钢铁公司无法将多法斯科公司出售给蒂森克虏伯公司，就会立即失去可用于收购安赛乐的 40 亿美元现金收入，"塞尔凡 - 施赖伯说道，"而为了遵守美国司法部的竞争法规，他将不得不出售在美国的其他资产，而这些都需要更多的时间。"

"这样的话，他也许会放弃并购。"布莱德尔说出了自己的猜想。其他人都在摇头。

辛普森清了清嗓子说道："布莱德尔，如果你真的想阻止将多法斯科公司出售给蒂森克虏伯公司的交易，我想我有办法。"

布莱德尔瞬间变得兴奋起来。

"给我一周的时间。"辛普森说道。

塞尔凡 - 施赖伯很清楚辛普森在谋划什么。他在旁边微笑着看着这一切。这是他们的老把戏了。

会后，多莱和戴夫扎克、卡普伦一起乘坐私人飞机前往巴黎。他应布雷顿的邀请，去布雷顿的私人住宅会面。多莱在旅途中，又重新看了一遍为布雷顿部长准备的 6 页简报。他也在为即将面临的斥责进行心理建设。

在布雷顿端上软饮和饼干时，多莱开始自我反省："部长先生，我必须承认我犯了一个错误，我一直认为米塔尔钢铁公司如果不通过全现金并购的方式，便没办法并购安赛乐；而从财务方面来看，米塔尔钢铁公司确实没有全现金收购的能力。"

"你说什么？"布雷顿怒道，"但我们周五通电话时，你可不是这样告诉我的。"

"我被我们的律师团队误导了，"多莱说道，"事实上，安赛乐的章程中并没有阻止米塔尔钢铁公司以现金加股票的形式进行并购的规定。仅有一个附加条件限定，那就是如果某家公司累计收购了目标公司30％以上的股份，该公司必须进行现金并购。但是，如果像米塔尔并购提案一样，一次性购买公司的全部股票，则不受此条款的限制。"

"这怎么可能？"布雷顿叫道，"你怎么能让我们陷入这种境地？"

"很抱歉，我被错误的建议误导了。"

"那你打算怎么办？"布雷顿问道。

多莱飞快地叙述着他准备的一套积极防御策略，并补充道："我们需要法国政府和机构的鼎力支持，来酿造一场政治风暴。"

布雷顿已经与卢森堡方面的让诺·克雷格通了电话。虽然安赛乐不是法国公司，且法国政府已经抛售了该公司的所有股份，但在布雷顿的心里，安赛乐仍与法国息息相关。有3万名安赛乐公司的员工在洛林工作，而且他也不介意让克雷格感受一下高卢人的怒火。

布雷顿拿过多莱的简报。"我会在周一早上9点会见拉克希米。我会向他坚定地表明我的态度。"

11

反收购战打响

＊＊

🕐 1 月 29 日星期日，下午 2 点 30 分

📍 自由大道 19 号

雪茄的香气飘过宽敞的大厅，此时，安赛乐公司董事会和总理事会的成员正聚在二楼一间优雅的餐厅里喝咖啡和餐后酒，在这之前，他们刚享用过丰盛的午餐。安赛乐公司的餐厅美食在整个钢铁行业都是出了名的。员工们甚至开玩笑说，公司的酒窖比公司的所有其他资产都要值钱。与米塔尔钢铁公司不同（阿蒂亚可能就是在办公桌前吃完他的水果沙拉），安赛乐是一家注重午餐文化的公司。每一餐都可享受侍应生服务，从上等香槟开始，以餐后的一根雪茄结束。

紧邻金希办公室的主会议室位于一条长走廊的尽头，这里让人不禁回想起安赛乐公司过去的辉煌时光。会议室里摆放着一张很长的红木会议桌，桌子中央上方是华丽的天花板，上面悬挂着一盏造型精美的枝型吊灯，桌子四周摆放着 43 把老式扶手椅，每把椅子上面都放着一个麦克风。房间的两端是厚重的雕花壁灯和

斑驳的棕色大理石柱，几十年来，它们见证了过去的钢铁大亨们是如何处理重大战略问题，以及处理定价、关税、配额、劳动力价格和原材料成本等日常业务。

墙壁上装饰着真人大小的深色油画肖像，上面画的是阿尔贝德的伟人们，如拥有圣诞老人胡须和深邃蓝眼睛的梅里施，在他的凝视下，金希在当天中午出色地完成了这场会议的主持任务。安赛乐董事召开了一场危机会议，参会成员包括欧洲代表、巴西代表和4名总理事会成员、2名负责会议记录的秘书，以及西班牙语、葡萄牙语和德语翻译人员。

金希坐在桌子的首位。他的左手边是卢森堡大公国的代表、卢森堡亨利大公的兄弟纪尧姆王子（Prince Guillaume）。整个会议上，他都没有说什么话。会议桌左侧坐的都是欧洲企业的巨头，如来自德国能源集团意昂集团的乌里希·哈特曼（Ulrich Hartmann）和持有空客大量股份的法国防务集团欧洲宇航防务集团（EADS）的董事诺尔·福加德（Noël Forgeard）。西班牙的代表是金希的副手何塞·拉蒙·阿尔瓦雷斯·伦杜莱斯（José Ramón Álvarez Rendueles），这位马德里的律师是阿里斯坦（Aristrain）家族的代理人，也是塞雷利的创始人之一，持有安赛乐3.6%的股份。唯一一位非欧洲参会人员是塞尔吉奥·席尔瓦·德·弗雷塔斯（Sergio Silva de Freitas），他曾是圣保罗伊塔乌联合银行的副总裁，此次代表巴西政府出席会议——安赛乐公司对巴西而言也非常重要。金希的右面，是一名正在进行会议记录的秘书。再右侧依次是西班牙工人总联盟（UGT）的工会代表曼努埃尔·费尔南德斯·洛佩兹（Manuel Fernández López）和化工集团费迪贝里亚公司（Fertiberia）的副总裁——西班牙商人弗朗西斯科·哈维尔·德拉里瓦·加里加（Francisco Javier de la Riva Garriga）。随后是弗拉芒（Flemish）的代表范德维科房地产（Van der Veken Vastgoed）的总裁——比利时实业家海德薇·德·科克（Hedwig de Koker），接着是国际保险代理法国达信（Marsh France）的总裁让-伊夫·杜兰斯（Jean-Yves Durance）。卢森堡的代表是经济和外贸部的高级公务员乔治·施密特（Georges Schmit）和卢森堡独立工会联盟（OGB-L）的工会代表约翰·卡斯泰格纳罗，卡斯泰格纳罗是南部钢铁产区的社会党议员。法国钢铁产品贸易集团尤纳斯（UNAS）的总裁埃德蒙·帕丘拉（Edmond Pachura）坐在卡斯泰格纳罗的旁边。

多莱坐在金希的正对面，旁边是总理事会的其他成员。剩下的座位上是两个法国人和一个比利时人。他们分别是美国电子数据系统公司（EDS）的董事丹尼尔·梅林（Daniel Melin）、法国工人民主联合会（CFDT）前秘书长米歇尔·马蒂（Michel Marti）和法国能源集团苏伊士集团下属比利时电力公司的董事让-皮埃尔·汉森（Jean-Pierre Hansen）。

安赛乐的董事会以气氛安定而闻名。金希和多莱一般都会提前做好准备工作，因此董事会基本上都会批准他们的决策。但今天，他们都被惊得不知所措。

"这是一场战争，"卡斯泰格纳罗宣称，"我们要倾尽全力对抗这场并购。"

董事会全票通过了对抗拉克希米的决议。这也就可以解释为何金希会如此有信心，因为他有整个董事会的支持。在会后不久发布的一份新闻声明中，安赛乐毅然宣布："两家公司的战略愿景、商业计划或价值观都不同。（米塔尔钢铁公司的行为）将对安赛乐集团、股东、员工和客户造成严重的后果。我们敦促所有股东，请勿进行任何交易。"

为了赶乘飞往巴黎的飞机，午餐后，多莱从安赛乐总部后院驱车前往机场，却遭到了当地媒体的围堵。他摇下车窗说道："米塔尔钢铁公司的提案 150% 是出于恶意。我们会与之抗争，取得最终的胜利。"

🕒 下午 3 点
📍 卢森堡市经济与外贸部

周日下午，卢森堡经济贸易部部长让诺·克雷格反常地赶到办公室。他的办公室位于一栋建于 20 世纪 70 年代、外观看起来不起眼的预制混凝土办公大楼的顶楼。这幢建筑位于皇家大道上，距离卢森堡首都的主要购物广场和露天咖啡馆仅一个街区。拉克希米想要并购的是卢森堡大公国王冠上的明珠，此举打破了这个首都城市的繁华安宁，令其政界深感不安。对于普通市民、选民而言，这同样是使人心烦意乱的消息，这些人中包括卢森堡的5000 名钢铁工人，主要分布在卢森堡的南部，他们的家庭、社区和钢厂下游的供货商或服务商，组成了一个政客无法忽视的庞大群体。

并购消息公布的当天早晨，拉克希米便同克雷格通了电话。

"坦白地讲，我有点惊讶，你们之前一点暗示都没有。"克雷格淡淡地回复道。

拉克希米解释是因为担心消息走漏，才不得不提前实施计划。

"嗯，我们一般不会这样行事。"克雷格说道。

"这对卢森堡和安赛乐公司而言都是件好事。"拉克希米说道。

但克雷格并不喜欢这条消息，正如他第一次听到的那样。他刚刚结束与卢森堡首相容克的卫星通话，通话中两人都表示了忧虑。后者刚刚结束政府对马里和尼日尔的援助任务，匆忙回国来处理国内爆发的危机。"必须阻止米塔尔钢铁公司的并购计划。"首相简明扼要地说道。

克雷格的内阁成员兼司法部部长卢克·弗里登现年43岁，他参与了克雷格办公室这一重要的非正式会议。其中一个议题便是，政府应如何正式回应拉克希米的并购行为？

克雷格知道这对卢森堡和自己的职业生涯来说都是一个关键时期，45万卢森堡人民、政界和金融界都在关注自己的一举一动。他认为他们在三个方面存在薄弱环节：首先，卢森堡是安赛乐公司的法定注册地。如果米塔尔钢铁公司并购成功，克雷格必须确保安赛乐的总部仍然留在卢森堡：在政治方面，此举可以保障就业和对卢森堡钢铁行业的直接和间接投资；在国际声誉方面，此举可以保留国际知名企业在卢森堡证券交易所上市，巩固卢森堡国际金融中心的地位；而更加富有戏剧性的是，卢森堡政府可以通过对安赛乐公司大批国内外持股人的已支付股息征收预提税而获利百万。米塔尔钢铁公司的法定注册地是毗邻的鹿特丹，跨国公司在该地也可以享受大幅度的税收减免政策。克雷格认为要将公司总部转移至卢森堡，必将涉及艰难的谈判。

其次，克雷格和弗里登知道，如果他们厚颜无耻地使用不公平的手段来对抗拉克希米，最终还搞砸了，那一定会引来专员克罗斯领导的欧盟竞争理事会的怒火。而在厌恶政府对私营企业进行任何干预的国际金融界，卢森堡的声誉也将岌岌可危。这两位部长清楚，他们不能因为担心惹恼国际投资者和金融服务公司，而将卢森堡的声誉置于险境，从而引发焦虑，截断大量要流入该国的资本。

最后，卢森堡政府一直在同安赛乐公司就其钢厂在该国的未来投资计划和所能提供的岗位进行详细磋商。多年来，随着安赛乐公司在国际市场的发展，其海外雇员的数量大于国内雇员。此外，安赛乐公司董事会对卢森堡政府既爱又恨，安赛乐公司已承诺在未来 5 年内投入 1 亿欧元以上的资金来升级钢厂的工艺，并承诺绝不裁减工作岗位。安赛乐公司认为这项 5 年计划会令政府对其放宽限制，但眼下，两者的关系将面临严峻的考验，程度甚至会超过 20 世纪 70 年代到 80 年代的低谷时期。

克雷格的办公室宽敞明亮，呈 L 形。房间的一端，正对门口的位置是一张普通的办公桌，上面堆积着大量的政府文件，侧桌上是他使用的电脑终端。办公室的中间是一张低矮的玻璃咖啡桌，四周摆放着一张黑色真皮四座沙发和两把配套的椅子。办公桌后的墙上是一个书架，上面陈列着卢森堡政府和一些欧盟的资料书。房间的另一头是一张大会议桌，周围是 8 把黑色真皮座椅，从巨大的框架窗户望出去，可以看到密密麻麻的屋顶。侧墙上挂着一幅 50 米帆船的照片，这是克雷格的爱好，他常乘船去享受地中海的风情。

56 岁的社会党人克雷格曾是一名教师，与工会关系密切，现在他正处于事业的巅峰时期。从政以来，他不断晋升，忠实地拥护来之不易的工业和社会工作模式，这种模式是国家精神的象征，已被写入国家宪法。在这里，工会、管理者和政府是平等的利益相关者。英美国家所提倡的以股东利益为先的原则，在卢森堡完全被视作歪理。

卢森堡的所有部长都身兼两职。曾是卢森堡国家队专业足球运动员的克雷格，也兼任国家体育部长，他也很喜欢这个职位。尽管他的航海爱好相对比较烧钱，但克雷格仍认为自己属于亲民派的官员。他不仅在卢森堡享有盛誉，即便是在布鲁塞尔，也凭着其幽默风趣而又乐观开朗的性格，在高度多样化的政治界和经济界如鱼得水，颇具盛名。在欧盟这样的政治大环境中，担任一个小国的部长也是有优势的。卢森堡打得一手好牌，像爱尔兰共和国一样，为欧盟其他大国做出了与其国土面积相比远远超出比例的贡献。克雷格在这方面能力出众，与其他成员国的部长保持着紧密的联系。

但现在拉克希米使他产生了深深的恐惧，他的部长支持率也变得岌岌可危。除此之外，他更担忧另一件事：如果这次处理不当，他很可能会成为首相的替罪羔羊。他时常提醒自己，政治就是一门不太光彩的生意。

弗里登是一名接受过哈佛大学和剑桥大学教育的律师，拥有完美的从业资质。他身材纤瘦、神情严肃，戴着一副眼镜，时常被误认为是一个严谨的会计师。他负责卢森堡司法部和财政部预算，出于工作职责的关系，他和兼任财政部部长的首相容克走得很近。弗里登有远大的抱负，一直想竞选卢森堡首相，因此他素来在当地媒体上保持着良好的个人形象。政治方面，他是基督教民主党（Christian Democratic Party）的一员，该党在卢森堡众议院与社会党的联盟中处于主导地位。

留给克雷格和弗里登的时间并不多。为了赶在第二天早晨出版和报道，卢森堡政府的官方声明必须在下午4点前通过电子邮件发送给新闻通讯社、印刷厂和广播媒体等机构。该声明篇幅简短、措辞严谨，没有情绪化或潜在的歧视性表述。声明仅有4段，旨在为卢森堡赢得时间，但声明内容完整而明确，隐含着不必言明而众人皆知的信息。

卢森堡政府"对米塔尔钢铁公司的恶意收购表示非常关切"，声明的开头这样写道，"在未进行初步对话的情况下，当前项目并未对以下问题做出承诺，如卢森堡政府的作用、安赛乐钢铁集团的总部是否仍保留在卢森堡，以及是否认可安赛乐在就业和投资方面对卢森堡的承诺。"卢森堡政府的弦外之音，便是其作为安赛乐公司唯一的最大股东，认为企业与社会之间的关系密不可分。而米塔尔钢铁公司未经事先沟通便发起收购，卢森堡政府对其极为不满。但该声明也表明，在全球化的浪潮中，欧洲政府无法理解资本主义弱肉强食的恶意兼并和收购行为。在残酷的英美商业界，拉克希米可能在发起收购前，先进行私下磋商吗？显然不可能。收购信息已经不止一次被泄露了。如果先告知政府，拉克希米的大胆收购很快便会被政治干预所吞没，而他一旦失去先机，安赛乐公司便会拥有充足的时间来组织自己的防御措施。

克雷格知道拉克希米发起恶意收购的这些原因。但他仍决定给这个印度人点颜色看看。

现在，有一名热情洋溢的新闻专员吕克·德克尔（Luc Decker）也加入了克雷格的团队。他29岁，身材高挑、精致帅气，他曾代表卢森堡参加悉尼奥运会的蝶泳比赛，这是他首次担任部长顾问。他们使用法语交流，声明也以官方语言法语发布，同时还为全球的媒体提供了英文版本。

德克尔怀着爱国情绪发言："作为安赛乐最大的股东和该公司所在国家的政府，我们要十分明确地表明我们的选择。"

"本周二首相在众议院发表演讲前，我们要小心行事，不能给他惹麻烦。"克雷格告诉他。

"明白，部长，但是我们也不能在卢森堡人民、各界媒体和拉克希米面前露怯。"

弗里登根据自己的律师背景解释道："我们要遵循欧盟的竞争法规，必须谨言慎行。我们只能以安赛乐公司单一最大股东的身份来解决这个问题，而不是作为一国政府进行干预，尤其是在这一资产非完全国有的情况下。欧盟要求我们制定一套新的统一的泛欧洲收购法，当然，该法律要坚持开放透明的市场原则。该法律必须在 5 月底前成为卢森堡的正式法规。"

弗里登的工作便是起草这项新法律。"更讽刺的是，米塔尔钢铁公司的收购将在此期间全面展开。安赛乐公司的相关人员出于自身利益的考量，会希望我们延缓这个过程，因为他们会通过当前法律，实行各种毒丸手段，正如他们当前所做的。我们必须遵守欧盟的规定。这对我们而言会很棘手。"

"那样的话，卢森堡不是会进退两难吗？"德克尔叫道。

克雷格和弗里登对视一眼，表示赞同。

"德克尔，你必须明白，我们必须要进行一场持久战，"克雷格笃定地对德克尔说，"这会是一场持续数月的战斗。我们必须做好一切准备，但是我向你保证：我们会使用一切手段来争取有利于卢森堡的结果。"

下午 3 点 30 分，克雷格完成了声明的终稿。"目前，卢森堡政府对安赛乐公司的行业和社会表现十分满意。卢森堡政府将竭尽所能，在遵循欧盟法规的前提下，确保卢森堡大公国作为东道主和安赛乐公司战略股东应有的行业、社会和经济利益。"

稍后，他们将这份声明发给容克批复。不到 5 分钟便收到了回复。"写得很好，"首相回复道，"发出去吧。"路易斯计划（Project Louise，政府在与米塔尔钢铁公司的斗争中为保护卢森堡的利益而设的代号）正式开始实施。在这项计划中，米塔尔钢铁公司的代号是"马克"，安赛乐公司的为"安德烈"，卢森堡大公国则被称作"大卫"。声明于下午 4 点发布。几分钟之后，德克尔的电话便被众多媒体打爆了，他们希望他可以解释一下声明中"竭尽所能"

的具体意思。

🕐 **下午 4 点 30 分**

📍 **英国伦敦，肯辛顿宫花园街 18-19 号**

随着奥林巴斯项目的开展，拉克希米在与家人共度了一段时光后，开始前往欧洲各国首都进行外交斡旋，并向法国、比利时、西班牙、卢森堡等国的部长和地区媒体解释了收购原因。

电话响了，是玛赫什瓦利打来的。"卢森堡政府刚刚发表了一份简短的声明，并将其发布在政府网站上，"他说道，"正如您所料，他们的回应对我们持批评态度。他们很介意我们没有提前跟他们打招呼。卢森堡政府在声明中透露出对安赛乐公司的大力维护。"

"请给我读一下声明全文。"拉克希米说道。他专心地听着玛赫什瓦利汇报的声明内容，然后说道："现在，把这份声明发给公司高管，在电子邮件中分项列出，以便我们在明天早上的电话会议里与项目顾问讨论。"

拉克希米查了一下自己这周的日程表，然后决定提前致电克雷格。两人进行了多轮沟通，包括两次秘密会面。

📍 **巴黎香榭丽舍大街 133 号**

多莱在 29 号的傍晚到访了阳狮集团，该集团是法国首屈一指的广告和公关咨询公司，从其办公楼的大玻璃门可以俯瞰凯旋门。在传奇人物"广告界的拿破仑"——莫里斯·莱维（Maurice Lévy）的领导下，阳狮集团在全球 82 个国家设立了 251 个分支机构，其中包括与美国奥姆尼康集团（Omnicom）和英国的全球合作伙伴公司（WPP）等其他通信巨头进行竞争的盛世长城（Saatchi & Saatchi）。公司的 9000 名员工为全球的客户服务，如为亨氏、三星、索尼、欧莱雅、雷诺和英国航空提供广告、品牌推广、市场营销、公共关系和事件管理方面的建议。

多莱邀请莱维的得力助手让 – 伊夫·瑙里来参加周日下午的会议，该会议是为了帮安赛乐做好收购防御准备。瑙里是安赛乐的外聘公关顾问，在此之前，他跟梅尔和多莱在优基诺私有化项目以及后续与阿尔贝德的合并项目中有过深度合作。参会的还有安赛乐的企业公关主管赛勒和投资人关系主管马丁尼·休。

"采访安排好了吗？"瑙里问多莱。当天下午，瑙里安排多莱接受了每周一出版的《世界报》的采访。这将是当天一个强有力的预告，为安赛乐的回应定下基调。

"很好。"多莱搓了搓手说道，并开始为第二天在希尔顿巴黎凯旋门酒店举行的新闻发布会和分析报告做准备。表面上，多莱和瑙里友情深厚，但是随着会议的开展，多莱意识到这些活动的准备工作并未达标。他需要进行一场充满活力的演讲，幻灯片既要包含重要信息，也要充满力量，才能对抗之前拉克希米在巴黎召开的会议。他还需要详细的问答文件和一份比较安赛乐公司和米塔尔钢铁公司基本情况的说明书。除了安排了法国主流日报和广播媒体的重要采访，其他的事情仍是一团糟。"这几个月来，你们'猛虎计划'团队到底在做什么？"他们本应该能够应对所有问题及相关动态，但准备工作不足，使多莱十分被动，也使其深受挫败。

"你们认为米塔尔钢铁公司也会像我们这样做准备吗？"他讥讽地质问他的同事们。而在多莱的内心深处，并不信赖他的公关顾问们。这是一个必须时刻打起精神的行业。就像瑙里即将发现的那样，在这个行业中，你最大的敌人可能就是自己。当瑙里的黑莓手机响起时，公关团队已着手安排第二天与媒体和法国金融界的活动，并已做好了通宵加班的准备。他收到了一封邮件。作为对多莱进行独家专访的要求，《世界报》的记者需要将采访稿提交给他审阅。现在他收到的便是采访稿。他向下滑动浏览采访稿，发现文章内容都是正面的，其观点是：安赛乐公司的实力和优势远胜于米塔尔钢铁公司。但他随后突然停了下来。文中引用了多莱的一个说法——将米塔尔钢铁公司的股份和现金报价称为"猴子钱"（monnaie de singe）。这种表述是不允许存在的。

瑙里回复该记者，让其将这个词从文章中剔除。

"猴子钱"指的是"假钞"，也指"来路不明的黑钱"或"大富翁币"（金额大得离谱但没有实际价值的钱）。瑙里知道，如果将这些定义中的任何一个用于这位印度的亿万富翁，都会为安赛乐带来一场公关危机。

"将来所有的公关活动中都一定不能再提到这个词。"他告诫多莱。

12

针锋相对

..

🕐 1 月 30 日星期一，上午 8 点 21 分

📍 巴黎欧洲第一广播电台

在欧洲第一广播电台，戴着耳机的多莱表示很感谢法国媒体对安赛乐的支持。当天晚些时候，《世界报》刊登了对多莱的专访，虽然这篇报道已经删除了"猴子钱"这种冒犯性的引用，但还是刊载了一篇尖锐的社评，该社评说："如果这次突袭成功，那它将摧毁工业化欧洲的珍贵代表之一，同时也向世人证明，在全球竞争的世界里，任何位置都是不安全的。"多莱即将在晨间节目中接受资深记者让－皮埃尔·埃尔卡巴赫（Jean-Pierre Elkabbach）的采访。作为电视台总裁的埃尔卡巴赫已经很少进行采访了，但是米塔尔钢铁公司对安赛乐公司的并购已经引发了巨大轰动，这位采访过希拉克，还同密特朗拍过电影的知名记者决定客观地展现这场纷争。

除了参加广播电视节目，多莱还决定第一时间发布自己的重要决定。而拉克希米此刻正在乔治五世酒店的豪华套房内做准备，

他将在当天上午晚些时候与布雷顿会面，会面时，他会再次重申他对安赛乐的收购提案，正如他在商业日报《回声报》当天早晨刊发的文章中所说的那样。

"你接受这次收购吗？"埃尔卡巴赫以此作为开场白。

"答案显然是否定的，"多莱重申道，"我们昨天便表明了立场。这个提案影响极大，小到对我们的股东、公司的其他所有利益相关者（员工、客户），大到对我们赖以生存的行业都没有好处。很显然，这个答案绝不会变化。"

多莱认可安赛乐公司和米塔尔钢铁公司不存在地理重叠的说法，但对那些说将两家公司合并可以实现完美行业契合的言论仍愤愤不平。"钢铁分两种类型，"最终他说出了跟瑙里排练过的说辞，"分别是优质钢材和普通钢材。这可以比喻成安赛乐擅长生产高端香水，而古龙水则是米塔尔钢铁公司擅长的领域。因为我们每吨产品中包含更多的技术含量和智慧结晶，所以哪怕我们的销量略低，但售价仍高很多。"

多莱做得很好。

埃尔卡巴赫又追问了一些问题。"如果拉克希米提供了更好的收购条件，您还是会拒绝吗？"

"什么事情都有限度，"多莱笑道，"但是他现在对股东的报价是有一点荒谬的。"多莱曾听到一种传闻，说拉克希米在赢得了乌克兰的并购后，很难再为这笔交易融到 46 亿美元的资金。按照协议规定，该资金必须来自海外，因此他不能从乌克兰境内募集资金。这也是他在与银行家讨论时会想到为安赛乐提供大量证券的原因之一。除了这种方式，很难有其他方法实现并购。

"恕我直言，拉克希米的部分报价中包含了，"多莱补充道，"猴子钱。"

　　不管埃尔卡巴赫是否意识到这种表达的冒犯性，他都要说。

　　"也可以说是黑钱，"多莱继续道，"拉克希米通过股权掌控着米塔尔钢铁集团 98% 的决策权，但是该公司的股票自上市以来却表现平平。在过去 18 个月里，安赛乐的股价上涨了 50% 以上，而米塔尔钢铁公司的股价则与之前基本持平，甚至出现了下跌。"

　　"但是他承诺会减少家族持股比例。"埃尔卡巴赫说道。

　　"是的，但是你知道他的计划是保留 64% 的控制权，这意味着公司仍是他的一言堂。安赛乐的股权则比较分散，而米塔尔钢铁公司的股权则是难以触碰的。"

　　"但并不是印度政府或者印度法律造成了这种不平衡的局面，"埃尔卡巴赫建议道，"这是由公司结构造成的，而且在这次并购中，米塔尔钢铁公司是一家符合欧洲法律的公司。"

　　"是的，"多莱说道，此时他们的话题愈发敏感，"米塔尔钢铁不是印度政府的公司，但却是由印度人开办的。其董事会成员多为印度人，且多为米塔尔家族的人；大部分管理委员会的成员也是印度人，而该公司的专长是在并购时，派出十几名印度人的团队来改善工厂运营。"

　　"拉克希米会进行裁员，"多莱继续说道，"购买陈旧腐朽的钢铁厂，以'上世纪'的公司结构运营。大家应该去看看洛林区冈德朗日的米塔尔钢铁厂❶，该厂位于梅茨和蒂永维尔的中间地带，然后再北行 10 千米，去看看弗洛朗日的安赛乐工厂，可以对比一下两个工厂的现代化程度、资金投入、员工士气和效率。"

　　"但拉克希米不是一个成功的典范吗？"

　　多莱表示同意，"他是一个很有魅力的人。"

---

❶　6 年前由米塔尔从优基诺收购而来。

"他是一个能言善道的人。"埃尔卡巴赫说道。

"他口才了得，但并非句句实话……"多莱说。

"等一下，"埃尔卡巴赫插嘴道，"45分钟后，他就要去拜访经济与贸易部部长了，您却说他是一个骗子？请注意您的措辞。"

多莱顶了回去，"我说他没说实话，而不是说他是骗子，这是两码事。"

"您已经见过布雷顿先生了。"埃尔卡巴赫说。

"我向他解释过了。"多莱称他与布雷顿的会面"令人欣慰"。

"您对布雷顿、法国政府提出了什么要求呢？"

多莱笑着说道："我没有特别要求什么，只是请求一些精神上的支持罢了。"

埃尔卡巴赫又回到了有关印度的话题。"在法国公司开拓印度市场的时候，你不担心向一群印度人说'不'会引来印度政府的报复吗？"

"我需要重申一下，米塔尔钢铁公司在印度没有业务。"

"你认为这次收购，会对希拉克总统两周后的印度之行产生影响吗？"

"当然不会。"

"你不担心他们会将快要进入印度海域的克莱门梭舰再退回给我们吗？"

埃尔卡巴赫突然提出的这个问题让多莱大吃一惊。这个高度敏感的政治事件跟他有什么关系？几周前，这艘27000吨级的退役法国航空母舰从土伦出发，前往印度西北部古吉拉特邦阿朗的一个废品场。绿色和平组织曾试图阻止克莱门梭舰离开，该组织宣称法国违反了国际公约，他们应该自己处理军舰建筑中的石棉、多氯联苯、铅、汞和其他有毒化学物质，而不是将其运送到印度，印度拆船行业虽人工低廉，但管理不完善，可能会出现伤亡的风险。

"我需要提醒你，这艘舰是钢铁制成的，"多莱回复道，声音里满是自豪，"从材料上来说，它是由安赛乐公司制造的。"

埃尔卡巴赫将话题从一场关于有毒军舰的外交战争转移到了安赛乐公司阻止米塔尔钢铁公司收购的行动上。多莱预测，这场战斗至少会持续四到六个月的时间。

"你们有能力抵御这次收购吗？"

"完全可以。我们实力雄厚，我们是马拉松型选手。"这位喜欢户外慢跑的首席执行官坚定地说道，而拉克希米更喜欢在健身房的跑步机上锻炼，刺激自身的血液循环。"我们已经做好了准备，我们有办法解决这个事情，"他承诺道，"你已经看到我们董事会的声明了吧？我们的态度是一致而坚定的。"

"最后一个问题，多莱先生，"埃尔卡巴赫总结道，"最明智的做法难道不是通过友好协商来实现有多方面担保的合并，而不是要看着某些股东离开公司并遭受损失吗？"

多莱困惑地看着埃尔卡巴赫，就像他说的是火星语。

"这场战争已经开始了，我们会赢得最终的胜利。"多莱说。

"谢谢，多莱。战争已经开始了。"埃尔卡巴赫说。

精神抖擞的多莱离开了电视台，准备迎接更加艰难的挑战。在安赛乐总部，几十封以"米塔尔钢铁公司啦啦队"为主题的电子邮件传来传去。米塔尔钢铁公司团队也在收听多莱的这次广播节目。多莱的表现令他们震惊。他们不敢相信，竞争对手刚刚制造了一个公关恶作剧来报复自己。

🕘 上午 9 点 15 分

📍 贝西街 139 号，经济财政工业部

共有 6 万名公务员工作的法国财政部建在塞纳河上，如同一个巨大的白色后现代主义高架水渠，是弗朗索瓦·密特朗（François Mitterrand）在 20 世纪 80 年代后期主持的大型项目之一。拉克希米从乔治五世酒店出发，驱车 15 分钟，便抵达了与布雷顿约定的地点，两人将在此处开个早餐会。

在获知卢森堡政府的反应并经历了多莱的电台声讨后，拉克希米明白自己的处境十分艰难。他从高盛政府事务顾问丽莎·拉贝·米塔尔（Lisa Rabe Mittal）提交给自己的简报中了解到，布雷顿今年的开局也不容易。法国政府正面临着一系列的企业问题。防务巨头欧洲宇航防务集团（EADS）内部动荡日益加剧，而法国旗舰企业空中客车（Airbus）也因高昂的延误费用而深陷泥潭。法国试图拯救这些国家的明星企业，因此不得不与欧盟竞争机构周旋，同那些私人股东进行谈判。

布雷顿部长按照惯例实施了工业和金融政策，但却不断受到分裂的右翼、政府内部派系以及被削弱的希拉克总统的阻挠。一种围攻心态已经形成，布雷顿很可能被希拉克和总理多米尼克·德维尔潘（Dominique de Villepin）推到台前成为替罪羊。如果拉克希米的收购对法国不利，布雷顿便会遭到抨击。

在等待与部长会面的时候，拉克希米回想起丽萨·拉比在向自己介绍情况时叮嘱的最后一句话："记得用'我们'这个词来表达观点。"

拉克希米想，如果能与布雷顿进行一场企业家之间的对话，那就好了。这位部长非常了解如何拯救经营不善的企业，他应该会很欣赏拉克希米的远见。刚过完 50 岁生日的布雷顿在从政前，将法国消费电子类生产商汤姆逊多媒体公司（Thomson Multimedia）从死亡的边缘拽了回来。在布雷顿接任总裁前，汤姆逊十分孤弱，法国政府差点以极低的价格将其转让出去。而到 2001 年，布雷顿已将汤姆逊打造成世界上最大的数字机顶盒生产商。随后，他成为橘子电信（Orange）的董事会主席和法国电信（France Télécom）的首席执行官。布雷顿出版过一本名为《软战争》（*Softwar*）的科幻小说，在国际上颇为畅销；他贝多芬式的发型也同样出众。

拉克希米一走进房间，便明白这次会面将是一场硬仗。部长先生身着灰色的西装，搭配清爽的蓝色衬衫和相配的领带，冷冷地对他打了声招呼。"拉克希米先生，你应该也知道，你不是今早巴黎最受欢迎的游客，"他一边说着，一边请拉克希米就座，"但我很高兴我们有机会就你的收购提案交换意见。"

一坐下来，拉克希米就看到了部长桌子上由多莱准备的那份 6 页简报（他并没猜到作者是谁）。咖啡端上来时是温热的。他的右边是一盘牛角包，但不在触手可及的地方。这位部长几乎毫不掩饰他的怒火，也没有要递一个牛角包给拉克希米的意思。此刻的拉克希米真希望自己已在酒店吃过了早餐。

"我不想成为保护主义者。"布雷顿继续说道。

但是呢？拉克希米心想：你究竟要说什么？

"但在欧洲，了解利益相关者的概念，以及向所有相关方进行咨询，并提供清晰的行业规划十分重要，也很必要。这就是欧洲大陆的做事方式。拉克希米先生，我认为你不尊重我们法国人的'商业规矩'（la grammaire des affaires）。更重要的是，我对你的下一步进展一无所知。我需要了解你们的产业计划书。你愿意让我了解吗？"

拉克希米并没有什么产业计划书。收购文件中提供了交易策略、范围、逻辑和融资等方面的详细信息，但是在提交给监管机构（没有这些机构的批准，这些文件无法正式公示）前，这些文件无法披露给一个甚至不是安赛乐公司股东的人，即使他是法国经济与财政工业部部长。在自由市场的世界里，没有就因两个上市公司间的收购事宜向政府提供产业计划书的先例。

"我们做了规划，但是还没有完成，"拉克希米如是说道，想争取一些时间，"我不在公司，而且最近都在出差，但是我可以以后提交给你。"

"很好。"布雷顿说道，语气稍微缓和了一些。

拉克希米看着牛角包，它们还在原来的位置。

"与此同时，"布雷顿继续说起了多莱的简报内容，"你必须撤回你的收购提案。"

"这我可做不到。"拉克希米回复道。

"事情不是这么做的，"布雷顿说道，"你应该提前跟我沟通。"

"我们本来是这样打算的，但是事情的进展超出了我们的预想。"拉克希米试图解释为什么会提前宣布并购计划。

布雷顿挥手阻止了他。"我们收到计划书后，会对其进行分析，并向你们反馈我们的问题，然后我们才能评估这次并购的范围和可行性。"

面对两人之间情绪化的高墙，拉克希米决定不再讲述并购的战略原因，也不再讲解如何维持就业、投资和利润增长的细节了。这个早上根本没有涉及"我们"的议题。一个小时过去，两人会面结束的时间到了。

"我们已经准备好了，期待你的计划书。"布雷顿部长握着他的手说道。

"我有一个建议。"拉克希米笑着说。

"什么？"

"不管发生什么，让我们都不要再听到那些不合时宜的言论吧。"

从布雷顿的眼睛里可以看出，虽然他没有亲自收听多莱的节目，但还是有人向他汇报了此事。

"拉克希米先生，我对此非常赞同。"

拉克希米走出部长办公室，对着丽萨·拉比挤出了一个尴尬的微笑，就像一个被训斥后从校长办公室走出的小男孩。后者读懂了其中的含义：会面不太顺利。梅奥克斯是对的，这次收购将受到很多政治因素的影响，而且绝不仅仅来自法国政府。

🕐 上午 11 点 30 分

📍 巴黎加布里埃尔大道 5 号，格布里尔会馆

拉克希米一行人驻足在修葺一新的 1840 展厅外。从这里可以俯视协和广场附近的香榭丽舍。他们简直不敢相信自己所看到的场面。梅奥克斯将拉克希米巴黎发布会的举办地选在格布里尔会馆，这里经常举办公司发布会、时装表演和音乐会，但这些活动从没像今天一样，吸引 200 位记者和 50 名摄影师同时到场，只为第一时间拍摄到这位印度钢铁亿万富翁和他的儿子。

"米塔尔先生，这边！"摄影师们高喊着，"米塔尔先生，看这里！"巴黎上次出现这番景象，还是"时尚辣妹"维多利亚·贝克汉姆到访的时候。

"欧洲的禽流感恐慌远未结束，但是欧盟是否面临着一个更加严峻的危险呢？"一位印度电视台的记者向他的观众们提出了这个问题。"这个危险就是米塔尔热潮。"

在肌肉发达的盖维斯的帮助下，父子二人顺利冲出了围堵的

人群。进入格布里尔会馆后，由于热切地想要近距离看到父子两人的人群，拉克希米和阿蒂亚花了 5 分钟才登上了演讲平台。与拉克希米不一样，梅奥克斯对他在法国首都的影响力有着正确的预期。上周五，拉克希米在法国还鲜为人知。而在 48 小时后，随着欧洲大陆各个机构反对他的舆论越来越多，法国人对这个闯入他们中间的印度人既着迷又恐惧。

阿蒂亚在台上演讲，展示两家公司合并后如何在不削减岗位和关停工厂的情况下实现公司的巨额利润，而拉克希米则低头盯着自己的笔记，既冷静又沉着。他每次抬头将目光投向儿子时，都会引来一阵快门声。在耀目的闪光灯里，他眨了眨眼睛，顿时玩心大起，和这些记者玩起了游戏。他微微抬起头，在觉得这些摄影师要按动快门的时候，又把头低了下去。反复数次，直到他自己再也坚持不下去。他突然抬起头来，给了他们一个灿烂的微笑。

与此同时，布雷顿通过法新社匆忙发表了一篇评论。"我怀疑这两家不同文化的公司是否可以发挥各自的作用并共存，"他说道，"但拉克希米做事随心所欲，我们只能再次重申法国政府的深切关注。"他是在暗示法国领导人未积极给予安赛乐公司保护吗？

🕐 下午 1 点
📍 巴黎希尔顿凯旋门酒店

多莱登上新闻发布会的讲台时，安赛乐的股价已经达到了 30 欧元，比米塔尔钢铁公司刚提出收购时上涨了 8% 左右。戴维森对此的描述更为夸张。一年以来，安赛乐股价已上涨逾 41%，这主要得益于米塔尔钢铁公司的收购计划。

在拉克希米举行发布会的同时，多莱正在同他的银行家们进行秘密讨论，对演示文稿进行最后的润色，以便更好地展示安赛乐的观点。尤吉卓和沃斯担心随着新闻发布会的临近，多莱会变得过于激动。他现在就焦躁不安，只用单音节词回答别人的问话，心思也在别处。

"无论你要做什么，都不要针对个人。"尤吉卓敦促道。

当他们与首席执行官一起登上舞台时，多莱开始陈述其简洁明了的开场白。"感谢诸位今天的到来。首先，请允许我先介绍我们管理委员会的成员。"然后他从讲台上环视一圈下面的大会议室，那里挤满了人。"我的儿子可不是管理委员会的成员。"他说道。尤吉卓的心沉了下去。沃斯和罗兰·容克脸上的笑容也随着记者们爆发的笑声变得紧张起来，很多记者都是直接从米塔尔钢铁公司的新闻发布会现场赶过来的，两个发布会都在香榭丽舍大街举行，会场仅相距5分钟车程。拉克希米的手下也混进了这个发布会的现场。多莱的身后是安赛乐公司的标志和"世界第一钢铁生产商"的标语。

"安赛乐公司在欧洲金属行业拥有相当于空中客车在法国的地位，"多莱一边展示着文稿，一边解说道，"虽然我们在巴西和澳大利亚都有业务，但是我们的某些价值观仍深深植根于欧洲的行事风格。米塔尔钢铁公司的商业模式并非以最先进的技术为基础，其业务主要依赖大宗商品交易，比安赛乐公司产品的交易周期要长。我们的产量略低，但是营业额更高。"

他再次重复了"高级香水和古龙水"关系的说辞，并取得了很好的反响。

"米塔尔钢铁公司下属的各家公司业绩表现低于平均水平，"多莱滔滔不绝地说着，就像一列加速的火车，"除了哈萨克斯坦的钢厂有盈利，其他钢厂的局面都尚未扭转。米塔尔钢铁公司收购了国际钢铁公司，但国际钢铁公司本身就需要大量投资以转亏为盈。米塔尔钢铁公司将在未来几年里削减46000个工作岗位。安赛乐拥有世界顶级的汽车客户和无与伦比的分销网络。我们每吨钢铁的成本是32欧元，而米塔尔钢铁公司的成本仅有17欧元，且其还有进一步降低成本的打算。"多莱继续说道："米塔尔钢铁公司想要收购安赛乐的唯一原因，便是想从安赛乐剥离数十亿欧元的资金来支持其东欧的破旧工厂。"

他抓住了米塔尔钢铁公司恶意收购中最薄弱的环节，对此进行攻击。他说米塔尔钢铁公司是家族企业，经营不透明。如果米塔尔钢铁公司提供的是全现金报价，那它的管理结构就无关紧要了。但其四分之三的报价是以自己公司股票的形式提供的。相比之下，安赛乐的股份比较分散，其董事会也更加民主，代表了多个国家和利益群体。"我们的董事会中有工会成员"，他说道，安赛乐高标准的透明公司治理模式与米塔尔钢铁公司几乎是"两个完全不同的星球"。

"尽管有时苹果和橙子可以混在一起，但是两家公司在战略上无法契合，"多莱宣称，"我们不会与米塔尔钢铁公司分享我们的未来。"

一位记者向他提问："在今早的新闻发布会上，拉克希米说你在伪造他们集团的财务数据。"

多莱被这种说法激怒了。"所有数据都是公开的，"他反驳道，"你也可以看看他说的是不是真的。"

当被问及是否要与拉克希米对话时，多莱终于失去了镇定。"我们谈过并购一事。在他家谈了'4分钟'。但是我既没答应，也没否定，之后就出现了今天这样的局面。这就是拉克希米先生对友好竞价的定义。没什么好说的了。"

多莱需要帮助，而且他也很清楚可以从哪里获取帮助。

13
俄罗斯最年轻的亿万富翁

··

📍 **俄罗斯西北部，切列波韦茨谢韦尔钢铁公司**

俄罗斯最年轻的亿万富翁阿列克谢·莫尔达索夫（Alexey Mordashov）向来访者介绍了自己的钢铁生涯，他说道："我本来在驼队的最后，但在穿越沙漠时突然出现了变故。驼队自行转了方向，我发现自己成了队首。"令莫尔达索夫回想起 2005 年发生的事情的来访者是戴夫扎克，40 岁的莫尔达索夫凭借 76 亿美元的资产在《福布斯》富豪榜上排名第 64 位，而且其位次还在不断攀升。他是一个衣着光鲜的精明商人，就像在曼哈顿或梅菲尔的办公室里常见的那种精英人士。

作为俄罗斯第三大钢铁公司谢韦尔钢铁公司的总裁兼首席执行官，莫尔达索夫喜欢用驼队来形容自己作为一个思想更为西化的寡头声名鹊起的历程。事实上，用他在诺森比亚大学攻读工商管理硕士（MBA）时练就的流利英语来总结，就是他在正确的时间出现在了正确的地点。而且，在这场纯靠运气的游戏里，他只是拿到了该拿的东西，即谢韦尔钢铁公司的控制权及其名下的煤矿和铁矿，还有铁路、一所大学和一支职业棒球队。

位于圣彼得堡以东 475 千米、莫斯科以北 620 千米的切列波韦茨是一座灰暗的工业城市，几乎没有什么可取之处。伏尔加河 – 波罗的海运河和东西走向的圣彼得堡 – 叶卡捷琳堡铁路在这里交汇，便捷的交通可以为谢韦尔钢铁公司源源不断地输送原材料和能源。莫尔达索夫有 10 万名员工，且公司年收益可达到 1157 亿美元。

患有"俄罗斯恐惧症"的西方人通常将寡头视为黑帮。莫尔达索夫没有黑帮背景，但是有关其管理风格和如何成为切列波韦茨领头羊的故事十分有趣。在其中一个版本里，这位拥有斯拉夫人外貌的 3 个孩子的父亲被形容为"坦克"，自封为不容冒犯的"铁人"。也有人说他是一位谦逊、有想法、工作勤奋的企业家，精通德语和英语，是俄罗斯的实业家代表，可以在西方的任何行业里占据一席之地。

在阴云密布和烟尘滚滚的钢铁城市中成长的莫尔达索夫，12 岁那年便立志要成为一名职业经理人。1988 年从列宁格勒工程经济学院毕业后，莫尔达索夫得到了自己的第一份工作，在父母工作的切列波韦茨钢厂担任经济师，薪资十分微薄。年轻的莫尔达索夫在列宁格勒结识了一位对他的人生产生深远影响的人——阿纳托利·丘拜斯（Anatoly Choubais），未来的俄罗斯私有化之父。

莫尔达索夫在钢厂的头几年工作非常出色，当时钢厂还采用苏联模式运营。他的勤奋、个人魅力和外向的性格很快获得了公司领导的认可，并被挑选为出国进修的对象。两年后，随着苏联的解体，莫尔达索夫前往奥地利继续深造，在钢铁制造商奥钢联工作期间，他学到了西方的财务模式。27 岁时，拥有突出财务能力的莫尔达索夫回到了俄罗斯，成为卢里·利普金（Louri

Lipoukhine）的得力助手，负责谢韦尔钢铁公司的私有化事宜。在叶利钦执政早期，俄罗斯开始私有化，他们发放证券，让人们可以持有自己工作的私有化企业的股份。

1996 年，31 岁的莫尔达索夫出任谢韦尔钢铁公司的首席执行官，这家公司在西方并非不值一提的小角色。已故的美国调查记者保罗·克列布尼科夫（Paul Klebnikov）在《福布斯》杂志上发表的文章曾提到，莫尔达索夫是通过罢免老板才获得谢韦尔钢铁公司所有权的。克列布尼科夫还声称，莫尔达索夫用谢韦尔钢铁公司的巨额收益买断了分配给员工的免费股票。这些员工有权出售这些股票，并且很乐意将其变现，实现短期收益。富于远见卓识的莫尔达索夫有一个更大的目标：在全球钢铁行业繁荣发展的背景下，实现股价的长期增长。要手段？不，只是抓住了机会，在克列布尼科夫的文章中，莫尔达索夫坚持这一观点。他在《福布斯》的采访中说："我们从未掠夺过任何东西，也没有强迫过任何人，或者诉诸国家公权或行贿手段。"

莫尔达索夫开始着手改造谢韦尔钢铁公司。在蓬勃发展的俄罗斯经济中，他看到了巨大的商机，但在俄罗斯市场上，他们也面临着巨大的竞争。其他主要钢铁制造商，如罗曼·阿布拉莫维奇（Roman Abramovich）所在的俄罗斯耶弗拉兹集团和新利佩茨克钢铁公司，在俄罗斯全国的轧钢产品生产中占到 50％以上。

为了与这些公司抗衡，谢韦尔钢铁公司不得不进行现代化改造，提升技术水平，通过并购补充焦煤原料。谢韦尔钢铁公司是一家低成本生产商，其全资拥有的矿山和铁路可保证自己的煤炭供应。莫尔达索夫在各方面都是行动派。由于经常在莫斯科和圣彼得堡之间奔波，为了通勤方便，他买下了一家航空公司，并开始通过与其他钢铁公司组建合资公司来拓展海外市场。他的早期联系人之一便是多莱。

莫尔达索夫与多莱相识于 1996 年，当时这位法国人还是优基诺的规划经理。两人在交流钢铁行业未来的发展前景时，迅速建立起了融洽的关系。莫尔达索夫预见到了钢铁行业将到来的爆发式的增长，多莱与谢韦尔钢铁公司建立了更深层次的战略联盟，这为其进军俄罗斯汽车制造业的巨大市场创造了契机。优基诺几乎没有多余的现金，因此多莱明白自己必须等待，但他与莫尔达索夫保持着密切的联系，并将其视为门徒。

2002 年，成为安赛乐领导人的多莱拥有了更多的可支配资金，也开始了同俄罗斯朋友的合作。首先，他们在俄罗斯建立了两家合资企业，一家是谢韦尔镀锌板公司，生产用于汽车产业的扁钢；另一家是拉丝厂。谢韦尔镀锌板公司展现了安赛乐和多法斯科在加拿大取得的成就：安赛乐的电镀技术换取了谢韦尔镀锌板公司20% 的股份。这是其开拓利润丰厚的汽车市场的第一步。

当年年末，多莱便开始为与谢韦尔钢铁公司建立更融洽的合作关系做准备。"我们的关系有了长足的发展，我想建议安赛乐直接收购谢韦尔钢铁公司的股份。"他以非正式的口吻建议道。其他西方公司也可入股俄罗斯的公司，特别是石油和天然气公司，但是俄罗斯好像更喜欢西方的直接投资。虽然仍有很大的风险，如缺乏充分的财务透明度和公司管理机制，但是多莱还是看到了安赛乐应该抓住的机会。

他缓慢而稳定地推进着收购过程。当他们在钢铁行业的聚会上碰面时，他告诉莫尔达索夫："看，我们两家公司非常相似。我们都专注于优质钢材的生产，而且在地理位置上也没有重叠。卢森堡总部会同意我的提议的。"

这对想要在世界舞台上崭露头角的莫尔达索夫来说非常有诱

惑力。他对多莱说："我想我们应该试着探讨一下两家公司可能合作的区域。"

在其"潜在"方案中，多莱倾向于安赛乐收购2%的谢韦尔钢铁公司股份，然后将持股比例逐步增加到5%~10%。到时候，双方就会知道是否可以进行全面合并。很明显，当多莱让他的并购团队处理这些数据时，如何对谢韦尔钢铁公司这样一个私人公司进行公平的评估将是一个主要问题，这对任何正式联盟的巩固都至关重要。钢铁资产评估很简单，但是公司名下的矿山价值却很难评估，需要进行全面的独立审计。

到2004年，谢韦尔钢铁公司公布的财报显示，其66亿美元的销售额赚取了14亿美元的净利润，多莱鼓励莫尔达索夫效仿俄罗斯的其他先锋公司，在伦敦股票市场发行一部分股票。这将锚定安赛乐机构股东可以接受的谢韦尔钢铁公司的估值。

莫尔达索夫不能、也不愿意这么做。"我认为时机不合适，"他说，"我们可以再观察一下这个想法的可行性。"

多莱觉得莫尔达索夫的退缩源自很多因素。首要的原因可能是他拥有谢韦尔钢铁公司超过90%的股份，不愿意自己的股份被稀释。谢韦尔钢铁公司需要资金进行进一步的投资，莫尔达索夫曾暗示过，为了使自己的企业更加国际化，他还有其他收购计划。果然，他开始了疯狂收购。首先，他以2.85亿美元的出价击败了美国钢铁公司，成功收购了破产的鲁日钢铁公司，然后，在2005年年初，意大利第二大钢铁生产商卢奇尼钢铁公司陷入财务困境的时候，他又收购了其70%的股份。

多莱羡慕地看着这一切。他在心中暗道："一位年轻的拉克希米正在成长。"但莫尔达索夫为什么不将其公司在伦敦上市呢？上市使两家公司更有可能结成联盟，而且米塔尔钢铁公司也就更难收购安赛乐了。现在，米塔尔钢铁公司已经成为一个巨大的威胁，并且规模还在继续扩展。

精明的瓦迪姆·马可夫（Vadim Makov）是莫尔达索夫的战略副顾问，一直在为其出谋献策，但是莫尔达索夫并未听取这些意见。相反，他开始涉足银行业和保险业。他还收购了俄罗斯国营电视频道 RENTV 的大量股份，该频道曾因为取消前运动员奥尔加·罗曼诺娃（Olga Romanova）的栏目而突然引起了国际媒体的极大关注。据称，取消栏目的原因是罗曼诺娃报道了俄罗斯副总理谢尔盖·伊万诺夫（Sergei Ivanov）的儿子在开车撞死一位老年妇女却未受到指控的新闻。难道莫尔达索夫现在准备涉足政界了吗？这可是他之前刻意回避的事情。

2005 年谢韦尔钢铁公司的交易活动特别频繁。随着新年的到来，莫尔达索夫愈发喜欢在世界舞台上搅弄风云。他意气风发地活跃在外交舞台上，努力推动俄罗斯加入世界贸易组织（World Trade Organisation）。

1 月 27 日星期五，拉克希米要收购安赛乐的新闻很快便传到了俄罗斯。听到这一消息时，莫尔达索夫正在莫斯科泽特金街（Tsetkin Street）2–3 号的谢韦尔钢铁公司的办公室里处理一系列商业事务。他善于钻营的大脑运转得飞快。他看了看自己的手机，笑了起来。这只是个时间问题，他想。果然，3 天后他接到了一直在等的电话。他接起电话，是戴夫扎克。

"我当然想见多莱。"戴夫扎克再次提及了结盟。但是这次，这位门徒掌握了主动权。我已经抓住了他们的要害，莫尔达索夫心中暗自庆幸。

14
卢森堡政府出手

••

🕘 1 月 31 日星期二，上午 9 点 30 分
📍 伦敦伯克利广场大厦

　　当玛赫什瓦利主持每周两次的核心团队（由银行家、律师和公关顾问组成）会议中的第一次会议时，媒体上充斥着多莱有关"猴子钱"和印度人公司的言论以及其对阿蒂亚的不屑态度。米塔尔钢铁公司团队仔细研究了英国和整个欧洲的新闻报道的汇总，并以此为依据决定如何回应这些报道。

　　为了应对多莱造成的突发事件，安赛乐的新闻团队，一个由于某些原因在远离总部的另一栋建筑中办公的 20 多人的团队，在当天早上打响了公关战的第一枪："安赛乐连续第二次入选年度全球 100 强，成为全球 100 家最有可持续发展潜力的企业之一。安赛乐是全球 100 强企业中唯一上榜的钢铁企业。安赛乐认为此次入选是对其在可持续发展方面所做出努力的认可，也是对所有为安赛乐可持续发展战略的成功做出贡献的员工的重要奖励。"

　　与此同时，米塔尔钢铁公司的银行家们一致发问："是否就这

样放过多莱，不再追究了？"

"拉克希米先生不想回应。"戴维森说道。此时，拉克希米和阿蒂亚正前往卢森堡，与首相容克会面。

"这样做，会显得我们与多莱在同一个层次上。"盖维斯赞同道。

戴维森与梅特兰一起建立了每日消息跟踪机制，该机制可确保媒体团队的每一个成员和接受媒体采访的银行家们，使用统一的商定好的口径来回复安赛乐的每一个声明，并用统一形式的措辞来纠正安赛乐所谓的每一个"事实"，以及他们认为的错误言论。这样，所有人都能保持一致。

在不使用侮辱性措辞的情况下，他们已经找到了很多可以反击多莱的话题。例如，《金融时报》上的一篇以《不锈钢交易》为标题的头条文章，以拉克希米提供的事实反驳了多莱有关米塔尔钢铁公司收购会导致失业的指控："安赛乐在过去几年里，已经裁减了1万个工作岗位。"值得欣慰的是，这篇文章还指出，稳定的产能和持续的现代化投资，使米塔尔钢铁公司在投资的所有其他国家里都是"政府十分欢迎的买家"。

《华尔街日报欧洲版》评论道："米塔尔钢铁公司的总部设在伦敦，在阿姆斯特丹上市，因此是一家完完全全的欧洲公司。"最重要的是，两家公司的股价表现都很不错。米塔尔钢铁公司的股价从1月27日34.26美元升至36.2美元。安赛乐公司的股价稳定在28.9美元，而米塔尔钢铁公司发布收购消息当天的股价为28.54美元。更妙的是，多莱将古龙水比作二流钢铁公司的言论，引发了法国古龙水公司人员的不满，认为这是对他们的侮辱。米塔尔钢铁公司负责并购案的核心团队觉得这很有趣。可怜的多莱，真是诸事不顺啊！但戴维森并没有笑。"高级香水和古龙水的说法非常高明，"她说道，"这是一个很好的比喻，非常生动。"

"但却并非事实。"弗莱彻说道。

"即便如此，我们也一定要采用非常高明的方式去回应。"戴维森说道。

现在，讨论的话题转向了安赛乐的法律团队。"他们聘用了世达律师事务所的律师团队——他们实力怎么样？"玛赫什瓦利问沙伯特。

"该律师团队的并购能力很强，"沙伯特说，"如果辛普森也参与其中的话，这将是一场非常非常激烈的战争。"

🕐 下午 1 点 30 分
📍 卢森堡市首相府

已经连任三届的卢森堡首相容克正在努力控制自己的情绪。容克在 2005 年被欧盟的政客票选为"年度政治家"，他一直都享受着这个来自欧盟政客的赞誉，而其与布莱尔在英国脱欧问题上的公开争执，进一步提升了他的声望。但现在，家乡给他出了一个难题。他准备在议会发表演讲，向议会成员说明卢森堡政府对米塔尔钢铁公司的态度。容克出生于卢森堡西部，靠近比利时边界的阿泰尔河畔雷当日小镇，父亲是一名钢铁工人，但这对容克而言，都是他个人的事情。钢铁流淌在他的血液里。

这是他当天早上在森宁根城堡（Senningen Castle）的简会上向拉克希米和阿蒂亚提出的观点。容克在克雷格部长和弗里登的陪同下，在远离市中心的僻静林地会见了米塔尔钢铁公司的一行人，选择此地是为了确保这次会面的秘密性。这次会议简短平和，首相先生急于展现卢森堡政府对拉克希米并购方式的不满。

"我无法理解你们为什么这么做，而且我们也不会接受这种方式的并购。"他尖锐地说道。

拉克希米回应称，他希望达成一笔友好的交易，并试图强调自己战略愿景的重要性，以及欧洲特别是卢森堡会如何从中获益。与此同时，他感到自己正在遭遇进一步的政治反击。他的感觉没错。

容克这样精明的政治家可以毫不掩饰地展现自己的情绪。当他与陪同他进行国际外交访问的新闻官员盖伊·舒勒（Guy Schuller）商讨时，发现这个小国面临着许多利害攸关的问题。欧盟在该国更有发言权，但是首相先生知道，拉克希米收购成功的话，可能会影响自己在国内的支持率。现在，卢森堡不仅被要求出售自己的传家宝，还被要求出售这家公司的其他所有资产。卢森堡政府打算怎么办？

下午两点，60 位议员落座，容克起身发言，克雷格和弗里登并排坐在议事厅内。电视转播了容克的演讲，乔治·施密特观看了这一电视直播，他是可以直接向克雷格汇报的四人之一，同时也是安赛乐董事会的非执行政府代表。自 1992 年以来，他便被委任为阿尔贝德的董事会成员，阿尔贝德在 2002 年与优基诺合并后，他又成为安赛乐的董事会成员。跟大多数卢森堡人一样，这位戴眼镜的 52 岁的中年男性也被过去 48 小时内发生的事情震惊了。在他平静的外表下，隐藏着要击败拉克希米的雄心壮志。

首相使用卢森堡语进行了脱稿演讲，其内容的分寸拿捏得恰如其分，充满了张力。在整个演讲过程中，他都很明确地表明了自己的立场。代表们仔细聆听着他说的每一个字，同时也感受到了卢森堡政府前路的艰难，因为在自由市场的新世界，政府没有最终的控制权。最令这些代表受伤的是，在成立安赛乐之前的数年里，卢森堡一直在哺育阿尔贝德公司，为其发展投入了数百万卢森堡法郎。随后，通过重组，阿尔贝德成为安赛乐的一部分，并将总部设在了卢森堡。现在，这个国家的一项主要资产处于待售状态，而按照法律规定，不论是卢森堡政府还是位于布鲁塞尔的欧盟都无法介入，即使以竞争为由也是如此。

"这不是钱的原因。"容克告诉他的议员们。如果卢森堡政府按照当前出价将其股份出售给拉克希米，可获得 10 亿欧元的利润，高达全国财政预算的两倍。"但我们不想这么做……我不希望通过充满投机逻辑的手段来快速解决问题，"他说着，在摄像机林立的镜头前提高了嗓门，"不，我希望与一家总部在卢森堡，在欧洲环境下、拥有欧洲管理理念的欧洲公司保持战略合作伙伴关系。"

容克解释说，在经历了无数的转变和挑战后，卢森堡政府已经成为这家钢铁集团——世界竞争舞台上的欧洲冠军的战略合作伙伴。他表示，安赛乐的股东民主产业概念与米塔尔钢铁公司的理念大相径庭，后者不受外部思维的影响。

"我们要向拉克希米说不！"他总结道，这番言论赢得了议员们的热烈掌声。容克将建立起一个由志同道合的欧洲领导人组成的阵地，来阻击这个印度人。

容克的演讲鼓舞了克雷格、弗里登和施密特，特别是施密特，兴奋的情绪使他从繁杂的文书工作、没完没了的部门委员会工作和报告写作中解脱了出来。这将是一场大战，而他将在自由大道的董事会会议室里拥有一个贵宾席位。

当天晚些时候，拉克希米又飞回了巴黎勒布尔热（Le Bourget），并在爱丽舍宫与希拉克总统进行了会面。他刚刚听说自己在外交领域得到了第一分。欧盟竞争事务专员克罗斯曾向欧洲议会表示，该交易可能在她的管辖范围内，原则上，她不反对大型钢铁企业的合并。克罗斯女士补充道："我们要严格审查这次并购。即便现在这件事归我主管，拉克希米也不会轻松过关。我们一定会仔细审查这次并购。"这不是明确的支持，但至少是保持中立的态度。

当拉克希米的车驶过爱丽舍宫的大门时，他便知道希拉克总统保持中立的可能性就像多莱给他买生日礼物一样渺茫。会议非常简短，但很正式。拉克希米认为欧洲需要一个更强大的钢铁行业来与中国竞争，并且承诺将合并后的公司总部设在卢森堡，同时保留公司董事会强大的独立代表。拉克希米明白，他的这些主张对这位憎恨恶意收购和盎格鲁－撒克逊自由市场的总统毫无意义，众所周知，这位总统十分排斥外国人。

"这仅是一种金融操作，没有任何工业目标。"希拉克在他们会面后说。

拉克希米响应道："我并不害怕政客们的反应，我对此感到难过。这是教育和告知他们这次合并重要性的过程。"

外交魅力攻势还将进行下去。不过，这次并购的声势也变得越来越大。

15
反击"经济爱国主义"

..

🕐 2月1日，星期三

📍 巴黎圣奥诺雷市郊路爱丽舍宫

容克走下爱丽舍宫的台阶，同等待的媒体记者和摄影师打招呼。在与自己的导师兼政治知己希拉克会面后，他信心满满。希拉克曾对容克说："绝不会让这笔交易成功，我会全力支持你。"

当天早些时候，容克与德维尔潘首相也进行了一次积极的会晤，会晤后他表示，法国和卢森堡在对待米塔尔钢铁公司的问题上"意见一致"。德维尔潘再次使用"经济爱国主义"来回应米塔尔钢铁公司的收购要约，就像他在前一年对美国软饮料巨头百事公司恶意收购法国龙头食品生产商达能集团（Danone）时所做的那样。在见过容克后，德维尔潘称米塔尔钢铁公司的收购"非常不友好"。

现在，容克可以动用总统的力量来抗衡拉克希米，他现在获得了法国的支持。他发表了一则简短的声明："明确地说，卢森堡政府不赞成米塔尔钢铁公司对安赛乐的恶意收购。我们不理解，因此也无法接受。我们没有得到可靠、合理和清楚的解释。因此，对恶意收购我们只能报以同样的态度。"

这位卢森堡领导人很快便登上了新闻头条，但日后他一定会为今天这番话而懊悔不已。

布鲁塞尔贸易专员彼得·曼德尔森（Peter Mandelson）此刻急需处理的公务，一定是印度商务和工业部部长卡玛尔·纳斯（Kamal Nath）的来信，这是一封直言不讳的抗议信。年满60岁，仍然斗志旺盛的纳斯为印度引进投资做出了巨大贡献，他鼓励印度公司在海外发展，和拉克希米一样，他也毕业于圣泽维尔大学。他在信中暗示，如果欧盟成员国阻止米塔尔钢铁公司的市场机会，那世贸组织的跨境投资多边谈判可能会受阻。

多莱的"猴子钱"和"印度人的公司"的言论，不出意料在印度引发了强烈抗议，国家的高层人士争相保护拉克希米——印度人喜爱的外籍印裔人，以免其遭受根深蒂固的种族主义的迫害。纳斯对记者说过："这是一个全球化的时代，是一个鼓励跨境投资的自由的时代，不应违背有关国民待遇的规定……以肤色评判投资者。法国必须认识到，全球经济的重心正在从大西洋向印度洋转移。他们对米塔尔钢铁公司并购安赛乐公司的这种反应表明，欧洲或许还没有为他们鼓吹的全球化做好准备。"他指责欧洲各国政府没有给予其他国家公民与本国公民同等的待遇。

整个欧洲的报纸和网站争相报道了纳斯的这番言论。这番言论在让米塔尔钢铁公司公关团队感到欣慰的同时，也令安赛乐公司的形象维护团队惶恐不安。

同一天，欧洲金属制造工人联合会（European Metalworkers' Federation）发出了不同的声音："比利时、法国、德国、西班牙、卢森堡和意大利的工会一致宣布，他们强烈反对米塔尔钢铁公司

对安赛乐的恶意收购。"该组织表示，他们会游说欧盟政策制定者
抵制该收购方案，国家工会会与各国政府政客联系，"与他们商讨
可以阻止收购的方式"。

　　他们对曼德尔森的游说并不顺利。曼德尔森匆忙发表声明，
称委员会对该交易的任何调查都将以各种竞争法为唯一依据进行。
两天后，曼德尔森飞往伦敦同纳斯进行紧急安抚性会谈，会谈后
两人发布了一份共同声明。声明称，"印度是欧盟非常重要的合作
伙伴，我们当前的首要工作是'多哈发展议程'（Doha Development
Agenda）❶，我们也为此全情投入，希望我们在促进商业关系的方法
上会有更多创造性的理念。"

　　随着这次并购热度的上升，被激怒的不止纳斯一人。梅奥克
斯接到了某公司总裁的电话，她刚刚赢得了该公司的代理合同。
他此次来电是为了解除自己同梅奥克斯的公关公司第七印象签订
的代理合同。当梅奥克斯询问原因时，对方表达了歉意，并告诉
梅奥克斯一位法国政府高层向其施压，要求他将公司的业务转交
给"更加爱国"的机构。"那位官员告诉我，'梅奥克斯正在同自己
的国家作对。'"

　　愤怒的梅奥克斯拨通了布雷顿的电话。"布雷顿，发生了什么
事？我们是热爱祖国的法国人。这不是第二次世界大战时期，我
不会将黄油卖给德国人。"

---

❶　多哈发展议程是 2001 年 11 月在世界贸易组织的卡塔尔多哈会议上创建的。为了改
　　善世界贸易环境，它发起了新一轮的倡议。

16
各出手段

..

🕑 2月2日星期四，上午9点30分

📍 伯克利广场大厦

当玛赫什瓦利召集核心团队召开本周两次战略会议中的第二次会议时，支持拉克希米的银行家们变得焦虑起来。大战一触即发，弗莱彻、科茨和尤尔金迫不及待地向安赛乐和多莱开战。

"我们还要让装腔作势的多莱自在多久？"弗莱彻问道。

"拉克希米先生正在同各国政府沟通这些问题，"玛赫什瓦利握紧公司的电话回答道，"只有罗斯能直接应对人身攻击。"破产公司的救星罗斯已经开始大力抨击多莱，指责其"使用种族主义，偏离交易正轨"。

虽然法国人和卢森堡人仍然敌意满满，但拉克希米的魅力攻势已经初显成效。前一天，阿蒂亚与西班牙阿斯图里亚斯的地区官员进行了会面，双方沟通得十分顺利。阿斯图里亚斯毗邻比斯开湾，自佛朗哥独裁统治时期开始，便一直是西班牙钢铁中心，现在安赛乐有15000名员工在该地区工作。该地区最初十分抵制这次收购，几乎是以备战状态来防御米塔尔钢铁公司对当地钢铁行业的觊觎。现在情况则完全不同了。"他们表示支持这笔交易，"阿蒂亚在汇报中提到，"他们尊重这次交易的工业逻辑，交易创造的价值也令他们惊喜万分。外界对他们的支持从股市的表现就能体现出来，自我们宣布收购以来，安赛乐的股价已经上涨了近30％。"目前，两家公司的股价基本持平，安赛乐为每股29.35欧元，而米塔尔钢铁公司股价则接近29.7欧元。

拉克希米一直在马德里游说西班牙副首相佩德罗·索伯斯（Pedro Solbes）和工业部部长何塞·蒙蒂利亚（José Montilla），这两人都很担心这次并购会导致裁员，而拉克希米则表示这次并购对安赛乐的发展具有积极意义，还能解除安赛乐本有的就业危机。拉克希米在接受西班牙《国家报》（*El País*）采访时说："我们有巨大的原材料需求，而安赛乐则拥有我们没有的强大分销网络，因此，我们的合并会产生强大的协同效应。"去年10月，拉克希米宣布"在工会和政府一致同意的情况下"在东欧工厂裁员4万人。但他认为在西班牙没有裁员的必要。

弗莱彻坚称："魅力攻势效果很好，但我们需要说服的是安赛乐的个人股东和机构投资者。他们将决定这次并购的结果。"即使弗莱彻没有与尤伊翻脸，弗莱彻也可以轻松解决玛赫什瓦利和高盛的那伙人。

"我们必须按部就班地完成这些事情，"尤伊表示，"由于这份收购提案要经过6个不同监管部门的审核，因此要几个月才能向安赛乐的股东开放。我们有3～4个月的时间与他们沟通，更何况，这些股东也还在观望收购交易的走向。"

"政界如此多的反对声音，会使投资者质疑我们完成交易的能力，"拉比补充道，"我们一旦摆脱了政府的阻挠，就可以继续向股东宣传这笔交易的商业价值。"

玛赫什瓦利继续讨论议程。他说:"关于商业计划书——布雷顿要求我们提交一份商业计划书。"

"这样的要求非常罕见。"比尔·斯科汀说道。和蔼可亲的斯科汀是澳大利亚人,说话轻声细语,他是米塔尔钢铁公司持续发展战略总监,由拉克希米从国际管理咨询公司麦肯锡公司聘请而来。如果说有人可以制订这个计划,那这个人一定是斯科汀。他看似轻松的外表下,隐藏着对最佳解决方法的极致追求。当然,米塔尔钢铁公司的并购团队为这笔交易制订了计划、战略和法律时间表,但这是一份内部文件,并没有准备好接受没有安赛乐股份的政府的审查。

玛赫什瓦利问他是否制订过商业计划书。斯科汀皱起了眉头。尤伊询问商业计划书应该包含哪些内容。"无非是一些没用的垃圾,"弗莱彻闷声闷气地说,"政客们用来粉饰门面的。"

斯科汀说:"商业计划书应包括收购的战略依据、两家公司之间的互补性、集团扩大后的运营模式,以及可能实现的协同效应和成本节约计划。"计划书可能长达数百页,可团队早已被无数的其他工作搞得分身乏术。

"如果我们提交了这份计划书,"弗莱彻回复道,"那以后你们所做的所有交易都要面临这样的风险,每次有利益相关者要求,你们便要提交一份商业计划书。"

"即便如此,我们也不得不照做,"斯科汀说道,"最重要的是,要证明协同效应并不等于裁员,这一切都是为了米塔尔钢铁公司和安赛乐的发展,两家企业会共同缔造钢铁行业的未来。"

他一说完这话,突然灵机一动,这份商业计划书简直就是极佳的营销宣传工具。"也许我们可以将这个恼人的政府要求变成自己的优势，从而赢得股东们的支持。"

此刻，在距离米塔尔钢铁公司 1.6 千米远的地方，正在伦敦寻求投资者支持的多莱和尤吉卓走进了卡文迪什广场（Cavendish Square）南面办公大楼 16 层的一间办公室。迎接他们的是对冲基金圣塔卢斯资本的总经理贝努瓦·丹吉林。现年 45 岁的丹吉林总是一副精力充沛、忙忙碌碌的样子。圣塔卢斯资本管理着大约 45 亿欧元的投资者现金，他在安赛乐的投资较少，为其私人客户投资了大约 1 亿欧元的股票，但曾为陷入困境的阿尔贝德提供资金支持，帮助其运作一系列的融资拯救措施。2002 年，3 家公司合组成立安赛乐，圣塔卢斯资本也参与了新公司的融资过程。丹吉林和基金总裁伯纳德·奥佩迪特（Bernard Oppetit，法国人）是位于自由大道的安赛乐总部的常客。

"我们非常了解你们的情况，请放心，我们会一如既往地支持你们。"丹吉林告诉他们，"在我们看来，安赛乐是一家非常优质的公司，表现优于米塔尔钢铁公司。这也是我们将头寸增加到 3% 的原因。"当拉克希米宣布收购消息后，丹吉林和奥佩迪特发现安赛乐的股价迅速上涨了 10 欧元，他们有些遗憾没有早些做出增加投资的决定。但丹吉林也对来访者发出了警告："关于这场战斗，我必须提前声明：我们会全力支持你，但前提是让股东自行决定买卖与否，并且不使用愚蠢的手段来挫败这场交易。"

"我们不会阻止并购，"多莱告诉他，"但是我们会倾尽所能说服股东，让他们明白米塔尔钢铁公司的并购对安赛乐没有好处。"

在多莱和尤吉卓离开后，两人的态度令丹吉林深感不安。虽然两人从未提及，但是他很清楚他们内心的想法：拉克希米以为自己是谁，竟然想抢走我们的公司？

当晚，拉克希米飞回巴黎参加世界钢铁协会执行委员会的晚宴。他抵达后，再次成了摄影师的焦点。他是最后一位抵达的委员会成员，他抵达时，其他 11 位委员已经就座。

"很抱歉，我迟到了。"他说道。房间里一片静寂，显然在拉克希米进来之前，房间里的众人正在谈论他。拉克希米沿着桌子与众人逐一握手，最后走到主席面前。"晚上好，多莱。"他说道。多莱甚至不愿意点下头。拉克希米在自己的座位上不自在地吃完了这顿饭，真可谓度日如年。

在晚餐结束后，委员会成员离开房间时，拉克希米惊讶地发现，多莱走出大楼时，身旁多了两个身穿深色西装、身材高大的男子。第二天的委员会会议上，这两名黑衣男子再次出现在会场。毋庸置疑，他们是多莱雇佣的保镖。

"他以为我们是谁？"拉克希米开玩笑地说。这句话讥讽了多莱对印度人赤裸裸的偏见。

🕐 2月6日，星期一
📍 自由大道 19 号安赛乐总部

"今天来了多少家银行？7 家吗？哦，是 8 家！我数错了。"塞尔凡－施赖伯在为安赛乐的核心防御团队（他们称为"孟加拉危机小组"）准备每日会议时，看到公司总部越来越多的银行顾问时幽默地说道。

除了前面提及的美林证券、德意志银行和法国巴黎银行，团队还增加了拥有雄厚欧洲背景的瑞士瑞银集团（UBS），法国最大的银行东方汇理银行（Calyon），以及西班牙的两大银行集团桑坦德银行（Banco Santander）和毕尔巴鄂比斯开银行（Banco Bilbao Vizcaya）。这些银行不仅为安赛乐提供战略咨询，还努力阻止安赛乐现有股东投靠米塔尔钢铁公司，并鼓励他们的其他客户购买安赛乐的股票，阻止米塔尔钢铁公司的收购计划。

塞尔凡－施赖伯曾听一位高级管理团队成员说过，新增的第8家银行的客户网络包含该公司分散各地的投资人。在未来的日子里，安赛乐与这些银行的关系可能会显得至关重要。就综合金融实力而言，他们拥有比米塔尔钢铁公司更强劲的实力。一些阴谋论者表示，安赛乐正在让银行钢铁分析师们三缄其口，避免他们发表不利于安赛乐的言论。一旦某家银行在米塔尔－安赛乐的并购战中选择为其中一方效力，那根据内部规则，这家银行的所有研究报告都不再具有参考价值。这一点同样适用于米塔尔钢铁公司和与其合作的4家银行。

安赛乐已从初期的一团乱麻中厘清了头绪，开始着手处理后续的防御事宜。孟加拉危机小组是安赛乐的并购防御团队，负责日常战略的制定和评估，相当于米塔尔钢铁公司的玛赫什瓦利团队。该团队由尤吉卓领导，博耶负责协调，其他成员分别是卡普伦、戴夫扎克、布莱德尔和马丁尼·休。外聘成员包括潘德劳德、瑙里、法国巴黎银行的穆林和塞尔凡－施赖伯。霍斯组建了这个团队。但奇怪的是，安赛乐的公关主管赛勒被排除在外，这一举动使他的内部团队与多莱喜爱的公关巨头阳狮集团之间摩擦不断。

"我们的目标是争取时间，而且现在情况对我们有利。"塞尔凡－施赖伯对团队成员说道。他指的是安赛乐和米塔尔钢铁公司在所有并购相关事宜上都必须征询5个欧盟监管机构的意见。现在的关键问题是，哪个国家的监管机构最适合成为领头羊？

"显而易见，法国最合适，相较于比利时、卢森堡和西班牙三国，法国金融市场管理局在处理恶意收购方面最有经验。该机构还可能会受到法国政府的政治影响，对安赛乐有利。"塞尔凡－施赖伯解释道。在米塔尔钢铁公司的上市地荷兰，情况也大致相同，不同的是，作为米塔尔钢铁这次并购的组成部分，荷兰当局会对这些在市场上发行的新股负责。

那法国会打头阵吗？

"不会的，"塞尔凡－施赖伯说道，"各国监管机制不同，我们无法提前预测哪个政府会首先向米塔尔钢铁公司发难，否则我们的目标范围更大，也就更容易造成混乱。唯一可以确定的是，在公司法方面，卢森堡会先行一步，但是该国的收购法尚未出台。"

塞尔凡－施赖伯和他的团队会用一大堆文件来挫败拉克希米。最好的参考资料莫过于米塔尔钢铁公司正在整理的 515 页商业计划书，这份文件中详细列出了并购条款，并附有自身和目标公司的大量经营数据。为了完成这份报告，他们需要安赛乐的数据。在商定的收购中，竞标人会得到目标公司的全面配合。但在恶意收购中，目标公司通常不愿意合作，但是收购方又不得不向其索要信息。如果得不到对方的配合，那报告将不得不使用公开的数据，但这很可能无法通过欧洲监管机构和美国证券交易委员会的审核。塞尔凡－施赖伯和他的世达律师团队已经增加到了 15 人，他们从不拒绝合作，但也不会轻易给出肯定的答复。每次，米塔尔钢铁公司方面向他索要信息时，他都会通过信件或电子邮件回复详细的细节问题和说明，从而迫使对方不断向监管机构征询意见，一个问题可能要问遍各个机构才能得到答案。

孟加拉危机小组非常喜欢这种方法。

"这种方法非常有效，"塞尔凡－施赖伯说道，"我们将其称为臭虫邮件。"

这些臭虫邮件会延缓米塔尔钢铁公司的收购。安赛乐会有更多时间来找寻合适的潜在白衣骑士或白衣护卫。这可能会使安赛乐摆脱被拉克希米收购的命运。这些邮件可以为制定有利于安赛乐的收购法争取时间，该收购法的制定是目前的当务之急。

此外，这些臭虫邮件还激怒了拉克希米，甚至比他现在读到《金融时报》上布雷顿当天发表的文章更让他恼火。布雷顿提醒他的读者，"拥有较高公司治理标准的国际公司领导人都很熟悉'股东'这一概念。"布雷顿还表示，法国政府担心拉克希米在解决非股东的担忧方面"缺乏充分准备"，但这并非出于"保护主义或歧视"。印度作为一个新兴的大国，其与这次收购既没有直接也没有间接的关系，这次收购只涉及欧洲国家。

我们走着瞧吧，拉克希米一边想，一边又给卢森堡方面打了电话。

📍 卢森堡市经济和外贸部

"拉克希米每天都给我打电话，我该怎么回复呢？"克雷格与顾问开战略会议时问道。"他一直要求见首相。"克雷格补充道，但他也清楚，容克没心情再接见拉克希米。《论坛报》（*Tribune*）刊载了整版描绘这次并购事件的漫画，画中拉克希米如同拿破仑一样，带领大军围攻安赛乐，试图攻陷这座卢森堡的城堡，而此时克雷格感觉就跟这座城堡一样被围得水泄不通。克雷格和漫画中的安赛乐一样，急需一位巴顿将军、一位"血胆老将"来击退这个新的侵略者。

"部长先生，为拉克希米开放一条畅通的沟通渠道很有必要。"施密特说道。施密特既是卢森堡政府在安赛乐董事会的代表，也是其经济与外贸部部长在与对手沟通时的顾问，他比部里的任何人都更需要保持这种微妙的平衡。"部长先生，从战略上说，您可以接见拉克希米，"施密特补充道，"但在会面时要小心行事。"

就在这时，克雷格收到了布雷顿的来电，为了接这个电话，他暂时中断了会议。两位部长就两国政府阻止拉克希米的行动交换了意见。从这通电话中，克雷格明显感受到，布雷顿因为知道法国总统即将访问印度，态度没有之前声明中那么坚决，已经隐约有了退缩之意。克雷格未向布雷顿提及自己打算与拉克希米会面的计划。

克雷格的战略顾问继续就以下 3 个关联问题进行讨论：会面地址选在哪儿，部长先生说些什么，以及何人陪同？显然，卢森堡境外某个第三国的机场是一个上佳的选择。

"布鲁塞尔机场怎么样？"克雷格说道。

"不行，"施密特分析后说道，"那离欧洲的政治中心太近了。"

"那就只能在沙勒罗瓦（Charleroi）机场了。"克雷格说道。这个提议获得了大家的认可，他们一致认为这个位于比利时和卢森堡边境的小机场可以为这次会面提供完美的掩护。机场附近的康莱德酒店（Conrad Hotel）将是这次秘密峰会的最佳地点。

部长的陪同人员应该安排谁呢？无论是作为安赛乐的董事会成员的施密特，还是任何外聘顾问，都不能参加这次会面。如果他们在场，会给拉克希米一种遭到官方制裁的错觉。但按照政府规定，在这种情况下，部长又不能单独赴会。大家决定由施密特向弗里登咨询意见。二人将提名一名政府官员陪同克雷格。财政部的加斯顿·赖内施（Gaston Reinesch）负责会议记录。

"我该对拉克希米先生说些什么？"克雷格紧张地问道。

"尽量少说，"他的顾问建议道，"倾听就好。"

在卢森堡金融监管委员会的办公室中，沙伯特正在发言，但似乎并没有人在听。当他向金融监管委员会总干事让－尼古拉斯·绍斯（Jean-Nicolas Schaus）和并购监管人弗朗索瓦丝·考腾（Françoise Kauthen）展示米塔尔钢铁公司的并购草案时，感受到了对方的敌意。沙伯特发言时，他们多数人都是盯着天花板发呆。他们与他仅有零星对话，内容无非是："您好、谢谢、再见"这样的客套语。

沙伯特日后拜访每家监管机构时，都遭此冷遇。

17
顶级银行要入局

··

⏱ **2 月 7 日星期四，上午 10 点 30 分**

📍 **卢森堡市皇家酒店**

卢森堡最豪华的五星级酒店——皇家酒店的收益部经理让 - 吕克·皮尼耶（Jean-Luc Pignier）在查看 2 月酒店房间的预订情况时发现了一些奇怪的现象。2 月一般都是淡季，按照往年预算，6 层楼的 190 间客房和 20 套行政套房的入住率不足 50%，这在年初的几个月里都是正常的。但是今年，整个 2 月的预订率达到了 90%，而且 3 月的提前预订量也远超预期。酒店的温泉浴场和小健身房的生意也异常火爆。当他滑动手指查看预订情况时，发现预订者多为外国人，如中国人、日本人、俄罗斯人和巴西人。城里没有大型会议啊，皮尼耶在心里推测着。这时，他看到了另一个非同寻常的名字：迈克尔·扎维（Michael Zaoui）。他尚未办理入住手续。该房间是当天上午从伦敦预订的。

在瞬息万变的投资银行界，有两个不离不弃的"老冤家"——高盛和摩根士丹利。他们经常在大型收购战中正面交锋，特别是在大西洋两岸的收购中，这两家的收费极为高昂，一项交易的咨询费、保险费和成功收购费便可高达 1000 万英镑。该行业的竞争性使高盛和摩根士丹利之间总是剑拔弩张。他们经常为争夺客户公司董事会的头把交椅而争得不可开交。他们几乎无所不能，以至于在观看歌剧时遇到客户，客户都会与这些招人喜欢的银行家热情打招呼。迈克尔就是这样一位银行家。这位时尚且成功的银行家曾担任摩根士丹利的欧洲并购部门的主管。

如前所述，迈克尔·扎维是尤伊·扎维的哥哥。扎维家族的人似乎是与生俱来的企业融资高手。两兄弟都是业界的顶尖人物，已经赚到了数百万美元的奖金。他们经常处于斗争的对立面，但偶尔也会为客户一起工作，主要是来自法国或意大利的客户。安静的尤伊是一个天生的战略家，迈克尔则是一位张扬且极富创造力的沟通者。作为兄弟，两人关系非常亲密，交流非常多，并且每周都要和母亲共进一次晚餐。连续多晚在会议室加班后，疲惫不堪的迈克尔和妻子安娜带着两个孩子去法国南部度假，而一起前往的一定还有尤伊和他的妻子及两个孩子。但当他们在对立阵营工作时，有一件事他们从来不交流：那就是米塔尔钢铁公司收购安赛乐的交易。

迈克尔极少接受参访，他在罕见的一次采访中吐露："我讨厌未参与到大的商战中。任何顶级专业人士都应参与其中。"

这就是为什么当时迈克尔拜访了金希，金希在自己的私人会议室里接待了他。会议室与金希的办公室正对面，仅隔了一条走廊。会议室里，安赛乐的总裁随意地点了根香烟。迈克尔在这个烟雾缭绕的环境里也很怡然自得。这位在其他方面处处透着精致帅气的法国人，也是雪茄爱好者，从他的牙齿便能看出来。潘趣哈瓦那雪茄和好友雪茄是迈克尔最喜欢的两个品牌。

在看到交易双方已经签署合作合同的银行名单后，迈克尔看到摩根士丹利赫然不在其中。为了保持声誉，他知道自己的银行必须参与进来，而且要成为主角。他不做配角。

"在这样的大战中，你们需要我，这就是原因。"迈克尔边说边将 6 张 A4 纸铺在了桌子上。每张纸上都有一张价值图，一共是 6 场宏大的"战争"，在这些战争中，他要么成功地击退了收购方，要么戏剧性地迫使出价方开出远高于原计划的价格。一周前，迈克尔在法国兴业银行的拉德芳斯总部附近的巴黎办公室中，向多莱展示了这 6 张战略说明图，令多莱折服。1999 年，在迈克尔的帮助下，法国兴业银行历时 5 个月挫败了竞争对手法国巴黎银行的收购计划，为股东实现了 200 亿美元的净收益。

"还有法国商业信贷银行。"他边说边向金希展示了另一份图表，并向他详细介绍了这些令人振奋和印象深刻的方案。"荷兰国际集团（ING）斥资 200 亿美元想要收购法国商业信贷银行，我引入了汇丰银行作为'白衣骑士'，最终赢得了反收购的胜利。"他翻开另一张文件。"在这笔交易中，我帮埃尔夫（Elf）抵御了道达尔（Total）的收购。"他解释道，"虽然道达尔赢了，但我把成交额助推到 600 亿美元的天价，这个金额远远高于道达尔原本打算支付的金额。遭到赛诺菲恶意收购的制药公司安万特也是如此。赛诺菲最终赢了，但我们迫使它支付了 700 亿美元，同样远远超过了其对目标公司资产的评估。"

"迈克尔先生，"金希猛吸了一口雪茄，深深凝视着迈克尔，说道，"迈克尔，安赛乐绝不出售。"

迈克尔表示赞同，他说："任何收到主动收购报价的公司，都是不想出售的。"他没有解释：挂起"非卖品"标志的状况，通常会以更高的收购价收场。迈克尔 1983 年从哈佛商学院毕业后，便一直游走于世界各地的上层圈子，他能看出，从没经历过恶意收购的卢森堡人金希对自己当前的处境一无所知。他发现董事长先生在摁灭烟头，点燃另一根雪茄时手微微颤抖。

"金希董事长，在这场收购战中，你需要有人能在董事会面前就其他 8 名在理事会任职的银行家提出的建议发表意见。需要有人告诉您，他们这些建议是否可行，是否需要改进，是否应该与其他白衣骑士进行磋商，以及他们应该如何比较现有报价，如何才能从第一个竞标人那里获得更高报价。简而言之，就是为股东服务。"

就像上周的多莱一样，金希不情愿地接受自己是安赛乐董事会信托人的角色，该角色为实现股东价值最大化服务。金希赞许地看着迈克尔。他总是给人一种目标明确的感觉。他可以使用通俗易懂的语言，将权威的意见和建议解释清楚。金希发现很难找到一条正确的路线，来引领这支由银行和他们的顾问团队组成的舰队。这些银行顾问和他们的顾问团队散落在走廊两旁的众多办公室里，其中许多人在听到迈克尔现身安赛乐的消息后，十分兴奋。金希意识到，董事会拥有自己的顾问益处多多。

"我可以向您保证，我精通所有的防御手段。"迈克尔告诉他。

金希笑了，犀利的眼神也柔和了下来。"我需要得到董事会的批准。我会在 3 天内答复你。"他说。

总裁先生回到了自己的办公室。金希虽然一向办事拖拉，但是这次，坐在黑色大理石办公桌前的他，立即向多莱和尤吉卓分别发送了一封电子邮件，内容是："我打算聘请迈克尔·扎维。"董事会的批准就是走个过场，他们肯定会批准这个申请。

离开安赛乐总部的迈克尔深吸了一口卢森堡的清新空气，向自己的银行同事伯纳德·高尔特说道："我们要上战场了。"高尔特是一个身材魁梧的法国人，与金希长期保持着联系，也是他安排了两人的会面。他兴高采烈地补充道："高尔特，当我们到这儿的时候，另一个银行家上前跟我们打招呼，并指着你问'那个俄罗斯人是谁'，他们以为我带来了一位莫斯科的白衣骑士。"以自己法国人身份为荣的高尔特并不觉得这个玩笑好笑。

高尔特外表略显邋遢，粗壮的腰身彰显了他对美食的喜爱；而迈克尔则跟其兄弟尤伊一样，有着法国人的精致，剪裁得当的深蓝色西装与清爽的蓝色衬衫搭配得无可挑剔，再加上脚上的一双古驰鞋子，使他看起来就像一个优雅步入中年的男明星。他喜欢古驰的衣服，不仅仅是因为它们的优雅剪裁。迈克尔有着无与伦比的业绩纪录，但如果说有哪一笔交易最轰动，那一定是1999年至2001年他帮助意大利古驰抵御了法国奢侈品生产商路易·威登集团的恶意收购。在古驰的防御并购战中，迈克尔的防御手段引发了很大争议，甚至一些司法机构都不认可这一创造性防御手段。当时的主战场在荷兰，迈克尔为古驰找来了一位"白衣骑士"，即由弗朗索瓦·皮诺（François Pinault）领导的巴黎春天集团。

出于税收优惠方面的考虑，古驰的控股公司在荷兰注册成立，但仅有少量员工在这里工作。不过这里是古驰集团的全球运营公司。荷兰当局不支持恶意收购，并为被收购企业提供了一些有趣而独特的手段来抵御收购者。与其他欧洲司法管辖区不同，荷兰允许企业创建"斯地廷"（荷兰语为 stichting）的基金会，该基金会持有具有特殊投票权的股份，也可以保护企业资产不受企业掠夺者的侵害。基金会的受托人通过所持股份的投票权对公司进行有效的控制，而收益的所有者则获得全部的经济利益。这跟为一个脆弱的目标公司分配一个法庭监护人有点相似。

该国的一些立法者和律师担心，这些基金会会像阿姆斯特丹的妓院和大麻商店一样，成为纵容型社会的特征，无法完全根除，外国人因此获益良多，但是本国人却为此烦恼不已。"任何人都可以来荷兰，找个公证人，然后稍等上 10 分钟，就可以拥有一个基金会。"负责审理纠纷的阿姆斯特丹上诉法院企业商会负责人、法官威廉·姆斯（Huub Willems）曾这样评论。皮诺前来拯救古驰，帮助其成立基金会来抵御路易·威登集团的收购，这场收购战已经在荷兰法庭愈演愈烈。最初，迈克尔觉得这种基金会具有明显的保护主义色彩，会有损摩根士丹利一直努力维护的声誉。在最终决定实施这个方法前一天的深夜里，迈克尔和他的法律顾问发生了激烈的争执。这名顾问便是世达律师事务所的辛普森。

迈克尔刚在皇家酒店办完入住手续，便看到在门厅交谈的辛普森和塞尔凡 – 施赖伯，他们周围是安赛乐各个防御团队的律师和银行家。

"伙计们！"迈克尔边喊边走向他们，"你们在聊什么？"

塞尔凡 – 施赖伯和辛普森紧张地交换了一下眼色，但什么也没说。他们不想在酒店门厅进行这场 3 个人的谈话，尤其是带领他们进入这场战斗的是德意志银行——摩根士丹利的另一个劲敌。

"我们不能在这里谈，"辛普森说着，朝电梯走去，"我们先上楼。"

"告诉我你们打算做什么。"当他们来到辛普森的房间时，迈克尔说。

"你也入局了吗？"塞尔凡 – 施赖伯问道。

"还没确定。"迈克尔咧嘴一笑，他只是很想知道罢了。

辛普森告诉他："安赛乐的律师布拉德尔刚刚同意了我们的一个防御策略。"

迈克尔看到辛普森的脸上露出了笑容。

"别告诉我，"他拍着手说，"你不会再做像'基金会'这样的事了？"

"你猜到了，"律师们异口同声地说，"这正是我们要做的。"

正当外聘律师们兴高采烈地谋划各种防御手段时，安赛乐总部却出了乱子。公司的一位高管对多莱、金希、沃斯和尤吉卓的做法感到不满，特别是对沃斯应对拉克希米收购的方式，并对几人进行了抨击。这位高管自称，这几位先生对如何应对并购毫无头绪，只有自己有想法，但却没人听他的意见。没关系。他自娱自乐地写起了小说，他的故事讲述的是与现实世界平行的幻想世界，那里有个地方叫"塔森堡"，也发生一场类似的收购战。他的笔名是"史莱克先生"，书中的角色都能在现实中找到对应的原型，很容易一一对应。这家公司的首席执行官是好战的阿斯特里克斯（Astérix），首席财务官是野心勃勃的西班牙人胡安（Juan），胡安有着"电影明星般的体格"，公司副总是马塞尔·邓伯（Marcel Dumber），在过去9个月里，他一直在领导抵御入侵者穆恩先生和他的印度公司的秘密监视行动，邓伯"是那种需要通过讲话来带动思维的人"。

"我们正在遭受印度人的攻击，"邓伯告诉胡安和阿斯特里克斯，"但我们不会被打倒，因为他们向我们搭弓射箭时，我们会用枪反击。"

果然，在小说第一章"欢迎您，穆恩先生"中，穆恩受到了塔森堡的特别欢迎，穆恩乘坐黑色奔驰车来到自由大道上的帝国大厦外，当穆恩先生下车，准备接受安赛乐皇冠加冕时，发生了一场混战。

　　史莱克听到了爆炸声。穆恩先生漂亮的白衬衫上，突然出现了红点……在他打开车门走下来，微笑着伸出手时，红点突然出现在穆恩先生无可挑剔的白衬衫上，然后穆恩先生便倒在了人行道上。

18

法国之行，成果可喜

∙•∙

🕐 2 月 7 日星期四，上午 12 点 41 分

📍 布鲁塞尔机场

回到现实世界，拉克希米正脚步轻快地走向自己的直升机。"威斯本，你可以乘直升机去巴黎吗？"拉克希米询问他新任命的政府事务总监罗兰·威斯本。20 年来，这位比利时人一直在福特汽车公司工作，他的事业波澜不惊，思维固化，现在却突然发现自己卷入了最惨烈的收购战中。

"拉克希米先生，我从来没有乘坐过直升机。"威斯本回答道。拉克希米的飞机是一架法国制造的黑色九座欧洲直升机，两人坐进飞机时，威斯本一副极度忐忑的样子。

"你说什么？"拉克希米已经有数百次飞行经验了，这个回答让他有点难以置信。

威斯本摇了摇头。机顶的五叶主旋翼开始旋转，随着嗡嗡声响起，机翼逐渐融为一体。威斯本系好了安全带，让自己镇定下来，开始向拉克希米汇报工作。在当天下午，拉克希米要参加一

场在巴黎举办的共 50 名法国议员参加的会议。威斯本已经说服拉克希米和拉比，这是另一个正面解决法国忧虑的好机会。

一个小时后，威斯本从右侧的机窗里看到了埃菲尔铁塔，这让他松了一口气。过不了多久，他们便能在勒布尔热降落了。但飞机突然停在了半空，没有降落位置。飞机开始在附近盘旋。突然，拉克希米在自己飞机的左侧发现了另一架直升机，那架飞机也在盘旋。他很快意识到这架飞机在跟踪他们，并且距离越来越近。近到他可以看见那架飞机里的人正拿着一份纸，上面印着一排数字。"也许那是一份安赛乐可以接受的报价。"他开玩笑地安慰好像要昏过去的威斯本。尾随的直升机越来越近。就在这时，拉克希米看到了机关枪。

他抓起对讲机，跟飞行员尼克·鲍（Nik Bowe）通话，却发现对讲机坏了，不能用了。他开始使劲敲门。现在的他也非常害怕。另一架直升机甚至已经近到触手可及的地步了。这是怎么回事？他又开始敲击门。最后，门终于打开了。

"他们说我们误入了军用空域。"鲍在双引擎的噪声中对他喊道。"他们命令我们降落。"鲍听到另一架飞机的飞行员在命令控制塔台立即给拉克希米的直升机安排一个降落位置。他称发现了一架可疑飞机。

拉克希米都可以想象到明天头条新闻的标题了："亿万富翁印度实业家因间谍罪被捕""拉克希米接受安全部门审问"，等等。

他们一着陆，鲍便被带走审问，军用直升机也飞走了。移民局官员看了一眼拉克希米的护照说："您是拉克希米·米塔尔。我们知道您，您可以走了。"

拉克希米笑着说："谢天谢地，还好不是先开枪再问问题。"

"法国是一个文明国家，拉克希米先生。"

"最文明的国度。"拉克希米同意道,然后带着威斯本上了一辆正在等待的车。

在法国议会大楼内外,聚集了大量记者和看热闹的人,保安只有不断将他们向后推,才勉强为拉克希米清出一了条路。跟随拉克希米的脚步,威斯本意识到这是名人或王室才能享受到的待遇。每个人都渴望近距离看一眼这位来自印度的钢铁大王。

在大楼内部,议员们的态度从冷淡变得充满了敌意。"这次并购会造成失业吗?"他们问道。"你会保障安赛乐已承诺的在法投资吗?""你的计划是什么?""你目前具体做了哪些事情?"拉克希米详细讲述了他的计划,告诉他们他始终聚焦问题,而不是各种偏见,并向他们保证除了安赛乐已经实施的裁员,不会再裁减职位,承诺的投资也会兑现,等等。如果拉克希米的翻译人员按翻译速度和准确性来收费的话,完成本次任务后,估计他挣到的钱足够他马上退休的了。"法国对这次合并非常重要。"他对这些议员们说。

拉克希米离开时全场起立鼓掌。当他开车进城时,向威斯本问道:"威斯本,你觉得开心吗?"

"是的,我挺开心的。"威斯本答道,脚踩在坚实的地面上令他踏实了很多。

"很好,"拉克希米说道,"总能保持一个轻松的心态很重要。"

第二天,直升机飞行员鲍辞职了。在被法国安全部门审问了几个小时后,他觉得一定还有比这更容易的谋生方式。

尽管拉克希米在说服法国国家和地区政客方面取得了成功,但梅奥克斯却在哥白尼街上的办公室里忙得不可开交。那里距离凯旋门只有几分钟的路程,她正在为拉克希米在法国策划一系列的"知音"晚宴。她通过自己强劲的人脉,邀请了一些法国商界领袖与拉克希米在晚宴上会面。"他们都没有被卷入收购风波，和你会面能让他们了解到您是他们中的一员。"她曾向拉克希米这样建议。她还力荐拉克希米与一家法国银行合作，增强自己顾问团队的实力。她认为这些做法也会向商界释放强有力的信号。还有什么地方比皮诺的家更适合举办与法国企业家精英的首次秘密会面呢？

皮诺已经公然反对法国的"经济爱国主义者"。他说："我不喜欢某些关于'那个印度人'的排外甚至种族主义言论。"

皮诺在自己的家里接待了拉克希米，并为某些人的言论表达了歉意："您的遭遇让我回想起自己刚成功时人们对待我的方式。法国人非常势利，如果你不是出身名门望族，不是名校毕业，他们就会认为你是一个危险因素，一个局外人。"皮诺将拉克希米引荐给其他客人，并不断地强调"只要你有过硬的事实依据和工业逻辑，你就一定会赢"。

对拉克希米而言，这是一个巨大的鼓舞。与布雷顿不同，皮诺与他非常谈得来。拉克希米突然意识到法国并非一个国家，而是由两个互不相容的"国家"组成的集合体。几天后，拉克希米宣布法国兴业银行加入了他的收购团队时，那部分不欢迎他的法国人变得更加愤怒了。布雷顿迅速在媒体上进行了回击，他告诉《费加罗报》（*Le Figaro*）和美国有线电视新闻网（CNN），他支持"经济爱国主义"，政府计划向该国遭受恶意收购的企业提供额外的防御措施，这将对捕食者产生"劝阻作用"。他表示，政府将帮助法国企业防御完全敌对的、未经事先协商的收购。

"这对法国兴业银行的管理者们来说是一个重大的政治决定，他们的这一决定表明法国企业中的一些人乐于支持拉克希米。"这笔交易的知情银行家表示。

在安赛乐，这一消息让金希震惊得说不出话来。一听到这个消息，金希便飞往巴黎与法国兴业银行的董事长兼首席执行官布顿会面。56 岁的布顿是典型的法国人。他毕业于法国国家行政学院，首份工作在法国财政部，他还是法国荣誉军团骑士勋章的获得者。

"布顿，你怎么能去支持他们呢？"金希以恳求的语气问道，"我们两家公司的关系很好，前不久你还是我们的董事会成员。"

布顿解释说，这并非是他的个人意愿，而是公司的集体决定。他还表示，自己离开安赛乐董事会与拉克希米无关。

在金希这里，他的这些论点都不是很有说服力。如果他意识到法国兴业银行对安赛乐雇佣竞争对手法国巴黎银行的不满，他或许会理解这家银行为什么会这样做。布顿曾为了一通永远不会打来的电话等了又等。如果金希知道布顿也在梅奥克斯的必邀晚宴嘉宾名单上，他便会理解法国兴业银行支持拉克希米的决定。

19

收购法的博弈

••

🕑 **下午 2 点 30 分**

📍 **卢森堡市众议院**

卢森堡司法部部长弗里登拖着如同灌了铅的双腿走到台前，向众议院提交了收购法草案。此法对安赛乐的防御至关重要。

弗里登的顾问们花费了一周时间来起草这份草案，但仍存在缺陷。法国和英国已经拥有类似的成熟法规，但卢森堡还从未制定过收购法。卢森堡从未需要过收购法。收购，特别是恶意收购，从未在卢森堡大公国发生过。到 5 月底前，还有一条曲折的路要走，司法部将广泛听取商界、工会、法律界和学术界的意见。随后，在最终法案提交议会表决之前，会有一些修订建议提交给财政委员会。

各种团体对弗里登游说的力度已经非常大了。他承受的压力越来越大，这也暗示着，容克和克雷格的压力也越来越大。在宣布该法律草案的新闻发布会上，面对外界的预期，弗里登只能尽力应对。"米塔尔钢铁公司对安赛乐的收购加速了我们的工作进程，我们必须尽快通过并实施该法案。"弗里登宣称。一旦投票通过，该法案便可用于当前所有的公开投标收购。根据该法案，只要获得股东的授权，被恶意收购的公司的董事会可采取防御措施。

"这部法律既不会抵制米塔尔钢铁公司、支持安赛乐，也不会抵制安赛乐、支持米塔尔钢铁公司。"他对这种模棱两可的政治辞令非常满意。接着，他补充道："由于米塔尔钢铁公司已经对安赛乐提起的收购，新收购法的制定实施过程将加快，预计将在 5 月 20 日前生效。"

多莱和金希非常生气。抵制米塔尔钢铁公司的法律才是他们需要的。在阿塞洛和优基诺达成开创性交易期间，金希一直在努力争取将卢森堡作为公司总部所在地，当时他提到卢森堡法律的有利性，这是一个非常重要的优势。

尽管弗里登加快了工作进程，政府仍邀请了有关各方就新法律提交意见，因此塞尔万 – 施赖伯和辛普森与 4 位当地法学教授合作，代表学术界向新法提供修正草案。尽管此法律不会公然阻止米塔尔钢铁公司对安赛乐发起的并购，但仍会对其造成极大的阻碍。他们在该法律中加入了一项条款，如果收购方的报价由股票和现金组成，且这些股票的流动性欠佳，那收购者还必须提交全现金收购的备选方案。家族股权占有巨额比例的米塔尔钢铁公司拥有不超过 13% 的可公开交易的自由"流动"股票。剩余的 87% 股权掌握在米塔尔家族手中，且不能在市场上交易。安赛乐的律师们很清楚，对于那些不愿持有米塔尔钢铁公司股票的安赛乐股东，拉克希米无法为他们提供全现金的备选方案。

塞尔凡 – 施赖伯和辛普森还要求在新法律中规定：在所有收购中，正式收购报价的最低接受水平至少要达到所有目标公司股东的 50%。这是英国和其他欧洲国家都遵循的惯例。这一规定如果被卢森堡采纳，这个 50% 将成为不可动摇的一道门槛，收购方最终也许仅能达到 40%～45% 的接受率，这也是他们认为如果拉克希米修改报价最终可能实现的接受率，因此他们坚持将该比率设为 50%，这样便可能成功阻止拉克希米的并购计划。

他们的第三项修正案规定，如果收购者在竞标后 6 个月内没有获得足够的接受率，那么该竞标无效，竞标者在整整 12 个月内不能再次竞标，这一规定借鉴了英国备受推崇的自律准则。

他们向弗里登提交了他们的修正草案，并希望该草案能被采用。

弗里登感受到了各方力量的博弈，眉头也越皱越紧。他还知道，卢森堡大公国的官方商业游说团卢森堡商会正在撰写另一份修正草案。而社会党议员兼安赛乐董事会的工会代表约翰·卡斯泰格纳罗（John Castegnaro）的到访，更是让弗里登这焦头烂额的一天雪上加霜。他冲进弗里登的办公室，告诉他："如果你制定的法律无法将安赛乐从拉克希米的手中拯救出来，那你就是国家的叛徒。"

收购法案的起草工作正如火如荼地进行，伯克利广场大厦也知道了这一消息。在卢森堡这样的小国里，钢铁行业和政府都不存在什么秘密，因为在那里，任何要发展事业的人都可以直接联系部长们。"安赛乐的律师可能会试图让政府推出一些严重阻碍我们的举措。"沙伯特对拉克希米说道。

"我们能阻止他们吗？"拉克希米问道。他的作战室里弥漫着焦虑的情绪。

沙伯特以典型的轻描淡写的口吻说："我可以给一个人打电话，但我们必须小心行事。"

沙伯特是弗里登的哈佛大学校友，两人一直保持着联系。他们互相欣赏彼此的职业发展。沙伯特拨通了弗里登的电话。

"我们认为这个收购法是阻碍我们并购的一个大问题，"沙伯特告诉弗里登，"我们也知道，你必须捍卫卢森堡金融中心的地位。"

弗里登回答道："我的国家之所以变得富有，是因为它是一个开放的国家，而且始终保持国际视野。"

"有些条款可以接受，但是另一些条款不仅会给我们带来问题，还会给卢森堡带来危害，而且你不能放任保护主义的法律实施不管。"沙伯特说道。

弗里登表示赞同："我无意于通过保护主义将国家置于危险中。"

沙伯特也谈到了个人层面。他知道弗里登很在意自己在国际社会的个人形象以及自己的政治生涯。"15 年来，你一直推动卢森堡成为一个开放的金融市场，"沙伯特说道，"而现在却要迫于压力出台那种法律，这将完全颠覆你之前所做的一切。如果你在欧盟指令的范围内保持相对中立，这会是你最好的立场。而且，"他补充说，"还要考虑到，如果米塔尔钢铁公司赢了，会对未来我们的关系产生什么影响。"

在接下来的几周里，沙伯特和弗里登仍低调地保持着沟通和电子邮件往来，虽然卢森堡司法部部长的态度令人备受鼓舞，但是各方的修正案仍像飓风一样从四面八方袭来。

"我们不确定卢森堡政府是否有足够的力量和说服力抵制那些明显有利于安赛乐的修正案。"沙伯特反馈说。

"卢森堡议会只有 60 名议员，要让 31 人投票支持有利于安赛乐的修正案是相当简单的。"玛赫什瓦利说道。

"这可能会严重缩小我们的选择范围。"阿蒂亚补充道。"我父亲与克雷格部长保持着联系。我必须设法见到弗里登，你可以安排吗？"他问沙伯特。

🕐 2 月 9 日星期四，下午 5 点 30 分
📍 沙勒罗瓦机场

2 月，一个阴冷潮湿的夜晚，克雷格跟同事施密特和赖内施乘坐一辆汽车，他们从卢森堡驱车一个小时来到一家小旅馆。当克雷格的手机响起时，他们正在排练同拉克希米的会面。打来电话的正是拉克希米，他还在空中定位方向，双方之前有一些沟通上的误会，拉克希米的"湾流"专机正在驶向布鲁塞尔。

"但我在沙勒罗瓦。"克雷格解释道。拉克希米的飞机赶紧调转方向，朝正东飞去，同时向空中交通信号标台请求更改航线。

6 点 30 分，克雷格终于在酒店大堂见到了姗姗来迟的拉克希米和阿蒂亚。然后，他们在一楼的一个私人房间里进行了交谈。施密特坐在吧台旁，穿着雨衣，戴着帽子，看上去就像一个神似侦探麦格勒督察的扮装者。他望向对面的私人房间，心中一惊。他可以清楚地看到拉克希米和克雷格正在交谈。他迅速给克雷格发了一条短信。"全世界都能看到你！"几秒后，他看到克雷格站起来，走到窗前，拉上了窗帘。

克雷格专注地听了两个小时，两位米塔尔先生详细解释了他们收购安赛乐的战略基础。米塔尔父子表现得非常好，极具说服力。克雷格对此次会面，特别是那位年轻的米塔尔先生，印象非常深刻。他一边听，一边反复核对顾问们列出的条条框框，这些条款限制了与米塔尔钢铁公司的谈判范围，顾问们根据是否有政府支持（如果出现这种情况的话）对谈判内容和技巧进行了总结。这是一份很长的清单，时间好像也因此变慢了。

克雷格也意识到，自己开始欣赏拉克希米先生了，虽然他并不想这样。

🕚 2 月 10 日星期五，上午 11 点 30 分
📍 罗马孔多蒂街

在这个阳光明媚的早晨，迈克尔漫步在意大利首都最精致的购物街，这条街两旁分布着时尚的服装精品店。宝格丽（Bvlgari）、卡地亚（Cartier）、普拉达、克丽丝汀·迪奥（Christian Dior）、华伦天奴（Valentino）等品牌不断映入眼帘，当然还有他心爱的古驰。当电话响起时，他正在想自己是否已拿到了安赛乐的入场券。来电的是同事高尔特。

"迈克尔，我刚接到了金希的电话。他决定聘请摩根士丹利。"

迈克尔的教养让他没好意思在街上手舞足蹈，但是他用自己的口头禅表达了自己的喜悦："太棒了！我们参战了。"

回到卢森堡，"史瑞克先生"也同样激动不已。终于有勇士来拯救安赛乐了。他以迈克尔为原型创作了"伟大的祖迪尼"，以彰显其将公司从掠夺者手中拯救过来的英勇行为。他行文抒情，但由于内心的激动，文中不免有一些夸张之处。

在恶意收购世界遇到的所有人中，没人会比投资银行家更迷人。作为金融草原上的掠食者，他们在狩猎区域徘徊，永远保持警惕，时刻寻找猎物；他们有老虎般健硕的肌肉、猞猁般锐利的眼睛，有时还会发出鬣狗似的嚎叫。与他们相比，企业丛林中的其他居民都是象征性的角色。

例如，商业银行家往往看似体格健硕威严，但通常没什么危

险性，譬如大象和水牛，而且他们有同样的群居习惯。律师更像是鸟儿，以博学的方式引用法律，或者是色彩鲜艳的鹦鹉，尽管总是喋喋不休，但是对事情却没什么影响。公关顾问更像是斑马，刚开始时幽默风趣，非常有魅力，但个性令人讨厌而难以驯服，也意味这些人没有任何用处。

还有政府、地方当局和工会的代表——很容易将这些人与各种猴子联系起来。可以听到他们各种声明，但却没有实质性威胁——他们的滑稽行为无法掩盖其无能，尽管他们提供了大量的笑料。

我们不应忘记那些数量众多却最不显眼的动物，他们象征着那些在任何经营中总是获胜并将获得成功的人——这些人可能是股东、投资者和基金经理、大批的加州退休公务员、卡庞特拉和爱丁堡的寡妇、比利时牙医以及那些小股东、储户和领取养老金的人，他们是当今经济中资本的最终持有者。他们是负责分解的昆虫、幼虫、蠕虫和高等微生物，他们让有机物质的循环、分配和再利用成为可能，因为资本运转就像生命的循环一样，循环往复，毫无目的。

最后，在现场盘旋的新闻记者就是不断搜集信息的秃鹰，他们遵循本能追捧热门新闻，就像秃鹰会被血腥气味吸引一样，即使他们对自己将要报道的事件并不太了解。

没有人比伟大的祖迪尼更了解大型商业银行家这个种族了。他是这个职业的原型，也是这个职业的终极化身。他是一个巨星。毫无疑问，正是因为如此，他才出人意料地登上了我们已经超载的船。

20

寻找"白衣骑士"

···

🕐 **2月12日，星期日**
📍 **安赛乐董事会会议室**

塞尔凡－施赖伯环顾了一下这个气派的房间。这是他第一次参加安赛乐董事会会议，他不断提醒自己，参会人都代表着安赛乐公司引以为傲的工业模式中最核心的部分。这是一场完全由非执行董事参加的会议，参会人员是安赛乐集团各个部门（如工会和卢森堡政府）的代表。卢森堡大公都让自己的弟弟作为大公国的利益代表出席了会议。谁还能质疑安赛乐没有最高标准的公司管理理念呢？

然而，这场公关战已隐隐呈现出溃败的趋势。就像塞尔凡－施赖伯对辛普森说的："在他们那边，有一个长相俊美的世界排名第四的富翁，还有一个有着宝莱坞明星长相的儿子。再看看我们，我们这边有什么呢？只有两个胡子拉碴的老家伙。"塞尔凡－施赖伯知道如果律师们不使出浑身解数，那安赛乐在这场战争中获胜的概率就会微乎其微。董事会都在期待塞尔凡－施赖伯向他们介绍对抗拉克希米的新防御策略。首先，他谈到了即将出台的卢森堡收购法，以及他们为推动这一进程所做的努力。"我觉得我们在这件事情上并没有赢得太多的支持，政府承受着巨大的压力，特别是来自布鲁塞尔的压力，要求卢森堡政府必须跟欧盟指令一致。"

众人的脸色都沉了下去。塞尔凡－施赖伯快速推进到多法斯科公司的问题上。

"拉克希米要用自己的资产，而非安赛乐的资产来解决问题。"他说道，"我们必须迫使拉克希米先解决自己的问题，我们可以通过荷兰允许的法律手段让多法斯科公司脱离他的掌控。这种手段就是'基金会'。"一些参会者对这个从塞尔凡－施赖伯口中突然冒出来的新词困惑不已。

"我同事辛普森此刻正在处理'基金会'相关的细节问题。他在之前的古驰收购战中使用过这一方法，并取得了巨大成功，将古驰从恶意收购中拯救了出来。辛普森会在下次会议上做详细的报告。"

自从米塔尔钢铁公司提出收购以来，安赛乐的董事们第一次看到了希望。

"用基金会的方式来保护多法斯科公司的法律依据是：多法斯科公司是安赛乐的重要资产，拉克希米打算以低于买入价的价格出售该资产。他所做的事情即便不违法，也是不道德的。阻止拉克希米出售多法斯科公司，不仅可以维护安赛乐公司股东的利益，还能迫使拉克希米按照美国反垄断法规处理自己的资产，而不是安赛乐股东的资产。此举还能使拉克希米通过出售多法斯科公司获得更多现金的打算落空，而这笔现金是他收购安赛乐不可或缺的。"

说到这儿，会场的人都在频频点头。

"关于米塔尔钢铁公司打算向蒂森克虏伯出售多法斯科公司一事，我们还需要注意一点。无论有意还是无意，拉克希米的这个打算都使得这家德国公司——蒂森克虏伯无法再成为安赛乐的'白衣骑士'。这一点值得深思，先生们，对吧？"塞尔凡－施赖伯说道，然后继续讨论其白衣骑士策略。

安赛乐有一张王牌，即有权在未经股东批准的情况下发行高达30%的新股票。在这一规定下，安赛乐可以与另一家大型钢铁企业合并，创建一个可以击败米塔尔钢铁公司的新集团。从皇家酒店的吧台和餐桌上客人们交谈的内容，塞尔凡－施赖伯便心中明了，卢森堡现在挤满了想替代拉克希米与安赛乐合作的商贾。安赛乐的高级管理人员搭乘飞机远赴中国和巴西，拼命在全球各地寻找救星。"如果寻找'白衣骑士'的努力不能协调一致，可能会适得其反。"他向董事会建议道，"你们需要法律支持。"他早已跟布拉德尔说过："你们现在的交易涉及50亿~100亿欧元。如果没有周密的计划，会陷入危险境地，彼此间的信任可能也会遭到破坏。"

正当金希总裁就塞尔凡－施赖伯极具建设性的报告向其表示感谢时，一位董事突然说："你说的这个'基金会'，我们在其他事情上能用到吗？"

现在，塞尔凡－施赖伯已经从第一天分配的顶楼"棚屋"搬了出来，为自己和团队争取到了更好的办公室。就在金希总裁办公室和会议室旁边，可以俯瞰中央大厅，现在，这间办公室已经成为安赛乐人人皆知的"世达办公室"。第二天，布莱德尔早早地到了这里。"记住你昨天对我和董事会所说的话，"他说，"我们想请你帮我们与两组潜在合作伙伴进行谈判。"

21

安赛乐的估值

..

🕐 2 月 14 日，星期二

📍 米兰圣斐里斯

　　在米兰郊区圣斐里斯一间没有窗户的地下办公室里，73 岁的亿万富翁罗梅恩·扎列斯基正坐在一张古董办公桌前。圣斐里斯是被出租车司机称为"贝卢斯科尼之国"的三个地区之一，因为当地居民是这位传奇的意大利总理和媒体大亨的忠诚支持者。该地区的房屋外观简约，房屋正面采用赤陶土装饰。木格子大门打开后，是陡峭的台阶，通向涂漆的前门。一楼的窗户都安装了白色安全防护栏，在晚上 8 点之后，这片居民区便会成为一个封闭的社区。此时，这位出生于法国、热爱桥牌的亿万富翁，正在自己这套城区住宅里和摩根士丹利法国总裁帕特里克·庞索尔（Patrick Ponsolle）通电话。对后者提出的问题，他巧妙答道："我生活在意大利，而且我更喜欢投资意大利的公司。"

　　扎列斯基身材高挑，面色苍白，好像很少晒太阳，面孔上有一双浅蓝色的眼睛，看起来与周围的环境格格不入。周围明黄色的墙壁上挂着圣母玛利亚和小孩在一起的画像，使用镀金画框装裱，这样的画作仅客厅便有 12 幅。此外，房间里还有两尊精美的中世纪圣母玛利亚雕塑，还有很多天使的照片，书架上摆满了有关意大利艺术和意大利城市的书籍。淡蓝色和粉红色相间的古董地毯，以及由威尼斯潟湖穆拉诺玻璃工匠吹制的令人惊叹的蓝色、黄色和红色玻璃器皿，所有这一切构成了这里万花筒般的色彩。

"扎列斯基，你很了解钢铁行业，"庞索尔在他的巴黎办公室里说，"现在，在卢森堡的安赛乐有个很好的投资机会。"

扎列斯基斜着眼睛，脸上的皱纹更明显了。他露出一个顽皮的笑容。能被这些法国同胞选中，他深感荣幸，但是他更愿意专注于自己擅长的领域：在意大利裙带关系盛行的工业和金融领域寻找赚钱的机会，收集宗教艺术品、古董和地毯。

"你应该认真考虑一下这个机会，"庞索尔劝说道，"安赛乐需要您的支持。"

扎列斯基通过在意大利米兰投资银行控制的复杂交叉持股网络中扮演"催化剂"的角色，积累了超过 25 亿欧元的资产。米兰投资银行是一家金融机构，在其无所不能的总裁恩里科·库西亚（Enrico Cuccia）的领导下，控制着意大利企业间的交易。但自从 2000 年库西亚去世后，米兰投资银行成为激烈内斗的目标，扎列斯基从中发现了新的机遇。他是一位精明的企业家，特立独行，游离在意大利"商业组织俱乐部"之外。这个俱乐部由阿涅利领导的一群权力掮客组成，这些来自工业界、金融界和政界的掮客自第二次世界大战以来几乎控制着意大利的整个工业。

扎列斯基早年生活坎坷。他在巴黎长大，父母是波兰人，第二次世界大战前逃往法国。1944 年，当他 11 岁时，父母带他回华沙探亲，这次旅程短暂却又危险重重，他们一家人被困在了那里。

据他的密友说，年轻的扎列斯基冒着生命危险，替他的母亲向波兰抵抗运动的工作人员传递情报。当他回家时，正好撞见自己的母亲被逮捕。之后他回到了巴黎，家人离散，同时也承受着巨大的压力。不过，一段时间后他们一家人最终团聚了。扎列斯基在学习方面表现得更加出色。他毕业于巴黎综合理工学院，比多莱早10年，然后进入国立巴黎高等矿业学院（一所培养采矿工程师的学校）继续学习。毕业后，法国公务部门聘请他担任工业部技术顾问，曾与吉斯卡尔·德斯坦（Valéry Giscard d'Estaing）密切合作。在巴黎期间，他娶了第二任妻子海伦娜·德·普里特维茨（Hélène de Pritwitz），她是彼得大帝的后裔，有俄国和德国的血统。他们有两个儿子，分别是弗拉基米尔和康斯坦丁。扎列斯基与第一任妻子安娜还有一个女儿，名字也叫海伦娜。这段婚姻几乎没有什么记载资料。

扎列斯基曾经十分喜爱桥牌，并渴望成为法国的桥牌冠军，但在1961年，28岁的扎列斯基为了赚钱养家，决定不再打桥牌。他在重工业领域——钢铁、冶金和发电方面做得不错，并逐渐萌生出创建私营企业的想法。20世纪70年代，他破釜沉舟，扭转了一家公司的经营状况，这家公司便是总部位于巴黎的雷维永集团（Revillon），随后他成了这家公司的总经理。后来，扎列斯基继承了父亲的埃赫曼集团（Eramet）。这是一家有着百年历史的老牌公司，专门经营有色金属，在法国的海外领地新喀里多尼亚拥有一座镍矿。扎列斯基巧妙地把握一系列贸易时机，低调而快速地积累了大量财富。

1984年，扎列斯基做了人生中一个重要的决定。他在保留自己法国企业产权的同时，搬到了意大利，开始担任卡洛塔萨拉国际集团的总裁，这家公司位于意大利阿尔卑斯山脚下的布雷诺，是一家近乎破产的钢铁公司。如果扎列斯基能成功挽救这家公司，他将获得该公司 25% 的股份。这位法国人勇敢地接受了这一挑战，在接下来的 5 年里，他在伦巴第等地方银行的支持下，对企业进行了现代化改造，使公司转亏为盈。1989 年，对其心存感激的塔萨拉家族向其让渡了股份，他也因此有了该公司的掌控权。直到现在，扎列斯基一直享受着意大利式生活，他的女儿海伦娜对父亲生意表现出浓厚的兴趣，令这位父亲兴奋不已。

此时扎列斯基在意大利商界还没什么名气，直至 1996 年，他在米兰法尔克集团 38.5% 的股份收购中一举扬名，当时专注于工程领域的法尔克集团正处于困境之中。他觉得法尔克每股 1.3 欧元的市场估值非常低，非常值得购买，因此就买下了该集团，然后以高于整体的价格分别出售公司的各个部分。他的这一决策是正确的，为其斩获了 300% 的收益——3.5 亿欧元。

不喜盛名的扎列斯基发现自己突然成了新闻人物，米兰八卦的商业媒体开始对他大肆报道。他也赢得了该市银行家们的钦佩。在法尔克的交易过程中，他注意到了蒙特爱迪生——他的下一个目标。

2000 年秋天，扎列斯基已经收购了公用事业公司蒙特爱迪生 15% 的股份，与米兰投资银行在该公司的持股比例一样。这则消息令米兰的商业人士大为震惊。他通过媒体表示，蒙特爱迪生是一家"宝藏"企业，未来潜力巨大。该企业是意大利第二大燃气电力公司，完全有实力与意大利第一大能源分销商意大利国家电力公司（Enel）抗衡。次年 5 月，法国国有的法国电力公司（EDF）宣布收购了蒙特爱迪生 20% 的股份，其中 5% 来自扎列斯基。也就是说，扎列斯基用原始投资的 1/3 赚取了 5000 万欧元的收益，这笔交易在意大利的政治和金融机构中引发了地震级的反响。

各国出于保障本国能源供应安全的考虑，默契地在能源领域采取了保护主义的政策。想到蒙特爱迪生公司可能会并入一家法国国有公司，意大利人就怒不可遏。现在扎列斯基因为变相帮助法国并购意大利企业而受到抨击。意大利政府颁布临时法令进行报复，将蒙特爱迪生的所有投票权弱化至原始投票权的 2%。一场旷日持久的斗争随之而来，法国电力公司和米兰市政公用设施供应商 AEM SpA 合作成立了一家控股公司，该公司拥有蒙特爱迪生公司 71% 的股份。法国电力公司在蒙特爱迪生公司还有另外 17% 的直接投资。扎列斯基最终获得了蒙特爱迪生的认股权证，从而有权以每股 1 欧元的价格购买该公司的股票，最高限额 5 亿欧元。这就是经典的扎列斯基套路：在复杂的收购战中，玩转各种赚钱的门道。

"现在我只能等待。我发起了这场游戏，但其发展远超我的预期。"扎列斯基以他谦逊的态度告诉当地媒体。媒体一致认为，这位出生于法国的特立独行者颠覆了意大利过时的资本主义作风。《商业周刊》采用了更加夸张的报道标题——《罗梅恩·扎列斯基：一名撼动意大利商界的法国人》。

扎列斯基持有意大利最大保险公司忠利保险公司 2% 的股份，价值近 10 亿欧元，此外，他在意大利第二大银行意大利联合商业银行、蒙特爱迪生公司以及其他许多意大利工业企业都有投资。从其战略版图可以看出，扎列斯基已经成为意大利的一名重要投资者。

有意思的是，事隔 30 年后，他又开始玩起了桥牌，将更多的日常业务委托给他女儿和能干的副手马里奥·科奇（Mario Cocchi）打理。他说："这就像学习一门新的语言。"在重返牌场的第一周，他就闯进了世界桥牌大赛（高级组）的前 10 名，看来他并没有忘记自己点石成金的本事。

在与庞索尔通话两天后，扎列斯基接到了来自法国巴黎银行的电话，他早年在法国经商时，曾与法国巴黎银行有过密切的合作。来电的是新上任的安赛乐顾问穆林。金希和多莱不断催促安赛乐的 9 名银行顾问帮忙寻找一些投资商，以组建一个投资者粉丝俱乐部，这些投资者们可以组建拦截性股权，与拉克希米抗衡。法国巴黎银行将扎列斯基视为主要候选人。

"您有兴趣私下了解一下安赛乐及其战略吗？"穆林询问扎列斯基，"我们很乐意为您安排同安赛乐首席财务长尤吉卓会面。您能来巴黎吗？"

24 小时内，他们确定在 3 月 21 日会面。

在企业界，2 月和 3 月是"财务汇总期"。各上市公司要在这段时间向股东报告前一年的财务和经营业绩。这可能是一段高度紧张的时期，不过各个公司的情况可能不完全一样，具体取决于公司的贸易风向。

所有上市公司必须提前为金融市场提供定期指导，这对分析师来说尤其重要，他们会密切关注某家公司，然后在官方数据公布之前提供自己的推断。财务汇报有一定的技巧，即公司要在不泄露内部机密的情况下，发布略高于市场预期的业绩。每家公司都看起来很好，市场喜欢这些数字，分析师的专业判断与公司自己公布的数据偏差不大，媒体报道也积极正面，股东就会欢欣鼓舞。

在经历了媒体对多莱的猛烈抨击，以及巴黎和卢森堡政府对拉克希米的声讨后，安赛乐公司真心期盼今年的贸易风向能够对安赛乐更加有利。

2 月 15 日，米塔尔钢铁公司宣布 2005 年公司净收入为 33.6

亿美元，同比下降了28％。公司的经营利润率也有所下降，从去年同期的28％降至12％，这组数据显示，2005年，钢铁现货价格下跌比例超过了1/3。米塔尔钢铁公司更容易受到现货价格的影响，因为米塔尔钢铁公司握有的一年期价格锁定合同比安赛乐更少。2005年第四季度，米塔尔钢铁公司尤其艰难，其利润仅为6.5亿美元，比2004年第四季度的16亿美元下降了58％。

从增长的角度看，2005年米塔尔钢铁公司在产能和销售方面均有增加，这与其与国际钢铁集团合并和收购乌克兰的低成本钢厂不无关系。米塔尔钢铁公司2005年的总营业额从2004年的220亿美元上升到280亿美元，报表显示其2006年的收益仍将上升。市场观察人士对22％的股本回报率（公司净收入与股东总股本之比）印象深刻，但米塔尔钢铁公司在阿姆斯特丹交易所的股价出现了明显下跌，安赛乐很快便注意到了这一点。他们的股东不想接受实力减弱的米塔尔钢铁公司股份，但这些股份占米塔尔钢铁公司对安赛乐收购报价的75％（现金和股票结合的报价）。这种组合报价可能是一个不稳定因素。

次日，安赛乐高调亮相，宣布其2005年财务和交易大幅改善，净利润38.4亿欧元，比2004年增长66％，总交易额已超过320亿欧元。为了笼络股东，安赛乐董事会决定加倍发放股息，每股股息从0.65欧元增加到1.2欧元。同时还承诺会继续增加股息。2005年，安赛乐毛利为56亿欧元，现金流将超过44亿欧元，而2006年毛利预计将达到70亿欧元。再加上收购多法斯科公司，安赛乐预计将节省22亿欧元的成本，从这些数据来看，安赛乐的确拥有雄厚的财力，预计将产生大量的盈余。

这些财务报表说明了一切，也是对多莱领导力最有利的说明，同时也为安赛乐的收购防御团队带来了一线希望。"这些漂亮的财务数据证明安赛乐模式效率很高，"安赛乐总裁自豪地说，"安赛乐正在将自己打造成世界一流的龙头企业。在未来的 4 年中，我们拥有光明的发展前景和巨大的增值空间。"

当多莱和尤吉卓用这些漂亮的财务数据信息向欧洲和北美的股东示好时，市场观察者们正在梳理安赛乐和米塔尔两家公司的详细财务数据，试图给出客观的观点。用足球术语来说，可以说两家公司踢了个平局。这两家公司的架构都很好，这两家公司之间争论的焦点已经从政治上的对抗转向了更重要的问题：安赛乐的价值。全球领先的在线财经网站热点透视（breakingviews.com）在对两家公司的优势进行了理智分析后，发表评论说："米塔尔钢铁公司正试图以低价收购安赛乐。"该网站称双方都夸大了自己的财务情况。

拉克希米说他不需要支付更多的现金，实际上是在暗示米塔尔钢铁公司的股票比安赛乐股票的价值高 34%。总而言之，就是米塔尔钢铁公司的股票更值钱。但不超过 34%。热点透视的评论员爱德华·哈达斯（Edward Hadas）说："到底多少才是更公平的兑换比率还很难说，随着战斗的进行，这个比率将变得更加清晰。据预测，如果折中处理，那米塔尔钢铁公司的报价还可再提高约 17%，但是想拿到这 17% 或者更高的报价，安赛乐必须采取适当的正确的反收购防御措施。"

这两家公司在许多不同领域都展开了激烈的斗争。

拉克希米近期奔波在游说政府官员和安赛乐股东们的路上，他团队的其他成员也饱受通勤之苦。他的法国顾问塔吉巴克斯、沙伯特和梅奥克斯是伦敦的常客，法国兴业银行企业及投行部总经理劳伦特·迈耶更是每天都要在巴黎和伦敦间往返。迈耶身材高大，外形俊朗，是这个团队的新成员。他的工作至关重要，要处理拉克希米所有的在法融资业务，并为他组织路演，以赢得安赛乐法国股东的支持。拉克希米和玛赫什瓦利知道法国兴业银行对他们建立法国的阵地至关重要，因此迈耶每天早上 5 点起床，从戴高乐机场乘飞机出发，7 点 25 分在伦敦城市机场着陆，紧接着跳上一辆出租车，在不堵车的情况下，45 分钟便能到达伯克利广场的米塔尔钢铁公司的办公大楼，准时出席上午 8 点 30 分的会议，并汇报进展。之后他会在下午回到巴黎继续工作，常常工作直至深夜。

迈耶抵达米塔尔钢铁公司时，伦敦的银行家们已经簇拥在各自常去的咖啡店里，一边喝着咖啡，一边交流着相关信息。这些对米塔尔钢铁公司忠心耿耿的银行家们仍是这场战斗的主力，每家银行的相关人员都在柯松街及其周围占据了一家咖啡店，作为自己的聚点。在伯克利广场梧桐树下，弗莱彻拖着长长的影子，抽完最后一口烟，开启了这一天的工作。一天早上，当他走进伯克利广场的米塔尔钢铁公司大厦时，正好撞上了阿蒂亚。

"你知道吗，弗莱彻，安赛乐是一家了不起的公司。"阿蒂亚热情洋溢地说。

"安赛乐是一家非常出色的公司。"弗莱彻应道，他曾为多莱做过顾问，但当时还是个小角色。他笑着说，"实际上这家公司可能比你的公司好得多。"

"的确如此。"阿蒂亚笑着回答。

如果两个人中有一个人在开玩笑的话，你觉得是谁呢？

22
印度政府的助攻

..

🕐 2 月 19 日至 21 日

📍 新德里

法国前总统希拉克在其国事访问前两天，命令载有有毒化学物质的克里蒙梭号航空母舰掉头返回了法国。要是他觉得这样做就可以解决米塔尔钢铁公司的收购事宜，避免与印度间的国际外交灾难，那他就大错特错了。希拉克搭乘总统专机飞往印度，布雷顿等 5 位部长和 32 名工商界领袖陪同。当他们快要抵达新德里的英迪拉·甘地国际机场时，这位贵族政治家正竭力思索法国及其低迷的经济形势要如何从印度的繁荣经济中获得更大收益。随着印度这个次大陆的超级大国将注意力从"老欧洲"转向"新世界"，目前，流向印度的每 1000 美元外资中，只有 18 美元来自法国。

希拉克登上了最新一期的《论坛报》，这是印度昌迪加尔市的日报。"除了克里蒙梭号争端带来的后果外，另一大痛点是拉克希米上个月参与竞购了安赛乐公司。"不少印度商业领袖仍声称，法国对此充满强烈的排外情绪。

拉克希米也碰巧出现在新德里，参加其老友桑特·辛格·查特瓦尔（Sant Singh Chatwal）的儿子维克拉姆（Vikram）的婚礼。查特瓦尔是纽约锡克国际酒店的老板，他家财万贯，还是民主党派的主要资金筹集人。维克拉姆也从事酒店经营，在负责摩根士丹利并购工作的同时，还从事模特工作。他和阿蒂亚一样，曾就读于沃顿商学院。除此之外，他们之间还有很多相似之处。阿蒂亚热爱家庭，他和妻子梅加现在也在印度，准备参加维克拉姆的婚礼。维克拉姆放荡不羁，到处旅游，常常私会模特，在曼哈顿被称为"头巾牛仔"。查特瓦尔为了让他听话顺从，打算举办一场比瓦尼莎还要奢华隆重的婚礼。

2月18日晚上，拉克希米和乌莎抵达了新德里，引起了媒体骚动。场面一度混乱，拉克希米在一群记者和摄影记者中消失了身影。他拒绝对并购安赛乐一事发表言论，仅表示自己目前正在一系列"路演"之余休息，也一直在会见安赛乐股东。他还表示，虽然他接受了电视采访，但此行完全是私人访问，"我确信，曼莫汉·辛格（Manmohan Singh）总理将同希拉克总统商讨此事。"然而，总理办公室官员回应称，辛格跟希拉克商讨此事的可能性不大。

拉克希米对此曾有过些许失望，但很快就烟消云散了。他接到了辛格总理（印度首位信奉锡克教的总理）打来的电话，这让他欣喜万分。辛格在电话中表示，他将在2月19日星期天为希拉克总统举办官方午宴，问拉克希米是否要出席。拉克希米回道："我非常乐意。"他很喜欢跟布莱尔、克林顿（Clinton）等世界大人物接触，前天晚上还跟克林顿进行过会谈。克林顿也曾参加过查特瓦尔的婚礼。拉克希米热衷于和政治领导人分享想法，对辛格当然也不例外。他总是称呼辛格为"我国总理"。他还会留意领导人所言之事，有时候甚至过分关注。

3 年前，拉克希米曾参加过在印度首都举行的会议，当时，辛格的前任阿塔尔·比哈里·瓦杰帕伊（Atal Bihari Vajpayee）总理曾问过他："拉克希米先生，你回印度时住哪里？"

拉克希米回道："我住在酒店。"虽然他在印度没有钢铁厂，但还是会经常以印度工业信贷投资银行（ICICI）的董事身份到访印度。印度工业信贷投资银行是印度最大的私营银行，也是印度第二大贷款机构，共拥有 2400 万客户。

"拉克希米先生，像您这样身份地位的人不该住在酒店，"瓦杰帕伊表示，"您必须在印度有套房子。"

会议一结束，拉克希米立即给妻子打了电话。"乌莎，我们得在印度买块地，然后建个房子。"听后乌莎马上行动起来。据说，她耗资 750 万英镑买下了位于奥兰则布路 22 号的一处旧殖民平房，并打算将其重建。奥兰则布路是印度首都新德里最高档的街道，大使馆人员和百万富翁们都居住于此。拉克希米的隔壁邻居正是贝拉家族，他们在拉贾斯坦邦开展出口贸易，并大获成功。其业务涉猎广泛，从纺织品及日用品到汽车和通信，利润高达数 10 亿美元。

辛格举办的午宴也让拉克希米有机会见到另一位世界领导人希拉克。拉克希米向希拉克表示，自己对安赛乐的竞购不会威胁到任何人的工作，也无须关闭任何工厂，以此说服他同意其收购计划。在从新家出发前往午宴会场前，拉克希米早已在脑海中回顾了所有熟悉的主题，如协同效应、工业逻辑……就在这时，电话突然响起，打断了他的思绪。电话那头的并不是印度人。

"拉克希米先生，"法国政府的高级官员说道，"我们希望您不要出席今天的午宴。"拉克希米要求其解释原因。官员告知他，此

"希望"来自最高层的领导。希拉克并不想见到他。如果拉克希米非要出席，会"令人遗憾"。

拉克希米陷入了两难的境地。他要么冒着惹怒辛格总理的风险不去赴宴，要么干脆到场，但又会引起与法国人的外交风波。尽管法国政府铁了心不接受其收购计划，但拉克希米仍相信自己对安赛乐的竞标势在必得。在他看来，商业利益比政治赞助更重要，因此他决定不出席。

当天晚上，他在招待酒会上，看到 74 岁的辛格总理朝他径直走来。辛格说道："您没有参加今天的午宴。"拉克希米深表歉意，并向辛格暗示了那通法国政府打来的电话。擅长稳重而低调的外交的拉克希米又发现了一个机会。他说道："我想明天跟您正式会面，到时我会向您解释这一切。"

事情如他所愿。辛格总理将与希拉克在海德拉巴宫进行正式双方会谈。辛格便答应在此之前同他会面。海德拉巴宫由埃德温·卢坦斯（Edwin Lutyens）建于 1926 年，现在是印度政府举办宴会、同来访外国政要举行会谈的地方。

拉克希米很快就到达了与会地点。他跟辛格的会面只有几分钟，但这也足以让他表明想要收购安赛乐的意图，介绍他跟布雷顿的会面情况，同时解释他之所以未能赴宴，是因为法国政府一直对他竞标收购安赛乐的行为充满敌意，而此次阻止他不过是最近的一个举动。辛格同意要同希拉克提起收购一事。在会面之初，拉克希米就已经想过，如果他不能直接跟希拉克商讨竞标之事，那将此事告知总理并与之商讨至少是当时最佳之举。此刻，在跟辛格握完手，准备离开之时，他改变了主意。让总理出面代之商讨此事才是上策。

他打电话到伦敦，将最新情况告知戴维森。没过几分钟，戴维森公关部的手下便追踪到新德里记者团，向其透露消息，让希拉克为阻止拉克希米参与午宴一事付出最大的代价。

2月20日，星期一，希拉克总统满面春风地坐在辛格总理旁边，共同面对着世界各地的媒体。两位领导人共签署了包括防务合作协议在内的9份协议，并发表了"为和平目的开发核能"的声明。随后，他们便就此次"里程碑式"会谈接受媒体提问。但记者们有了另一份问稿，其关注点早已不在于此。

"我们了解到安赛乐收购一事和您对此的反应，"第一位记者询问道，"法国既想同印度发展商业关系，又对米塔尔钢铁公司收购安赛乐一事持保留意见，请问这两者是否矛盾？"

希拉克总统脸上的笑容瞬间消失，变脸速度比克里蒙梭号加足马力返回土伦的速度还快。"我并不这么认为，"希拉克傲慢地回复道，"首先，欲收购安赛乐的公司并非是一家印度公司，而是荷兰公司。"

"但这家公司是由印度人拥有并经营的呀？"记者追问道。

"没错，但此问题与拉克希米毫无关系。米塔尔钢铁公司是一家荷兰公司，而安赛乐总部设在卢森堡。这跟法国和印度都毫无关系。"

提问接踵而至。

"但法国政府对此次竞标有什么看法？"

"法国政府对安赛乐股东和公司甚是担忧。此外，安赛乐和米塔尔钢铁公司之间存在企业文化差异，且竞标条件等问题还有待商讨。"

"如果股东利益得到了更好的保障，您还反对此次竞标吗？"

这激怒了希拉克，他站了起来。他确实有些骑虎难下。他本可能避免跟拉克希米共进午餐，但他的影响甚远，无处不在。"而且，法国政府是利益相关者，并非股东。"希拉克表示，"鉴于此事宜的相关情况，这似乎并不是安赛乐公司的最好选择。而这一切主要取决于两家公司对收购条款的意见，跟印度毫无关系。"

"就当前的紧张形势来看，您难道不想约见拉克希米，消除可能存在的误会吗？"希拉克愈发烦躁起来。"我必须说的是，这场争端让人难以理解。首先，毫无疑问，此场争端涉及两方。米塔尔钢铁公司的负责人是印度人，但定居在英国，他想收购一家卢森堡公司。就目前立场来看，这纯粹是金融性质的恶意收购，缺少任何已知的产业项目，事先也未经任何协商，这跟常规收购的做法截然相反。"

希拉克承认他未查看过要约文件，并声称："我们不了解当下的收购计划，我们只是在等着查明一切。我们想知道所涉之事，想了解具体计划，这样我们才能就此发表看法。这不存在任何争议，只是自然又合理的回应而已。"

希拉克原本预计采访会大获成功，但现在这一切都荡然无存了。他看向辛格，想让他帮自己一把，后者却无能为力。另一位记者走上台，问道：

"总统先生，贵方政府是否会采取一切直接和间接行动，以确保此次收购竞标告败？"

"我重申一遍，我们不会针对任何公司，甚至是任何程序采取任何行动。"希拉克通过其口译员坚称道，"我们现在面临的情况是，一个大集团以完全不同于常规收购的方式恶意收购另一个集团，而我们却对收购原因或拟议计划浑然不知。所以我们正在等着搞清楚米塔尔钢铁公司的计划，这才是常规做法。我们知道了他们的计划后，会根据经济行业的传统、法规和独立性发表相应看法。"

最后，辛格总理搭话救场，要求记者现在提问有关会谈的问题。但在此之前，辛格补充道："我已同希拉克总统商讨了米塔尔钢铁公司收购安赛乐一事，希望能做出公正的决定。"

希拉克还在四处闲逛时，拉克希米已在前往英迪拉·甘地国际机场的路上，准备乘飞机返回卢顿。他约好第二天和一位有影响力的西班牙人在马德里会面。

与此同时，多莱收到了一封来自美国对冲基金艾提科斯资本的极不友好的信函。艾提科斯资本掌管着 100 亿美元资产，是安赛乐最大的股东之一。为了让此事人尽皆知，艾提科斯资本主席蒂莫西·R. 巴拉基特（Timothy R. Barakett）和副主席大卫·斯拉格（David Slager）还将该信件在新闻媒体上公开发布。

信中说道："安赛乐董事会最初对米塔尔钢铁公司提出的收购要约不感兴趣，还一直拒绝与拉克希米会面，不肯与对方一起商讨针对我们公司的收购事宜，这让我们倍感失望。我们认为，这笔交易无论是在行业方面，还是金融方面，都占据优势、令人信服，且符合安赛乐股东和利益相关者的最大利益。为使收购收益最大化，我们督促您加入谈判。"随后的内容更让人不快："我们想要提醒您，董事会对股东负有责任和诚信义务。我们可以通过在 4 月 28 日的年度股东大会上投票，或通过法院保留维护自身利益的权利。"

安赛乐坚称未收到其他投资人的与会请求，但拉克希米在接受《金融时报》彼得·马什（Peter Marsh）采访时向安赛乐再度施压："我希望安赛乐管理层能认同我们的收购思路，与会商讨收购事宜，并解释其中的逻辑。但如果他们到最后都不同意这样做，那最终将由股东决定。"

"您联系到的安赛乐公司股东都对此有何反应？"马什问道。

"我们已和多位股东接触过，他们持有的股份估计占自由流通股的 40%。这其中除开了卢森堡政府和其他几个持股较多的集团，他们的股份相对稳定，占总流通股的 10% 左右。我们联系过的股东普遍都强烈支持我们的收购计划。"

🕒 **2 月 21 日，星期二**
📍 **马德里 – 托雷洪机场**

西班牙亿万富翁约瑟·玛丽亚·阿利斯特兰（José María Aristrain）是安赛乐公司的第二大股东，共持有 3.6% 的股份，但他从不出席董事会会议，而是派他在马德里的律师拉蒙·埃莫西利亚·马丁（Ramón Hermosilla Martín）代表传达意思。据《福布斯》杂志报道，阿利斯特兰位列福布斯全球富豪榜第 557 位。因为担心自己及家人被绑架，阿利斯特兰每次公开露面必有保镖护送。其他人则表示这个做法过于夸张。他还在塞维利亚开了一家养牛场，专门饲养用于斗牛的公牛。

阿利斯特兰的父亲是西班牙钢铁行业的巨头，在马德里创办了 JMAC 公司，还在巴斯克开设了炼钢厂。但在阿利斯特兰 22 岁时，他的父亲在一次直升机坠毁事故中丧生。阿利斯特兰不像他的父亲那么有气魄。他把工厂卖给了塞雷利公司，换取了该公司 10% 的公司股份。当时，塞雷利刚完成私有化，后来便合并成立了安赛乐。他手中原本 10% 的股份也随之减少至 3.6%。尽管塞雷利 10% 的股份价值等同于安赛乐 3.6% 的股份，但阿利斯特兰总认为自己在这次交易中略有亏损，还将责任归咎于曾为其工作的金希和尤吉卓。而他跟这两人的关系向来复杂。也正是因为如此，安赛乐在面对一群虎视眈眈的印度收购方时，阿利斯特兰告诉他的助理："我希望能认识一下拉克希米。"拉克希米飞机刚着陆，阿利斯特兰便满怀期待地等待着他的到来。

拉克希米望向窗外，思忖着阿利斯特兰能否成为让他在安赛乐董事会上获得支持的关键人物。

🕒 **下午3点**
📍 **卢森堡市经济与外贸部**

"先生们，重点在于这场竞标战结束后，安赛乐公司可能就无法保持独立了。"

克雷格开始退缩了。这话出自摩根大通集团巴黎地区的金融家蒂埃里·达金特，听着让人极为不快。达金特刚刚受雇于施密特，担任卢森堡政府的顾问，为其提供政府在这场收购战中的职责身份等建议。

"您的意思是，无论这场竞标战战况如何，安赛乐都无法自力更生了？"施密特问道。

"这主要取决于政府的立场，政府究竟是想要借助法律手段，公然采取贸易保护主义政策，还是想保持中立，让股东共同决定结果。"达金特答道。

达金特知道自己需要谨慎对待。这场战争才刚刚开始，他需要花大量时间来帮助克雷格和其他政府官员思考这些关键问题，比如：安赛乐的真实财务价值，卢森堡、欧盟和美国方面的监管事宜，公司治理，投资者动态（特别是对冲基金和金融市场）等。最重要的是，要掌握时机，掌握发挥影响力的重要时机。

因为大多数投行家早已受雇于安赛乐或米塔尔钢铁公司，所以，对于施密特来说，找到一家具备必要资历的投行并不容易。

摩根大通集团是一家跨国公司，规模庞大，在巴黎旺多姆广场设有办事处，其办公楼奢华富丽、金碧辉煌，团队也拥有强大的实力。而克雷格公司总部单调无华，和摩根大通集团简直有着天壤之别。此外，针对当前政府面临的问题，摩根大通有透彻的见解，它的加入，无疑让施密特无比欣慰。施密特在其顾问任职满后，还聘请了德杰律师事务所这家提供卢森堡业务的国际顶尖律所的专业人士担任法律顾问，以及国际公关公司嘉信公众关系顾问公司负责公关事务。

在一份详尽的报告中，达金特清楚说明了很多问题，全面梳理对安赛乐的价值考量，初步评估其安保效能，阐述创办核心股东亲友俱乐部的理念，并概述可能加入安赛乐，并帮助安赛乐能够不与米塔尔钢铁公司合并的潜在合作伙伴。在这方面——尤其是中国和俄罗斯的公司，仍有机会采取行动，有所作为。

更重要的是，达金特还评估了与政府总体目标相关的关键问题。出于战术方面的考虑，报告中提出了一个阶段，供政府尽快同安赛乐和其他潜在的利益相关者进行对话和协商。达金特表示，为了把握时机，政府必须拒绝拉克希米的公开报价，充分利用其监管职能支持安赛乐的独立计划。这就建立了增值合作伙伴关系，国家和政府都会有所发展，并进行利润再投资，以保障就业，同时还能为卢森堡财政部创造红利。

"可以确定的是，按照目前的报价，拉克希米必败无疑。"达金特确信地说，"他严重低估了安赛乐的价值。"凭着直觉，达金特知道，等这场竞标战达到高潮时，卢森堡政府很可能不得不跟拉克希米谈判，进行权力交涉。

达金特还表示："政府必须专注于其优先事项，而这些并不需要同安赛乐协调一致。"克雷格有些焦躁不安。达金特总结道："政府具备多重身份：不仅是卢森堡的立法者，还是安赛乐公司的大股东、维护国内就业与投资的保障者，以及国家钢铁厂的电力供应商。"还有一点很重要，政府在这些问题上一定要抢占先机，不能被安赛乐捷足先登。但达金特知道，政府还面临着另一个非常重要的问题，这个问题重要到，施密特第一次跟达金特提起时，还专门把他叫进办公室，锁上门，并拔掉了电话线。

"我们真心希望安赛乐的总部仍设在卢森堡。"施密特放低了声音。

这让达金特认定，这一点是不惜一切代价都要实现的。

不只塞尔凡－施赖伯和辛普森，还有人建议弗里登起草收购法案，以此阻止拉克希米进军卢森堡。达金特带着一瓶刚酿好的红葡萄酒，从一周前便开始制订法案。他一边工作一边想，等到自己步入老年，可能仍然记得这件事，然后告诉自己的孙辈，作为银行家，他曾遇到一个难得的机会，可以亲自用纸笔起草法律。不像安赛乐大胆冒进的律师那样，达金特是政府人员。他关心的是，弗里登应该推出能够帮到安赛乐的法律，而不是一味采取保护主义做法，导致卢森堡丧失世界主要金融中心的声誉。达金特告诉弗里登："我们必须清楚了解政府对于安赛乐收购一事的目标。"他已不止一次将该思想重申给克雷格部长。

拉克希米本想让他的律师跳过监管机构后再公开报价，但戴维森和盖维斯始终将这件事置于新闻议程的首位。他们质疑有关安赛乐一切消息的准确性，对记者们谦恭有礼、无问不答。每天上午9点和下午6点举行全球公关网络电话会议时，银行要员都带着精心准备的手稿和媒体交谈。尤尔金非常热衷于同媒体打交道，因此，戴维森便任命他为传播团队的名誉成员。

非正式简报同样重要。他们将从安赛乐收集到的片段情报也放入对话中，以便下次记者采访安赛乐时，引导他们提问。有些人可能将这种行为称为"渗透"。米塔尔钢铁公司的公关团队将其称为"提高警惕"。该团队还拥有一份媒体情报文件，名叫"火星泥浆"（Mars Mudpack），其中，"火星"是高盛给米塔尔钢铁公司起的代号；"泥浆"代表安赛乐可能向米塔尔钢铁公司投掷的所有负面淤泥。真正的挑战便是在泥浆粘在身上之前，就把它扔回去。

战略会议每周举行两次。在其中一次战略会议上，玛赫什瓦利将一个棕色信封放在了伯克利广场之家的会议室桌上，为"火星泥浆"文件作了宝贵的补充。"这是芬斯伯里（Finsbury）制作的档案。"玛赫什瓦利一边说着，一边将文件传给大家。里面包含了很多已发表的文章，都对拉克希米及米塔尔钢铁公司充满敌意。其中很多都与米塔尔钢铁公司东欧地区工厂和矿井的健康及安全记录问题有关。芬斯伯里是安赛乐伦敦地区的公关顾问。他为记者们制作了这份档案，以此鼓励并帮助他们写出不利于拉克希米的文章。

"你是如何得到这份档案的？"戴维森问道。

"用了点办法。"马赫什瓦利笑着答道。芬斯伯里每制作完一份档案，马赫什瓦利就会拿到手。尽管都是些陈年指控，且已经驳回了上百次，但不得不说还是有些用处，可以让他们洞察安赛乐反对者的动向。

《华尔街日报》的记者向戴维森抱怨，说芬斯伯里要求他们签署承诺书，在特定日期撰写反击拉克希米的特定文章，被他们严词拒绝了。"只有一个办法来回应这件事了，"戴维森斩钉截铁地表示，"我们必须无条件让拉克希米先生和阿蒂亚多跟媒体接触。"

23

激烈搏杀

··∳··

🕑 2 月 26 日星期日，下午 2 点

📍 巴黎圣奥诺雷市郊路 68 号世达国际律师事务所

塞尔凡－施赖伯（Pierre-Servan Schreiber）刚同世达国际律师
事务所在世界各地分所的合伙人开完电话会议。现在，他觉得自
己不太像是一名国际法律师，反而更像一名赛车评论员。刚开始，
他问道："那么，在这场激烈的安赛乐竞购战中，是哪位白衣骑士
一马当先？"

安赛乐已经像之前寻找合作的银行一样，开始收集白衣骑士
的信息。目前已确认参与竞争的公司有 7 家，此外还有 6 家公司
已和安赛乐商谈过此事。7 家公司中有 2 家巴西公司、2 家俄罗斯
公司、1 家韩国公司、1 家日本公司和 1 家乌克兰公司。安赛乐的
每个谈判团队都配备了一个世达国际律师事务所的律师团队予以
支持，参与的世达律师加起来共有 100 人。

为了安全起见，安赛乐用代号来称呼每家参与竞购的公司。
给这些公司起代号的工作让顾问们得到了片刻的放松。塞尔凡－

施赖伯休闲时，要么是骑他的重型摩托车，要么是到他在普罗旺斯地区的乡间别墅去度假，手拿一杯红酒，在芳香怡人的空气中放松身心。毫不意外，他给白衣骑士们起的外号都和葡萄酒品种相关。但是想要阻止恶意收购安赛乐的白衣骑士实在太多，法国没有那么多的葡萄酒品种与之一一对应，以至于最后他还用上了"梭鱼"和"纽波特"这样的名字。

前期确定的竞购公司是和安赛乐有过密切商业合作的伙伴。其中包括新日铁（代号"努特"）和中国最大的钢铁制造商上海宝钢集团（代号"梭鱼"）。上海宝钢集团已经上市，但性质仍为国有，和他们谈判会牵扯到众多相当棘手的问题。中国海洋石油集团有限公司（简称"中海油"）由政府持股70％。该公司曾试图收购美国加利福尼亚州的一家中型石油公司——优尼科公司，但交易受到了美国政府的阻止。华盛顿方面称，中海油收购优尼科一举威胁到美国的国家安全，也违背了公平贸易的规则。有了中海油的经验，中国政府现在对于并购国际企业变得尤为谨慎。中国政府称，如果宝钢要与安赛乐达成合作，需要雅克·希拉克和让-克洛德·容克（Jean-Claude Juncker）签署一项支持声明。最终宝钢集团输掉了比赛。

新日铁和安赛乐的文化相差甚大，新日铁具有显著的岛国特点。日本人的谈判以拖沓著称，因此，无论安赛乐有多钦佩日本人，也没有时间再与之周旋。在沃斯看来，安赛乐本可以和新日铁建立完美的合作关系。此外，同样来自亚洲的浦项钢铁公司也是一个颇具吸引力的合作伙伴。该公司是韩国最大的钢铁制造商，已公开上市，拥有广泛的投资者基础。但浦项钢铁公司担心自己成为米塔尔钢铁公司的收购目标，不愿意参与这场竞购。

此外，还有来自安赛乐经营地之一巴西的两家公司：盖尔道钢铁公司（Gerdau，代号为"乔治斯"）和巴西国家钢铁公司（CSN，代号为"解百纳"），这两家公司的钢材产量巨大。参与竞购的乌克兰公司为顿巴斯（Donbass，代号"摩泽尔"），安赛乐在竞购克里沃罗格钢铁公司时与之结缘。两家俄罗斯公司分别是新利佩茨克集团（NLMK，代号"纽波特"）和谢韦尔钢铁公司（Severstal，也称北方钢铁公司，代号"苏维翁"）。

很容易看到，多莱把安赛乐的命运赌在了哪家公司上。谢韦尔钢铁公司和安赛乐已经建立了合资企业，而且阿列克谢·莫尔达索夫（Alexey Mordashov）在国际上的知名度正在不断提升。所以，尽管巴西公司与之展开了激烈竞争，谢韦尔钢铁公司仍一骑绝尘，稳操胜券。但达成合作的进程非常缓慢，所有白衣骑士纷纷狮子大开口，提出的要求日益贪婪。尤吉卓建议将参与竞争的公司缩减至 3 个。

但多莱当即否决了这个主意。"我想继续保持这种紧张的局势。不能让任何一个潜在的合作伙伴感到自己占了优势，这一点很重要。白衣骑士只有在接近最后的关键时刻才会发挥作用。先拖着他们。"他告诉他的法律顾问们。

♀ 芝加哥

"我读了很多有关我们和安赛乐公司产品不对路的评论文章。"擅长让濒临倒闭的钢铁公司起死回生的罗斯面对各路媒体记者，如是说道。他带领这些来宾参观了米塔尔钢铁公司位于伯恩斯港的钢厂，以反驳多莱的"高级香水和古龙水"言论。该钢铁厂位于芝加哥东南方向 80 千米处的密歇根湖畔上。罗斯坚定地说："这个言论大错特错。我们在美国生产的钢材和安赛乐在欧洲生产的钢材完全一样。"

伯恩斯港钢铁厂是米塔尔钢铁公司在美国最大的工厂，在1964年始建时归伯利恒钢铁公司所有。后来，罗斯收购了伯恩斯港钢铁厂，又在国际钢铁集团同米塔尔钢铁公司合并时将其卖给了后者。伯恩斯港钢铁厂是一家完全集成式工厂，有两个高炉和轧板机，其原钢产量达每年470万吨，主要为汽车行业生产热轧、冷轧钢材和涂层板材。罗斯先是对米塔尔钢铁公司的工业模式大加赞赏，随后又向记者们解释了伯恩斯港钢铁厂同国际钢铁集团合并后，是怎样打造出一家"独具特色、充满活力和企业家精神的公司"。随后，他便将矛头指向了那些大肆批评米塔尔钢铁公司治理方式的人，例如多莱。"我郑重声明，"他表示，"我个人只持有米塔尔钢铁公司价值约2亿美元的股份。而且，你们可以放心，如果我觉得一家公司治理方式有问题，我肯定已经退出这家公司董事会，并把股票都脱手了。"

罗斯又用在场的人刚好能听到的声音悄声说道："多莱清高自傲，对很多事情都不太了解。"

翌日，记者们被专车送往伯恩斯港钢铁厂时，卢森堡商会正忙于向弗里登为首的司法部递交有关收购法提案的意见。和塞尔凡－施赖伯、辛普森想的一样，商会也认为该法应规定：如果收购方的股份流动性不佳，或者其股份投票权同目标公司的股份投票权不对等，那么收购要约必须提供全现金收购的备选方案。商会还建议，新法应同样适用于业已启动的收购要约。被法国人称为盎格鲁·撒克逊媒体（法国保守派势力对英国媒体的称呼）的英国新闻界不禁发问："这简直是公然的贸易保护主义——商会到底想针对谁？"如果弗里登将商会的要求写进收购法，拉克希米就必须为收购安赛乐所有股份提供全现金的备选方案。此外，他还必须提供一份银行担保，证明他能够筹集到收购交易所需的资金。他完全符合上述要求的可能性不大。而且即使他做到了，最后一定还过不了股本这一关。

卢森堡商会和安赛乐本身没有关联，但商会主席恰巧是安赛乐的副首席执行官沃斯。媒体抓住这一点不放，大肆报道。沃斯声明他已不参与商会的事务讨论，但盖维斯仍乐此不疲地告诉拉克希米的核心团队，沃斯和安赛乐其余大部分人一样，"都没有分辨能力。"

在等待其报价公开时，拉克希米一再强调高级香水和古龙水的论调实属无稽之谈。他知道打赢公关战至关重要。而且，如今他的公关团队迎来了一位难能可贵的"宝藏"合作伙伴。由于很多银行及其分析家要么是在与安赛乐合作，要么就是与米塔尔钢铁合作，所以几乎没人分析过两个公司合并后的发展前景。但是法国巴黎银行旗下的艾克萨公司发表了这方面的评论："米塔尔钢铁公司与安赛乐，这个组合堪称完美……从米塔尔钢铁公司公布的自身规模、市场影响和垂直整合策略、高速增长、加速重新评级和协同效益来看，合并对于安赛乐的股东是一个吸引力很大的高价值提案。"而这一切对安赛乐来说就是一场噩梦。法国巴黎银行拥有艾克萨公司的股份，但不是控股股东，而法国巴黎银行是安赛乐抵御此次米塔尔收购战合作的主要顾问银行之一。

在英国方面看来，拉克希米收购安赛乐的意图越来越像一支明亮的火炬，照亮了欧洲国有企业最黑暗深邃的道路。

"你是英国人，英国人对此抱有怀疑态度是理所当然的。"布雷顿部长对财经评论网站"热点透视"创始人雨果·迪克森（Hugo Dixon）这样说。他继续反击道："如果英国人都深信不疑，那我们早该在火星上生活了。"布雷顿坚称自己既不反对自由市场，也不反对跨国收购，但是，"如果你们无法理解利益相关者是什么意思，总有一天你们会错失一些东西，对股东造成损失。这可不是威胁，"他补充道，"而是事实。"

布雷顿开始焦躁不安了。希拉克此次前往印度进行国事访问，焦点之一便是米塔尔钢铁集团要收购安赛乐一事。希拉克结束访问刚下飞机，意大利最大的电力公司——意大利国家电力公司便发起了对法国一流能源服务巨头苏伊士集团的收购。法国政府试图将苏伊士集团同国有企业法国燃气公司合并，让意大利国家电力公司无从下手。与此同时，意大利的经济部长朱利奥·特雷蒙蒂（Giulio Tremonti）呼吁布鲁塞尔进行干预，指控法国政府推行贸易保护主义。

除此之外，拉克希米提交的商业计划书也已经放在了布雷顿的玻璃桌上。这份机密文件共有6页，概述了收购的各项要点。拉克希米向布雷顿保证他们正在撰写一份完整的报告，他会尽快同布雷顿会面，详谈关于这份报告的事宜。至于"尽快"到底是什么时候，没人能知道，至少米塔尔钢铁公司的斯科汀对此是一无所知。在伯克利广场大厦，这份报告似乎每天都在曝光。因此，当拉克希米打开3月2日的每日新闻评论，发现其报告的执行摘要部分已被完整披露在《论坛报》上时，他大为震惊。布雷顿曾表示，他们的计划书还不够完整。他说："这报告内容太单薄了，只不过是执行摘要。"他要求拉克希米务必将完整的计划书提交给他，说这是不可或缺的。

炼钢网（MakingSteel.com）的马克·罗特（Mark Reutter）评论道："这篇摘要读起来很像是露西·凯拉韦（Lucy Kellaway）在'企业杂谈'专栏发表的文章。""企业杂谈"是伦敦《金融时报》的一个栏目，风格轻松搞笑。米塔尔钢铁公司的一名匿名发言人反驳道："米塔尔钢铁公司一直担心向特定的利益相关者披露商业计划书的非公开细节会出现各种问题。此次泄露事件正好印证了这种担忧是有道理的。"米塔尔钢铁公司的公关团队也开始在媒体上进行反击。戴维森督促与公司合作的银行家严格按照统一的文稿响应："不要偏离我们根据计划书本质内容已经公开发表过的言论。"她指示道："如果有人专门要求你们对布雷顿先生今天的言论发表意见，请严词拒绝。最后，如果有人问我们是否真的会将完整的商业计划书提供给布雷顿先生，请这样回答：'我们认为，通过面对面的会谈来分享这类细节信息才是最合适的做法。'"

在早些时候，西班牙政府发表过鼓励米塔尔钢铁收购安赛乐的看法，但现在他们已经完全站到了坚决反对的一面。西班牙和法国一样，都未持有安赛乐的股份。

24

黑白骑士的角力

..

🕐 3月10日，星期五

📍 英国伦敦，肯辛顿宫花园街 18-19 号

　　就在这场竞购战打得如火如荼之时，拉克希米同西米·加雷瓦尔（Simi Garewal）进行了正式会面。加雷瓦尔为人温和，经常采访印度的富豪名流。她本是宝莱坞巨星，后转型为脱口秀节目主持人。她带着几个随从来到拉克希米家，刚进去，便将自己纯白质朴的丝绸外套脱下搭在了豪华扶手椅上。她举止高贵典雅，甚至连印度出了名的美人斋浦尔土邦王太后（Rajmata of Jaipur）都稍逊一筹。被外界称作"白衣女子"的加雷瓦尔第一次走出节目演播厅，用她那温文尔雅的播音腔调，为其节目《西米·加雷瓦尔有约》（*A Rendezvous with Simi Garewal*）举行名人访谈。

　　访谈共计一个小时，之后将在印度星空卫视（Star TV）分两部分播出。更重要的是，在这次节目中，乌莎也罕见地露面接受了采访。拉克希米未同他在伯克利广场大厦的公关团队商量就接受了采访。其中一部分原因是他本来就是宝莱坞的粉丝，而更重

要的原因是，拉克希米在印度不存在任何商业利益，但仅仅因为是印度人，便遭受了严重攻击，这让他意识到提高自身知名度非常重要。

米塔尔夫妇并没有受到加雷瓦尔的猛烈拷问。镜头前，她声音柔美地说："我们将共度一个特别的夜晚！这将是一个亲密无间的夜晚，你们可以尽情欢笑，相互信任……可以重拾往昔回忆，诉说过往经历……可以毫不掩饰地挥洒泪水，肆意地放声欢笑。诚挚邀请你们来与我见面，西米·加雷瓦尔与您有约。"

第一组问题是单独问拉克希米的。"哪台是主摄像机？"拉克希米边整理领带边问道。

"都是。"加雷瓦尔答道，"但您只要看着我就好了。"

"都是？"

"如果您一直在印度生活，您能实现今天拥有的一切吗？"

"也许吧。但实话实说，这难度很大。"拉克希米答道。那时候，印度政府政策限制性太强，企业家彻底受制于条条框框。"25岁时，我接触到了外面的世界。我开始用全球化思维来思考问题。如今，印度政府政策相当积极，如果我现在才25岁，我一定不会离开印度。这些政策鼓励商人出国，收购外国企业。如今，我发现所有的印度商人都想出国经商。他们想走向世界。这让我非常开心，至少我引领了这一进程，也让每个人都看到了其中的价值。"

拉克希米表示，首先，他是印度人，但也是全球公民，所以他对于能够穿梭于世界各地感到自豪。他全程神态轻松，平易近人，丝毫看不出他每天工作16个小时，每周为了其事业上最重大的一次竞购战奔波数千千米，反而像是结束了一次千载难逢的假期，刚度假回来一样。乌莎也加入谈话之后，拉克希米更是轻松自如。乌莎坐在他旁边，身披一件浅蓝色纱丽，混有白色点缀，看上去高贵优雅。这是他们夫妇首次公开合体亮相，并对外界展示了他们的豪宅。

"她非常了解这个行业。"拉克希米谈及妻子时这样说道。乌莎是他的主心骨、参谋，也是知己。他们家中到处都是家庭照片，拉克希米承认："在家里，乌莎更坚强冷静，而我情绪多变。"随着米塔尔夫妇愈加放松自在，他们开始互相调侃起来。拉克希米透露道，他非常宠溺自己的孩子。"我自己那时候没能得到的，我会提前给孩子们准备好。"比如，阿蒂亚 14 岁的时候就开车了，"但我要他保证，必须在我的陪同下上路。"他还讲述了自己带着孩子参观他曾在加尔各答住过的所有地方。"但我一直教育他们要脚踏实地，这一点很重要。"拉克希米解释道。

他还承认自己有沉迷执着的一面。"我曾经学过高尔夫球，每天都会去打高尔夫。后来有一次在开车去俱乐部的路上，我发现自己会越来越沉迷其中，注意力越发不集中，所以就掉头回家了。从那以后，我再也没去过高尔夫球俱乐部。"

采访进行到一半时，他们头顶有直升机飞过，声音非常嘈杂，打断了采访。

"查尔斯王子肯定已经在飞机上了。"乌莎说道。

"我认为，我们的婚姻与众不同。在结婚前，我们没有交流太多。我们是在婚后逐渐建立起了关系，建立起了爱。"拉克希米继续说道。"我跟乌莎订婚后，立马给她写了一封信，因为她回瓦拉纳西了。我当时在信上写道：欢迎你成为我的伴侣。我也确信我已经充分表达了我对她浓浓的爱意。"

"没错，"乌莎表示，"其中一句话深深打动了我，他在信的结尾写道，'要永远微笑着亲吻彼此'，这句话最触动我。"

"我还说欢迎你成为我的人生伴侣，这你难道不感动吗？"

"没有，"乌莎笑道，"但是你知道的，我那时候还年轻。"

4月底，多达3亿名观众将收看这档节目，一睹世界第一豪宅的风采，并见到那个跟拉克希米共享成功喜悦的女人……那个给予拉克希米灵感，为他出谋划策、照顾家庭的一生挚爱——妻子乌莎·米塔尔。这次访谈是一部温馨力作，盖过了媒体上一些反对猜忌的言论，激起了印度人的壮志雄心，拉克希米也因为这期节目拥有了一个力量源泉，支持他继续同多莱、金希等"老欧洲"的代表力量抗争到底。

🕐 3月17日，星期五
📍 比利时布鲁塞尔皮卡德街，欧洲工商峰会

"收购一家公司很容易，但改善其现状很难。"拉克希米告诉观众。现在，有2000双眼睛凝视着他，"可是多年来，米塔尔钢铁公司在这方面做得很成功。这是因为我们正是通过谋求发展成功之道，然后将最佳实践做法在公司内推广利用。"

拉克希米再一次带着他的远大愿景来到了欧洲"心脏"——布鲁塞尔。第四届欧洲工商峰会在布鲁塞尔的图恩和塔克西斯（Thurn & Taxis）展览文化中心举行。威斯本和拉比精心准备了演讲内容，以表明拉克希米清楚自身历史：他向欧洲钢铁同盟（the European Iron and Steel Community）及其创始成员表达了敬意，安赛乐及其前身公司都曾在这些成员国经营。拉克希米当着2000名观众的面发表演讲，其中包括欧盟委员会主席若泽·曼努埃尔·巴罗佐（José Manuel Barroso）及全体委员、各国家政府部长及商业领袖。

多莱原本该在第一天发言，且组织方要求拉克希米加入小组讨论。威斯本便告诉他，要在多莱之前发言。于是，威斯本告诉组织方，"我希望拉克希米先生可以登台做主旨发言，这对于欧洲来说，会是一个很精彩的故事。"

但会议安排不下两名主旨发言人，于是组织方提出了典型的欧洲式妥协。"威斯本先生，我们或许可以让多莱先生和拉克希米先生展开一次讨论。"组织方建议道。

"拉克希米先生想跟观众分享他的故事，"威斯本说道，"而不是含蓄地向多莱暗示这一点。"后来，因为某种原因，多莱取消了发言。拉克希米便抓住了这个机会。多莱意识到这件事后，想要重新在第一天发言，但却发现他只能参与第二天的小组讨论了。

"欧洲的钢铁公司在世界上是首屈一指的，"拉克希米告诉观众，"它们根基深厚，而且资金力量雄厚。这都是相当大的优势，但这些优势没有转化为经济利益，我们的挑战就在于在全球化经济中充分利用这些优势。"

演讲结束后，100名记者冲到演讲台前，声嘶力竭地追问拉克希米有关安赛乐竞标的相关事宜。

"您真的要接受提问吗？"威斯本问拉克希米。

"可以，没关系的。"他回答道。

同样的话题接踵而至：就业、投资和未来展望。拉克希米通通从容应对。但是他也提醒记者们："当今的经济秩序千变万化，经济重心也在不停转移，这都是企业必须应对的事情。"随后，他还单独同一些政治家、委员及企业家同行进行了会谈，在自己不断扩大的关系网里发表了自己的看法，并提出了不要重回民族主义道路的警示。

拉克希米刚离开文化中心，便转身跟威斯本说："威斯本，这次活动组织得非常好，明年我们赞助吧。"

🕐 **3月21日星期二，上午11点**

📍 **法国巴黎昂坦街，法国巴黎银行总部**

尤吉卓就安赛乐的价值问题发表了一个半小时的演讲，表示米塔尔钢铁公司提议的现金和股份报价严重低估了卢森堡安赛乐公司的价值。扎列斯基和科奇专心致志地听完了全程。法国巴黎银行的穆林也参与了本次演讲。在此之前，安赛乐已在2005财年取得了优异的业绩。按照市场规则，通常只有度过一个月的"静默期"才可以发表此等公告。现在这一时限已过，尤吉卓可以自由谈论安赛乐的情况。

安赛乐强大的前瞻性前景让扎列斯基印象深刻。安赛乐的收益质量如此之高，他作为钢铁业的资深人士，多年来也是闻所未闻。另外，根据在卡洛塔萨拉国际集团的亲身经验，他强烈感知到钢铁行业在新兴市场发展势头向好，相关资产价值见涨。但是，他应该投资安赛乐吗？

穆林和尤吉卓不断追问，扎列斯基要求暂停片刻。扎列斯基和科奇去到了隔壁房间，坐下商谈。

"安赛乐确实表现不俗，但现在这个价格到底合适吗？"科奇问道，"目前的股价在每股31欧元到33欧元，还能升值多少？"

"这就得看拉克希米到底有多想拿下此次竞标，还有中途会不会杀出别的竞标者了。"扎列斯基答道。扎列斯基精准把握了此次竞购战的角逐动态。"这场竞购战一时半会儿结束不了。"

扎列斯基的直觉非常准确。他知道现在是两家公司合并的好机会，但他对拉克希米及其公司了解甚少。他认为，无论竞购情况如何，即便安赛乐仍然是一家独立的公司，它也具备良好的长期发展潜力。回到会议现场后，扎列斯基反复思考，发现只存在一个问题：扎列斯基的主要投资工具卡洛塔萨拉国际集团当前没有空闲资本。

"我们对本次演讲印象深刻，从投资者的角度来说，安赛乐是一个很好的投资对象。"重新回到穆林和尤吉卓的房间后，扎列斯基表示。

两人对视了一眼。

"科奇和我会考虑是否投资。目前，卡洛塔萨拉国际集团已充分拓展了投资组合，但我们需要些时间考虑再做选择。因为我们虽然资产充足，但现金不足，所以我们可能会需要贷款投资。"扎列斯基的补充让他们产生了几分焦虑。

扎列斯基回到米兰两天后，穆林便给他打来了电话。穆林直奔主题："我们非常乐意为您提供资金支持，扎列斯基先生。您需要多少金额？"

"5亿欧元，这只是第一步。"扎列斯基答道，"这5亿欧元能让我们得到安赛乐2%到3%的股份，但我们想要的远不止这些，也许得5%的股份才行。我们认为，总融资金额大约达8亿欧元到10亿欧元才能满足我们的需求。"

穆林眼都没眨，毫不犹疑地同意了。鉴于扎列斯基强大的资产支持，法国巴黎银行贷款10亿欧元给这位企业家毫无问题。无论如何，法国巴黎银行都有安赛乐相关股份作为保障，而且这些股份很有可能还会增值。同样重要的是，他们收获了一个会善待安赛乐的股东，并由此获得了额外报酬，外加贷款利息。5分钟内，扎列斯基就拿到了10亿欧元的贷款。卡洛塔萨拉国际集团在卢森堡注册成立了分公司，这笔钱将分两批存到该分公司的卢森堡账户中。

3月21日星期二，扎列斯基拿到了贷款，成为拯救安赛乐股东亲友团的一员；而在法律层面上，沃斯却大失所望。沃斯刚发现，卢森堡政府似乎对商会有关拟议收购法的建议置之不理。沃斯在卢森堡第二大每日报刊《日报》（*Tageblatt*）的采访中称："我们这些天明显……很难跟他们讨论，不过……我个人听到司法部部长谈论国务院针对收购法的意见时，感到很惊讶——仿佛其他经济合作伙伴没提过意见一样。"

那个星期之内，希拉克也大发雷霆。24日星期五，欧盟年度春季峰会举行开幕式。他的法国朋友欧内斯特 – 安托万·塞利埃（Ernest-Antoine Seillière），即欧洲工业和雇主联盟（UNICE）的主席，用英语发言酿成了严重错误。希拉克也由此离席。塞利埃在开幕式上放弃了他的母语——法语，并宣称"英语是商业语言"。希拉克听后，拿起他的文件，和外交部部长以及布雷顿一起离场了。而之后不久，欧洲中央银行法兰西银行行长让 – 克洛德·特里谢（Jean-Claude Trichet）在会上用法语发言，让法国人挽回了骄傲。随后，希拉克便同部长们返回了会场。

拉克希米在一旁观望着这一切，对于自己收购安赛乐一事竟掀起欧盟巨浪而感到惊讶不已。法德两国目前就欧洲未来经济发展存在严重分歧，德国总理安格拉·默克尔（Angela Merkel）批评法国试图限制外国投资的做法。多米尼克·德维尔潘（Dominique de Villepin）以"经济爱国主义"之名，罗列了11家法国商业部门，并表示这些部门应该受到保护，以免成为拉克希米等外国竞购者的收购对象。

"只有当电力自由流通，当我们接受欧洲同盟，而不仅仅考虑某个国家利益时，我们才能拥有内部市场。"默克尔夫人到达峰会时表示。

让－克洛德·容克也出席了此次峰会。会上，他态度仍然非常坚决，对其反对米塔尔钢铁公司竞购安赛乐一事不断辩解。"有时，政府有很多正当的理由。"他坚称。

但是，意大利众议院议长皮埃尔·费迪南多·卡西尼（Pier Ferdinando Casini）仍对法国阻止意大利国家电力公司收购苏伊士集团一事耿耿于怀，并嘲笑任何限制跨境收购的政府。"要么你是个假欧洲人，所以才支持贸易保护主义和民族主义，"卡西尼表示，"要么你就是真欧洲人，想要刺激竞争。"

就在安赛乐公司股价形势一片大好时，其中一家白衣骑士"纽波特"出了问题。新利佩茨克钢铁公司的老板利辛向媒体宣布，他对于收购安赛乐15%的股份很感兴趣。塞尔凡－施赖伯和世达律师事务所的其他律师都猜不到这位俄罗斯第三大富豪在搞什么花样。这个消息引起了"热点透视"网站的关注。"热点透视"对于利辛有意收购安赛乐股份的报道发表了如下评论："安赛乐可能无意对其股东实施犯罪，但它确实具有动机和凶器。而如今，它似乎还有了帮凶。"

安赛乐的动机已经被看穿了。据新闻社报道，安赛乐很可能通过大量出售股份给第三方公司来阻止米塔尔钢铁公司的收购。它的手段就是按照公司章程规定发行股份，然后未经股东同意便将其出售给第三方公司。该网站告诫："千万别上了它的当。安赛乐曾表示希望建立价值防御体系，而如今这么做，简直成了笑柄。幸运的是，安赛乐董事会目前还没有发现这件事。如果董事会发觉此事，肯定会立马解决。"

安赛乐董事会一直在调查收购公司及竞选白衣骑士的公司，但也仅仅知道这些公司的代号。金希下次碰到利辛时，一定会不欢而散，拉克希米也是如此。

多莱似乎也不会善罢甘休。3 月 24 日，据报道，安赛乐筹备工作接近尾声时，其首席执行官告诉《华尔街日报》记者，安赛乐将收购多法斯科公司并重组，以防止米塔尔钢铁公司将其转售给其他公司。"安赛乐拟将多法斯科公司同另一家钢铁公司合并组建成合资企业。如果合资企业合同中包含这样一项条款，即若企业控制权发生变动，米塔尔钢铁公司将需要支付一笔罚金，而且会更难转售多法斯科公司。"

与此同时，扎列斯基的行动也更加严谨审慎。3 月 27 日，卡洛塔萨拉国际集团在卢森堡召开董事会，决定先从法国巴黎银行贷款的 10 亿欧元中抽出 5 亿欧元投资安赛乐。董事会还投票决定，在其他投资方套现的情况下，一旦安赛乐股价在每股 33.5 欧元到 34.11 欧元，就继续买入。所以他必须向巴黎证券交易所提交一系列监管文件，并披露所有交易信息。而后，巴黎证券交易所也会将所有信息公开到官网上。扎列斯基疯狂购买安赛乐公司的股份，此举引起了拉克希米的注意，甚至让他忍无可忍了。

扎列斯基家中的电话铃响了起来。像往常一样，他的办公桌上杂乱地堆放着世界各地的银行传真，一点空隙也没有。扎列斯基接起电话。

"拉克希米先生想立即与您会面。"尤伊说道，"您什么时候有空？"

25

攻坚战

••

🕐 3 月 28 日星期二，凌晨 1 点 30 分

📍 印度新德里，英迪拉 · 甘地国际机场

在 9 个小时的航程里，克雷格通读了简报，并做了最后一次准备。克雷格此次访问印度，既是为了同印度签订稳定的双重征税协定，更关键的是，也为了拉克希米的竞购一事。其中，双重征税协定是一项复杂的双边协议，其规定企业和个人在卢印两国经营或居住时，无须缴税两次。

克雷格决心避免重蹈几个月前希拉克的覆辙，并拒绝同卡玛尔 · 纳斯（Kamal Nath）及财政部部长帕拉尼亚潘 · 奇丹巴拉姆（Palaniappan Chidambaram）过多商谈米塔尔钢铁公司竞购一事。奇丹巴拉姆来自印度南部泰米尔纳德邦，是一名政治家，他性格温文尔雅，能言善辩，因支持市场化改革及大胆废除繁文缛节而闻名。欧洲对待拉克希米的方式仍是印度媒体疯狂追踪的热点。希拉克这帮人成功地让拉克希米从一个事业成功但遥不可及的实业家，转变成了印度的本土偶像。

克雷格提醒自己，要抓住这些问题。第一，2004 年，欧盟下达了一条指令，要求 25 个成员国全部采用国际上经过实践的最佳收购原则。故在此基础上，卢森堡将于 5 月底正式引入新收购法。注意，这并不是为了阻止米塔尔钢铁公司的收购意图而突然采用的某种贸易保护主义策略。尽管他们既是关键股东，又是利益相关者，但他们担心并购后的裁员及投资问题，且坚持将公司总部设在卢森堡。

多莱曾发表过"猴子钱"和"印度人公司"的言论，挑起了歧视或种族主义，而克雷格此行最重要的目的就是消除这些言论的不利影响。克雷格将告诉纳斯，卢森堡开放、自由。卢森堡约40% 的劳动力是国际外来人士，而且在这个多元化的社会中，他们深受欢迎。得益于有利的银行法及税收政策，印度有 100 多家公司已在卢森堡证券交易所注册上市。卢森堡还在不断引进新体系，以简化印度人签证及工作许可证的发放流程，并在电商、物流、金融及双边贸易领域为他们提供了优质的工作机会。

印度在双重征税协定上想争取一个公平竞争的环境。卢森堡也想保护自己的利益。特别是自 2004 年起，卢印两国的双边贸易额骤减，从 1 亿美元减少至不足 1200 万美元，所以签订协定十分困难。而且从政治上看，印度似乎仍在拖延时间，等着米塔尔钢铁公司成功拿下安赛乐。

克雷格虽然看上去疲倦不堪，但实际上他感到身心畅快。因为他已经掌握了关键要点，再加上卢森堡驻新德里大使保罗·斯坦梅茨（Paul Steinmetz）的支持，他已经准备好在印度首都新德里实现自己的外交目标。有备无患，克雷格的顾问还额外请来了印度的公关专家尼伦·苏尚特（Niren Suchanti）博士。他是普瑞斯曼集团的董事长兼首席执行官，特来指导克雷格应对潜在危险。

按照惯例，克雷格取得外交快速通道许可，穿过贵宾室，走到了白色奔驰轿车前。司机正在此恭候，车的副驾驶一侧插着一面卢森堡国旗。清晨微风拂过，国旗缓缓飘扬。40分钟后，车在新德里的欧贝罗伊酒店门口停下。克雷格从车上走出来，眺望着新德里高尔夫俱乐部的那片青葱绿地，这里距离各政府部门以及康诺特广场只有几分钟的路程。克雷格刚要走进酒店，便发现黑暗中隐约有道红光朝他袭来——一台摄像机正对着他。摄影师身旁的记者是夏利·乔普拉（Shailly Chopra），他性格坚韧，是新德里电视台财经频道的主持人。该频道专注于商业节目，是印度领先的英文电视频道。乔普拉聪明睿智，积极主动，会竭尽全力第一时间获取新闻报道，尤其要赶在商业频道竞争对手亚太财经频道18套之前完成任务。

这一次，他丝毫不给克雷格任何喘息的机会。

"克雷格部长，早上好，欢迎来到印度。"乔普拉说道。"我想为您做一次今天早间新闻节目的专访。贵国政府会出面阻止米塔尔钢铁公司竞购安赛乐吗？印度对这件事有很多不满，您的朋友纳斯很想跟您聊聊这件事。"

克雷格虽然已经习惯了媒体关注，但这次还是打了他个措手不及。"欢迎我来到印度？这简直就是个阴谋！是谁向当地媒体泄露了我将抵达新德里的消息？谁又能知道我住在哪个酒店？安保系统已经崩溃了。一定是印度政府搞的鬼，又或者是拉克希米？"克雷格自问道。但是拉克希米又怎么知道他的行程呢？难不成大本营里有内鬼？

他很快恢复了冷静，朝乔普拉笑了笑。"我希望您能理解，我不会在凌晨两点半接受采访，更何况我刚坐了9个小时的飞机才落地。但是我很乐意今天晚些时候再跟您交谈。"克雷格巧妙地回答。

"我完全能理解，但我现在想单独跟您聊聊。因为很多人都会看到这个采访。"

"我们可以稍后通过大使馆来安排此事。"克雷格重复道。

乔普拉得到了独家新闻，她是不会轻易放弃的。"克雷格部长，现在很多印度人民对米塔尔钢铁公司竞购安赛乐而遭受的一切非常不满。"乔普拉坚持说道。"这似乎存在政治干预了，近乎种族主义。对此您打算怎么做？"

克雷格认为现在不是回避这个问题的时候。事实上，对于接下来的两天行程，这可能是个很有用的预告片。"我来访印度，是因为卢印两国政治和经济联系密切，我们希望通过达成双重征税协定，来继续保持这种友好关系。"克雷格表示。

"至于我的朋友纳斯，我会去解决他的担心。"随后，克雷格就推行新收购法的真正原因传达了关键信息，并强调称，安赛乐的股东会决定是否接受拉克希米的收购计划。

"我希望印度人民能够理解这一点，这并不是种族问题。"克雷格坚称道，"可是，这对于卢森堡人民来说是情感问题。20世纪80年代，钢铁行业处境艰难，危机四伏，卢森堡政府才不得不拯救安赛乐的前身之——阿贝德，成为该公司最大的股东。纳税人不得不缴纳'团结税'，所以如今卢森堡人民感觉自己也是安赛乐公司'道义上'的股东。而印度政府必须保证我们这个小国的就业，稳住投资。"

乔普拉可不打算被一节历史给轻易打发了，她试图更努力地推动话题，但是克雷格需要睡觉了。"我会在接下来的两天里详细谈到这件事，所以如果您不介意的话，我想先休息了。"克雷格边说边推门走进了酒店。

所有早间电视新闻节目都报道了此次采访的内容。印度5个黄金时段的商业频道都率先报道了克雷格抵达印度的消息及其在欧贝罗伊酒店前所做的相关回应。报刊记者和摄影记者都激动不已，纷纷涌向卢森堡大使馆门口要求采访。克雷格知道，他和纳斯及奇丹巴拉姆会面交谈，会议室外一定簇拥着媒体记者。他亟须控制一下场面。克雷格给56岁的资深公关专家苏尚特博士打电话，请他来控制局面。

苏尚特坦率直白，他告诉克雷格，必须单独召开新闻发布会。媒体对这件事非常感兴趣，但克雷格绝不可能只跟几位喜欢的记者朋友进行固定的一对一交谈。苏尚特建议说，这会激怒其他媒体记者。无论如何，大部分媒体都能精准捕捉到克雷格的关键信息。"让我们继续强化一下这些信息。"苏尚特表示。克雷格先去会见纳斯及奇丹巴拉姆，并请苏尚特当天晚些时候在欧贝罗伊酒店组织一场新闻发布会。坐在部长办公室里，克雷格感觉无比欣慰，他感觉一切又重新回到正轨，便继续交涉，按原计划与印度开始了关于签订避免双重征税协定的谈判。

酒店安保工作进一步加强，当天晚些时候，只有真正的记者才能进到新闻发布会现场。据《印度教徒报》(*Hindu*)商业版透露，拉克希米当地的公关团队第一次被拦在酒店外，无法进到发布会现场，为了获得发布会上的信息，他们试图说服其他记者带着录音机，进到克雷格在欧贝罗伊酒店举行的发布会现场，以此了解发布会谈到的内容。大部分记者都拒绝了米塔尔钢铁公司公关团队的这个提议，但还是有人接受了。正如《印度教徒报》报道的那样："企业间的战争丝毫不亚于常规战争，了解竞争对手的早期计划消息，更有利于进行战略部署。"

"卢森堡将从股东的角度审视米塔尔钢铁公司的竞购提议。"

克雷格会见过纳斯后，在发布会上表示。克雷格还表示，卢森堡的监管机构很可能将等到新收购法出台后，才会决定米塔尔钢铁公司的报价情况。他还补充道，尽管这两件事毫不相干，但卢森堡很可能还是会这么做。

"问题不在于拉克希米，"纳斯赞同道，"而在于一个很重要的问题——国民待遇。"

第二天，英语和印度语媒体的头条全是有关克雷格的新闻："新收购法无法阻止米塔尔钢铁公司竞购安赛乐。""米塔尔钢铁公司的报价是股东该考虑的事情。"克雷格透露的关键信息最终都切中要害。纳斯告诉媒体："克雷格向我保证，问题与印度无关。卢森堡政府也是安赛乐的股东，卢森堡政府是作为安赛乐股东而做出的回应，并非是针对收购方的国籍。"

克雷格在出发大厅等待返卢航班时，在电视屏幕上看到了新闻。在巴黎街头，学生们仍在抗议劳动法自由化和全球自由贸易。他们占领了索邦大学，同防暴警察抗争，在埃菲尔铁塔附近别致的林荫大道上焚毁车辆。克雷格又看到他跟纳斯握手的新闻画面，忍不住笑了出来。"卢印两国重归于好了。"新闻播报员说道。对于一个饱经战火的政治家来说，这一时刻值得细细回味。克雷格暗想："我从未有过这么多上镜的机会。"以前访问印度时，克雷格的公关人员只为他尽力争取到过一次单独采访的机会。而这次卢森堡媒体和安赛乐公司又会作何感想呢？

克雷格回到卢森堡后，《卢森堡日报》对此发表了看法，称克雷格是印度"政治勒索的受害者"。

🕐 4月3日，星期一

📍 伦敦肯辛顿宫花园

　　扎列斯基坐在温室早餐桌旁，刚喝上浓咖啡，便立马被拉克希米的魅力吸引了。他很喜欢拉克希米坦率开放的处事之道，这同意大利人打交道的方式形成了鲜明对比。扎列斯基周末一直在伦敦和地毯经销商会谈，接到尤伊的电话后，便同意在伦敦多待几天，跟拉克希米见上一面。他还听说拉克希米喜欢收藏艺术品，已经迫不及待想要一饱眼福。

　　"对于安赛乐的股份，我明明已经出价28欧元，这价格多完美，您为什么还要以30多欧元的价格买入呢？"

　　扎列斯基停顿了片刻，想继续保持中立。扎列斯基眨着他那双蓝色的眼睛，同拉克希米四目相视。后者棕色的眼睛透露出锐利的眼神。"原因很简单。"扎列斯基说道，带着几分淘气的神色，"安赛乐是一家非常优秀的公司，我相信我们的投资能赚钱。"

　　"我想请您助我一臂之力。"拉克希米说。

　　扎列斯基刚为另一方大肆投资，拉克希米却还能如此坦率地求其帮助，这让他大吃一惊。扎列斯基笑了笑，重复刚才的话："安赛乐前途无量，我相信我们的投资能赚钱。"

　　他们喝完咖啡，刚离开餐桌，扎列斯基便注意到前面走廊墙上挂着梵高的一幅名画。扎列斯基便当着拉克希米的面对这幅画大加赞赏。

　　"那您是还没看到毕加索的名画，"拉克希米说道，"我带您去看看。"

　　扎列斯基对毕加索并不怎么感兴趣，但他还是默默跟着去了。他走到拉克希米的画室前，停住了脚步。墙上挂着毕加索的一幅画，画面鲜红艳丽。"这太迷人了，"扎列斯基向拉克希米说，"毕加索通常都不用红色，而我最喜欢的就是红色。"扎列斯基对画的主人越发热情。

扎列斯基未告诉拉克希米的是，尤吉卓曾邀请他加入安赛乐董事会，但他拒绝了，解释是因为"我想保持独立"。扎列斯基并不想入局，这将大大限制他作为积极投资者的操作空间。金希为人谨慎，非常了解扎列斯基的过去。该消息爆出后，他突然开始惶恐不安。你永远无法指责扎列斯基改变立场，因为他从来都只坚定地站在自己那边。金希把尤吉卓叫到了办公室，跟他说："从现在起，无论你跟扎列斯基说了什么，我都要知道。"

扎列斯基又开始行动了。4 月 7 日，卡洛塔萨拉国际集团访问中国首钢集团，又投资了 5 亿欧元购买安赛乐股份。现在，卡洛塔萨拉国际集团共持有安赛乐 2333 万股股份，约占安赛乐总股份的 2.11%。扎列斯基决定继续买入。

🕐 4 月 4 日，星期二
📍 自由大道，安赛乐董事会会议室

"很有必要的是，多法斯科公司必须成为安赛乐的宝贵资产，并入安赛乐内部，以防止其炼钢技术落入另一家公司。"安赛乐总部发布正式公告，三管齐下防御米塔尔钢铁公司。

其中，辛普森精心组建的战略钢铁工业基金会，成效最为显著。尽管安赛乐和多法斯科公司在荷兰都没有重要业务，但目前已在荷兰成立了基金会。该基金会的董事会共 3 人，他们不负责多法斯科公司的管理工作，但可以阻止多法斯科公司被出售。经安赛乐董事会考量决定，该基金会将于 5 年后解散。在加拿大安

大略市哈密尔顿，佩瑟未曾听说安赛乐成立过什么基金会，便立刻做了调查。他很快就发现了这个情况，并注意到了辛普森。安赛乐的内部律师弗雷德里克·范·布莱德尔（Frederik Van Bladel）是战略钢铁工业基金会的董事，所以他想知道其董事会的独立程度。多莱和金希确信，米塔尔钢铁公司如果不通过转售多法斯科公司来筹措资金，那收购安赛乐一事必败无疑。"这个基金会可以确保安赛乐5年内不会惨遭收购。"安赛乐董事长金希大胆地说道。

安赛乐的第二项防御举措旨在得到股东的支持。安赛乐早前宣布其2006年的股息为每股1.25欧元，现将其再提高至1.85欧元，是2005年（每股仅为0.65欧元）所发股息的2.85倍，这引起了媒体的广泛关注。

安赛乐所做的远不止这些。为了真正吸引股东，安赛乐表示会通过股份回购的方式返还他们一大笔钱。这是安赛乐自成立以来第一次从股东手里，尤其是那些对米塔尔钢铁公司摇摆不定的股东手里以合理的价格买回股份。安赛乐利润丰厚，对于那些仅想出售部分股份的股东来说，他们既可以得到一大笔现金，还可以继续保持其在安赛乐的权益。这是迈克尔的主意，但他必须想办法说服金希，让他从安赛乐支出现金回购股份。"安赛乐目前现金流强劲，所以我们可以在寻求第三方收购的同时，再做一些能让股东更高兴的事。"

"您想要多少，迈克尔先生？"

"50亿欧元左右。这项举措成效一定不错。"

金希笑了笑："你们银行家总是告诉客户把钱花出去，但我必须提醒的是，这不是你们的钱，迈克尔先生。"

"这也不是您一个人的钱，董事长先生。"迈克尔反驳道。

金希只好硬着头皮答应了。

"宣布安赛乐要回购股份，但不要设定期限。"迈克尔建议道，"这样一来，那些长期缺少现金的股东便会同我们并肩作战了。"安赛乐正式发布声明，宣布待米塔尔钢铁公司撤回收购要约或者宣告收购失败后，安赛乐将在这一年期间某时回购公司股份。

热点透视网站评价道："安赛乐曾承诺基于公司价值制订防御策略，以应对米塔尔钢铁公司的并购，但现在看来也不过如此了。"有了基金会的存在，如果米塔尔钢铁公司面对这种阻挠仍然继续收购安赛乐，那安赛乐的股东便无法直接比较这两个公司的价值及战略了。"多法斯科公司是加拿大的钢铁制造商，市值 38 亿欧元。而如今面对这种情况，股东反而会担心米塔尔钢铁公司会不会被其拖累。"

但荷兰基金会的成立确实让米塔尔的竞购之路步履维艰，在卢森堡的一次路演中，有人问多莱："您觉得蒂森克虏伯公司会如何应对荷兰基金会？"多莱当着 300 人的面回道："如果我是蒂森克虏伯公司的老板，我会犹豫是选择上吊还是割腕。"

📍 伯克利广场大厦

尤伊·扎维看着米塔尔钢铁公司会议室里人人都一脸担忧，便说道："哇，组建基金会真的是明智之举。"安赛乐宣布回购股份，却又不说清楚具体时间，也同样很明智。尤伊认出了他哥哥的签名。等到这一切结束时，尤伊便会给迈克尔打电话并表示祝贺。"但荷兰信托公司肯定不会同意他们这么做。"尤伊安慰道，"他们确实很聪明，极具创意，还态度坚定，但这样牢牢绑住多法斯科公司不符合股东们的利益，这总会适得其反。"

阿蒂亚欣然接受了安赛乐给米塔尔钢铁公司设下的三重挑战。

第一，股份回购。阿蒂亚对财经日报《回声报》称："安赛乐采取重新分配现金的防御策略，会限制其未来的发展。如果此次竞购宣告失败，那安赛乐也将债台高筑，我们预计高达 110 亿欧元，而安赛乐在 2006 年的营业利润才 55 亿欧元！这也将同样降低其发展潜力，甚至阻碍其成为钢铁行业的未来领军企业。"

《回声报》还提问："既然该基金会让米塔尔钢铁公司无法将多法斯科公司转售给蒂森克虏伯，那米塔尔钢铁公司是否会考虑出售其他美国工厂来安抚美国的竞争主管机构呢？"阿蒂亚解释称，米塔尔钢铁公司已经向美国当局递交了反垄断文件，但无法对其进一步评论。"保留多法斯科公司是否能维护股东的最佳利益，还尚不清楚。问题是：如果此次收购变成友好收购，那么米塔尔钢铁公司还有望出售多法斯科公司吗？我们需要知道，多法斯科公司到底是不是一家值得保留的优秀公司。"

跟他的父亲一样，阿蒂亚完全没打算提高报价。"因为米塔尔钢铁公司股价不断上涨，所以我们现在把报价从原本宣布的每股 28.2 欧元提高至 32 欧元，而且，由于米塔尔钢铁公司的股价一直为众人低估，所以其股价很可能还会自然上涨。一些专家认为，米塔尔钢铁公司的股价还有很大的上涨空间，可能还会上涨 35%甚至更多。"

拉克希米还在卢森堡展开了一场媒体闪电战，并在 4 月 5 日接受了《特莱克兰》(*Télécran*) 杂志的采访。

"您跟让 – 克洛德·容克是什么关系？"记者问道。

"我不想谈这件事。"拉克希米回避道，"在过去的 8 周里，我们和很多政治家往来密切，我也一直在关注媒体对于卢森堡政府新收购法的讨论。我对讨论的方式特别满意，而且，特别令我高兴的是，政治没有受到任何特殊利益的影响。"

"今天,《金融时报》引用容克总理的原话，称其反对恶意收购。"

"我赞同首相的观点。"拉克希米表示，"我们也不喜欢恶意收购。"拉克希米再次强调，此次并购并不会裁员，而且合并后，新公司的总部仍将设在卢森堡。另外，他也会继续履行安赛乐在卢森堡的所有投资计划。

随后记者便问起了数十亿欧元的报价问题："您何时会正式公开收购要约？"

"我们还在指望着监管机构能在 4 月中下旬开放交易，然后安赛乐的股东可以在 30 到 35 个工作日内考虑并做出正确的决定。我确信他们一定会做出正确的决定，我甚至从未想过会有其他结果。"

26

错失良机

··

🕐 4月14—17日

📍 法国巴黎

在安赛乐公司的"白衣骑士"中，谢韦尔钢铁公司（代号"苏维翁"）持股数遥遥领先。正当多莱准备在莫尔达索夫健壮的胸前别上玫瑰花饰，以彰显其地位时，安赛乐却迎来了不知从何处而来的一名新的白衣骑士。它原隶属于巴黎摩根大通，但并不是一家法国公司，而是德国公司，总部设于德国杜塞尔多夫，是整个西欧最著名的公司之一。塞尔凡－施赖伯给其取代号为"甜酒"。这家公司便是蒂森克虏伯集团。拉克希米曾认为他已跟蒂森克虏伯达成法律交易，将多法斯科公司转售于它，使其无法成为安赛乐的潜在"白衣骑士"。而如今，正是蒂森克虏伯出手帮助安赛乐摆脱米塔尔的收购。

蒂森克虏伯在复活节期间才正式加入安赛乐阵营，这让整个安赛乐，尤其是多莱都大吃一惊。安赛乐公司之所以如此吃惊是因为：第一，蒂森克虏伯公司曾与安赛乐激烈竞购过多法斯科公司；第二，拉克希米曾同舒尔茨秘密达成多法斯科公司的转售交易；第三，如今，德国公司遭到了安赛乐基金会的全面限制，完全被边缘化。安赛乐的这种做法也彻底激怒了他们。

但在世达律师事务所巴黎分所的一大堆保密协议中，他们的两面派作风和公司间相互要诈的手段将上升到新的高度。

舒尔茨和蒂森克虏伯公司的母公司蒂森克虏伯股份公司（ThyssenKrupp AG）监事会主席格哈德·克罗默（Gerhard Cromme）博士最初开展了一些秘密工作，最终策划出了与安赛乐合并的计划。复活节前不久，舒尔茨得知金希难得休假，正在巴利阿里群岛打高尔夫球。舒尔茨知道这次时间紧迫，任务繁重，所以飞到巴利阿里群岛来会见金希。在第 19 号发球区，舒尔茨提出了两个集团合并的想法，通过这种简单友好的方式，解决各自面临的不同难题。舒尔茨告诉金希，荷兰基金会一事令他们极为愤慨，市场也是如此。但是由于事情已成定局，所以两家公司合并一举两得。一方面，安赛乐既可以抵御米塔尔钢铁公司的恶意收购，又可以放弃莫尔达绍夫，因为谢韦尔钢铁公司很难估值。另一方面，蒂森克虏伯可以不再被边缘化，继续持有多法斯科公司的股份，成长为世界领先的全能钢铁集团，进军美国。舒尔茨还说道，安赛乐和蒂森克虏伯合并才是真正的赢家，合并后组建的新公司将融合旧欧洲最好的行业知识和专有技术，勇敢地走向新世界。

跟安赛乐相比，蒂森克虏伯公司规模较小，灵活度低，要论合并的资质，安赛乐各个方面都要出色得多。可是，金希从小在德国长大，跟德国人结了婚，最初还在阿贝德这家德国钢铁公司当过学徒，所以他对此非常理解，还直接升起了一种民族团结的信念。蒂森克虏伯是一个伟大的品牌，值得合作，金希很钦佩德国人对于技术的自信。与此同时，克罗默还利用了他与巴黎摩根大通高层的关系，他可以直呼摩根大通董事长的大名。卢森堡政府也很乐意开展全欧洲合作，让－克洛德·容克根本上是个欧洲狂热爱好者，对于邻国的游说一直持开放态度。

摩根士丹利看到了商机，而其他顾问都陷入了与白衣护卫和白衣骑士的无尽谈判中，一筹莫展，只有莫尔达绍夫的谈判有了结果。作为巴西第二大钢铁公司，巴西国家钢铁公司（代号"解百纳"）是安赛乐（巴西）公司的有力竞争对手，更是安赛乐最后的一丝希望。但由于其董事长兼总经理本杰明·斯坦布鲁赫（Benjamin Steinbruch）对于全球扩张野心勃勃，又过于吹毛求疵，所以到最后甚至连他们的谈判都陷入了僵局。

同其他白衣骑士一样，斯坦布鲁赫越发贪婪，想要得到安赛乐大部分的股份。

金希回到卢森堡，决定结束与谢韦尔钢铁公司的谈判。美林证券曾带头跟莫尔达绍夫谈判，但如今却又必须坐视迈克尔跟摩根士丹利、塞尔凡－施赖伯、辛普森以及沃斯与蒂森克虏伯谈判，那场面别提多尴尬了。复活节期间，各谈判人员齐聚世达律师事务所巴黎分所进行谈判，但结果并不尽如人意。他们的谈判进展飞快，顺带引出了众多问题，尤其是，如果安赛乐和蒂森克虏伯想要遵守欧盟的竞争规则，就必须抛出一些主要资产。反垄断问题非常重大，所以，安赛乐、蒂森克虏伯及其顾问决定找欧盟竞争事务专员尼莉·克罗斯探探口风。

"如果克罗斯态度非常坚决，那就没必要继续谈判了。"他们乘坐私人飞机前往布鲁塞尔时，塞尔凡－施赖伯建议道。

安赛乐及蒂森克虏伯代表团乘坐装有有色玻璃的面包车前往克罗斯办公室。欧盟委员会竞争总司位于约瑟夫二世街70号，车快要驶进目的地时，司机放慢了车速，等待指示。

"我们要谨慎行事。"舒尔茨紧张兮兮地说道。"我认为德国代表团应该率先行动,独自进入大厦,而卢森堡代表团绕街区转转再进去,这样就没人发现我们是一起来的了。"

德国代表团下了车,快步走进了大厦。面包车又围着街区转了一圈,随后原地停车,又等待了20分钟。

"这和拍间谍电影似的。"面包车掉头返回克罗斯办公室途中,塞尔凡-施赖伯跟多莱开玩笑道。

他们等着发放通行证,叫去会见克罗斯专员时,多莱拿出了他的磁吸笔,将其放到了新玻璃钢建筑的一根钢柱上。"安赛乐钢铁。"多莱一边说着,一边微笑看着塞尔凡-施赖伯。

塞尔凡-施赖伯惊讶不已。

随后,一位年轻男子穿着卡其色夹克,朝他们快步走来,多莱便渐渐收敛了笑容。

"多莱先生,我是《论坛报》的记者,请问您今日前来所为何事?"

"我此次前来是为了跟相关官员说明情况的,这是我的工作常事。"多莱毫不犹疑地答道。话音刚落,他便抓着安全通行证,走进了电梯。

这位记者看了看签到记录,发现"到访目的"一栏中,多莱签的是"尼莉·克罗斯"。

安赛乐和蒂森克虏伯公司的相关人员正讲得起劲,这时,一位秘书蹑手蹑脚地走进克罗斯办公室,递给了她一张纸条。克罗斯看过后,抬头望向了多莱。

"这里有一位欧盟记者团的记者想知道您来这里的原因。"克罗斯笑着说道。

"我认为我们应该先继续说明情况。"多莱委婉地回道。但其实他心里早已破口大骂，有些人一直在透露着他的一举一动。

即使他们要跟克罗斯讨论的是合并原则，而非合并细节，但显而易见，为了遵守竞争规则，安赛乐和蒂森克虏伯合并后组建的新集团，可能必须放弃其在欧洲的大部分重叠业务，而这正是合作各方的主要商业活动。另一个主要问题是，蒂森克虏伯不仅是钢铁公司，还是世界上最大的科技集团之一。蒂森克虏伯在全球拥有近 18.8 万名员工，其业务广泛，涉及钢铁、机械工程和汽车行业零部件、电梯和自动扶梯、材料贸易和服务等，其 2005 年到 2006 年度的贸易额超 470 亿欧元。为了跟安赛乐顺利完成合并，蒂森克虏伯必须在合并前将其钢铁资产放入一家独立公司。双方对此也都一致同意。

但德国蒂森克虏伯公司的最终控制权属于两个基金会，即蒂森基金会和克虏伯基金会。克虏伯曾是一家著名的军火公司。1999 年，这两家公司合并，组建了如今强大的联合企业——蒂森克虏伯。经营这两家基金会的人都年事已高，且决策力不强，所以他们不愿意在这次与安赛乐的交易中丧失自己的控股权。但对于安赛乐来说，和与莫尔达绍夫交易相比，与蒂森克虏伯合作似乎给他们带来不了多大工业上的好处。但安赛乐依然决定与蒂森克虏伯谈判，试图达成合作，这足以证明他们令人绝望的处境，以及担心跟俄罗斯谈判面临的主要障碍，即对谢韦尔钢铁公司的估值。

在巴黎，安赛乐还在持续和蒂森克虏伯谈判，双方都在试图解决潜在的竞争难题，并就各自准备放弃的业务而争论不休。他们还想要提出一种模式，既有效可行，又比米塔尔钢铁公司的出价更能吸引股东。这对于安赛乐团队来说，似乎是单方面交易。蒂森克虏伯非但没有给安赛乐提供太多帮助，却还期望安赛乐能满足他们提出的任何要求。

与此同时，谢韦尔钢铁公司那边的谈判也毫无进展，这让多莱和莫尔达绍夫越来越灰心丧气。

随着时间的推移，安赛乐跟蒂森克虏伯的谈判进展越发缓慢，这让塞尔凡－施赖伯疑惑不解。也许是身心疲劳，加上对谈判逐渐麻木影响了施赖伯的判断力。但在一次休息途中，他告诉辛普森："也许这根本就是个幌子，是拉克希米故意丢给我们的水雷，来浪费我们的时间。"

辛普森虽然不确定拉克希米和舒尔茨在背后秘密搞什么勾当，但有一点毫无疑问："这些人搞起谈判来简直就是魔鬼。"

他们把这些担忧通通告诉了金希。"继续谈判吧。"金希说道。

因此，谈判又继续下去。尽管他们仍未就蒂森克虏伯钢铁资产的估值达成一致，但他们最终有望达成比米塔尔钢铁公司的公开报价还要高的交易。全新的欧洲全球钢铁冠军企业——安赛乐－蒂森克虏伯也将由此诞生。

随后，舒尔茨又召开了另一个会议。此次会议在"温泉城"亚琛的一个酒店举行。亚琛还曾用过一个法文名"艾克斯拉沙佩勒"（Aix-la-Chapelle），该词原指亚琛附近的另一个温泉城市，中世纪时期伟大的法兰克帝国缔造者查理曼大帝（Charlemagne）曾在此建都。多莱和金希刚进到房间，便感觉舒尔茨打算变卦。弗朗索瓦·亨罗特（François Henrot）是罗斯柴尔德家族安排给蒂森公司的顾问。亨罗特站起来时，舒尔茨显得非常紧张，仿佛要喘不过气来一样。舒尔茨表示他想做另外的选择。

什么选择？

蒂森克虏伯想要分得安赛乐更多股份。事实上，蒂森克虏伯想要不支付任何现金溢价，仅凭股份便全权控制安赛乐。

"我们不想参与竞购战，跟米塔尔钢铁公司一较高下。"亨罗特表示。如果安赛乐需要支付现金溢价等，那蒂森克虏伯便将跟米塔尔钢铁公司针锋相对，但米塔尔钢铁公司明显火力强猛，所以蒂森克虏伯不愿倾其所有，铤而走险。

安赛乐的顾问在隔壁房间静静等待着，听到这个消息后，他们简直难以置信。

"他们这打的什么算盘？"

"他们就是野心勃勃，毫无诚意。"辛普森答道，"他们是不会得逞的。"

谈判结束后，蒂森克虏伯团队便离开了酒店。

他们为什么提出这般不切实际的要求？他们是真的害怕跟米塔尔钢铁公司针锋相对，还是如塞尔凡－施赖伯所言，蒂森克虏伯就是米塔尔钢铁公司从伯克利广场大厦丢出的水雷，故意浪费安赛乐的时间，使安赛乐无法寻找到反对其竞购的公司，来拯救其于水火之中？

多莱感觉自己腹背受敌，惨遭背叛，先是欧盟官僚竞争圈规则限制，而后蒂森克虏伯提出蛮横无理的要求。就在安赛乐即将与谢韦尔钢铁公司达成交易之际，多莱眼睁睁看着自己错失良机，与其失之交臂。他回到了潘德劳德和哈斯巴尼安身边，埋天怨地，愤慨着逝去的岁月。哈斯巴尼安是美林证券的二把手。由此一来，米塔尔钢铁公司基本不会再受到监管机构和世达律师事务所律师的阻挠。安赛乐需要抓紧时间，找回莫尔达索夫，继续与谢韦尔钢铁公司谈判。

与此同时，扎列斯基抓住时机，买入安赛乐股份，增加了份额。如今，扎列斯基已持有安赛乐 3.63％的股份。

🕐 4 月 20 日，星期四

📍 法国洛林，米塔尔钢铁公司冈德朗日钢铁厂

自从米塔尔钢铁公司宣布拟收购安赛乐公司后，12 个星期已匆匆过去。米塔尔钢铁公司的魅力战术取得了成效，收购攻势一片向好。他们还组织了投资者路演，尤其是法国兴业银行迈耶在法国组织的一系列路演，都收效甚佳。尽管如此，公司还是把向安赛乐股东公开报价一事一拖再拖，拉克希米每次见到沙伯特都会问："咱们何时公开报价？"

"再等几周吧。"沙伯特说道。

"你两周前也是这么说的。"拉克希米提醒道，他面带微笑，却不再同往常一般温暖迷人。

沙伯特希望一切如拉克希米所愿，但世达律师事务所的臭虫邮件实在高明。美国华盛顿证券交易委员会要求沙伯特提供两家公司的预估账目，并坚持要求安赛乐的会计信息必须直接源自公司内部，而非公开渠道购买所得。鉴于此，沙伯特给塞尔凡 – 施赖伯打去电话寻求帮助。沙伯特给塞尔凡 – 施赖伯发了一封邮件，详细说明了情况。

塞尔凡 – 施赖伯回复："请准确告知需要哪些信息。"

沙伯特意识到塞尔凡 – 施赖伯有意阻挠，便询问美国证券交易委员会，他能否直接使用安赛乐已公开过的信息。两周后，美国证券交易委员会给出了回应："他们反对给出信息了吗？"

"他们没有表示反对，也没有同意。"沙伯特回道。

美国证券交易委员会告知沙伯特，再去同塞尔凡 – 施赖伯商谈，更详细地说明委员会要求的信息。塞尔凡 – 施赖伯适当拖延了些时日，之后予以回应。"第一，米塔尔钢铁公司绝不得以任何

形式暗示安赛乐公司正批准或同意米塔尔钢铁公司所提供的收购
报价。"

沙伯特同意了。

"第二，"塞尔凡－施赖伯说道，"米塔尔钢铁公司必须支付提
供财务信息的费用。"

"费用是多少？"沙伯特问道。

"我得问问审计师。"沙伯特听出对方语气中带着笑意。

两周后，塞尔凡－施赖伯给沙伯特打来了电话。"会计师表
示，提供你们想要的信息大概需要 6 个月的时间，费用是 2000 万
美元。"

这明显是一派胡言，沙伯特此刻绝望透顶。他回到美国证券
交易委员会，告知了对方这一情况。这一次，委员会最终同意他
使用安赛乐的公开信息。仅这一个问题就耗费整整 6 周才解决。
米塔尔钢铁公司要经过每个管辖机构的重重审批，轮番走一遭。
但这对于塞尔凡－施赖伯却截然不同，他告诉辛普森："这笔交易
是律师朝思暮想的机遇。"

这些臭虫渐渐钻入拉克希米的皮肤下，使他不得不逃至他最
喜欢的地方——冈德朗日钢铁厂，向 30 名法国记者展示他扭亏为
盈的全部经过。拉克希米于 1999 年从多莱和优基诺那里收购了冈
德朗日钢铁厂。当时，冈德朗日钢铁厂一直处于亏损状态，员工
和钢铁厂不断面临着被裁员和倒闭的威胁。"如今 2006 年了，我
可以站在这里开心地说，冈德朗日钢铁厂早已和以前不一样了。"
拉克希米告诉记者。冈德朗日钢铁厂现在是欧洲领先的钢铁生产
商，主要生产线材及其他广泛应用于汽车、建筑和工程行业的产
品。"我们能相当准确地说明我们的报价对安赛乐公司产生的影
响。"拉克希米继续说道。"自从我们宣布拟收购安赛乐以来，截

至昨晚收盘，安赛乐公司市值累计增长约 115 亿欧元。安赛乐公司的股东应该扪心自问：如果没有米塔尔钢铁公司，安赛乐公司增加的市值从何而来？"

前一天，拉克希米刚跟比利时首相居伊·伏思达（Guy Verhofstad）及佛兰芒和瓦隆地区（安赛乐在此设有钢铁厂）的两名首席部长与会商讨，结果鼓舞人心。今天，拉克希米还请来冈德朗日钢铁厂的工会代表马塞尔·蒂尔（Marcel Thill）现场告诉记者，冈德朗日钢铁厂员工在拉克希米手下工作远比曾在多莱手下工作要愉快得多。尽管政界开始倾向于拉克希米，但不同寻常的是，拉克希米却表现得有些犹豫不决。

拉克希米的胃病复发了。上台前，他在卫生间呕吐了，差点无法登台。如今他正死死抓着讲桌，让自己保持平衡。盖维斯担心拉克希米会在台上晕倒。他利用此次绝佳的媒体机会，平息了多莱对拉克希米经营不善的指控，并将其当作"礼物"送给了安赛乐。无论怎样，拉克希米都坚持到了最后，"最后我想说，你们会发现我们精神抖擞，充满干劲。"

但戴维森此刻如坐针毡。

"我们期待着公开报价文件，而且，我们仍然信心百倍，定能将安赛乐收入囊中。我现在期待着回答你们可能提出的任何问题。"拉克希米最后说道。

没过多久，戴维森便挤进记者堆，将拉克希米带回了车内。

拉克希米无法带领记者参观钢铁厂了。戴维森让他留在车内，自己出去处理问题。

10 分钟后，戴维森刚要跟记者、摄影师解释行程安排的变动，就注意到有个带着白色安全帽的熟悉身影朝他们大步走来。"拉克希米先生现在可以带领你们参观钢铁厂了。"戴维森一边告诉记者，一边疑惑地盯着那个熟悉的身影。不知怎的，拉克希米恢复神速，令人惊讶不已。随后，他花费两个小时，带领记者细致参观了钢铁厂。

如今他们已返回英国，拉克希米和阿蒂亚都遭遇了奇怪的事情。风险控制集团的人告诉拉克希米，有人一直在窃听米塔尔钢铁公司的电话。现在，专业人员会定期检查他们的手机是否被装了窃听器，还建议公司所有员工需谨慎使用手机，除了他们百分百信任的人，不能向任何人泄露手机号码。

卡洛斯（Carlos）是拉克希米的司机，已经为拉克希米工作了 12 年。有一天，拉克希米上车后，和卡洛斯说道："注意一辆蓝色的宝马车。有人告诉我，我们被跟踪了。"尽管他们并没有发现宝马车，但这场战争越来越像他最喜欢的演员之一詹姆斯·邦德（James Bond）主演的《007》系列电影了。

与此同时，阿蒂亚收到了一份有趣的邀请，邀请他前往克拉里奇酒店共进晚餐。阿蒂亚当时坐在一家私人餐厅中等待着卢森堡司法部部长弗里登来，却打翻了红酒杯。该死，阿蒂亚心想，他一定会觉得我紧张不安。服务员还在阿蒂亚附近拖扫时，弗里登走了进来。

27
安赛乐的好消息

••

🕐 **4 月 20 日，星期四**
📍 **伦敦**

在恶意收购中，防御方经常将收购方置于"显微镜"下，细细观察，有时会产生意想不到的结果。如果在此过程中还有第三方加入，那局面就对防御方更有利了。安赛乐察觉到米塔尔钢铁公司有个弱点——公司治理，所以便开始高度关注这方面。而且，安赛乐这一次还收获了意想不到的盟友助阵。

第一位是科莱特·诺维尔（Colette Neuville），一个法国维权运动女战士。她的办公室位于巴黎西南方向的教堂小镇沙特尔，那里风景如画，距离巴黎约 100 千米远。她经常在此办公，捍卫股东权益。诺维尔是法国少数股东权利组织（法文缩写为 ADAM）的主席，仅持有安赛乐一股股份，却足以给公司制造麻烦。但这一次，她挑战的对象是米塔尔钢铁公司，她同米塔尔钢铁公司高管进行了面对面会谈，其抨击内容包括三大要点："削弱米塔尔家族的双重投票权，提高对安赛乐的收购条件，提供两家公司合并的详尽计划。"

诺维尔女士表示，ADAM 组织成员均反对双重投票权，他们主张米塔尔钢铁公司应该同大多数欧洲公司一样，采用传统的一股一票制。玛赫什瓦利全神贯注地听着，然后指出："如果米塔尔钢铁成功收购安赛乐，那我们会提议扩大董事会，但我们只能让步于此，这是最后的底线。"

诺维尔女士刚发表上述言论没几天，安赛乐又接到一个振奋人心的消息。该消息来自约翰·普伦德（John Plender），他是英国《金融时报》最受尊敬的专栏作家。他揭示道，米塔尔钢铁公司共有 5 名独立非执行董事，其中 3 名跟米塔尔钢铁公司的董事长兼创始人拉克希米存在财务往来。

"此消息爆出时，米塔尔钢铁公司正处于敏感期，他们正在专攻恶意收购安赛乐的事宜。"普伦德在一篇长篇调查报道中评论道。纳拉亚南·瓦格（Narayanan Vaghul）担任米塔尔钢铁公司审计委员会主席，他还是董事会薪酬委员会及提名委员会成员。提名委员会负责制定、监督和审查米塔尔钢铁公司的治理原则。瓦格还是印度工业信贷投资银行的董事长，拉克希米曾任印度工业信贷投资银行董事。其次，普伦德着重介绍了安德烈斯·罗森塔尔（Andres Rozental）。罗森塔尔曾是墨西哥副外长，担任过米塔尔钢铁公司薪酬委员会和提名委员会主席，还曾任职于该公司的审计委员会。罗森塔尔先生还曾是墨西哥外交关系委员会主席，将米塔尔钢铁公司列为赞助企业。

第三位便是穆尼·克里希纳·T. 雷迪（Muni Krishna T. Reddy）。他也是米塔尔钢铁公司审计委员会及提名委员会成员，还担任过特兰尼达商业银行董事，拉克希米持有该家银行部分股份。

普伦德承认，这 3 个人都完全符合现有的独立董事的标准，并表示按照纽约证券交易所规定的标准，米塔尔钢铁公司的治理实践与美国国内的上市公司并无重大差异。可是，普伦德还表示："无论米塔尔钢铁公司独立董事的独立性多么符合各项标准，它都可能受到指控，即董事会任人唯亲。"

普伦德并没有就此罢休，他还去美国证券交易委员会官网查阅了米塔尔钢铁公司提交的海量文件。然后他发现，米塔尔钢铁公司的章程及治理披露文件表明，在成功收购安赛乐之前，现有的公司治理安排可能会引发众多问题，令投资者忧心忡忡。普伦德坚称，米塔尔家族的双重投票特权无论发生何等变动，都对公司治理不具有任何实际意义。因为只要拉克希米仍然保留多数投票制，那公司章程赋予外部股东相关权利就是一纸空文。"即使拉克希米将其投票控制权缩减一半，董事会如果认为这样做'会损害公司的重大利益'，那么董事会仍会阻止将此等提议排入议程。而且，公司章程中未给出'重大利益'的明确定义。因此，董事在行使其自由裁量权时，不会受到任何限制。公司章程还赋予了外部股东其他权利，例如与董事任免相关的权利。但如果拉克希米决定对外部股东行使投票权，那么上述权利也将毫无价值。"

普伦德还承认，欧洲投资者很熟悉这种家族管理模式，并且这种模式运作良好。究其原因，这种模式还未出现所有权与控制权分离的情况。有些公司所有权分散，而所有权与控制权相分离，更会让这些公司饱受困扰。普伦德还提到："除非法律和公司治理规则对外部投资者加以保护，即防止内部股东不惜以外部投资者的利益为代价，从控制权中谋取私人利益，否则外部投资者分得的公司股份全凭内部股东决定。"

如今，普伦德又将矛头转向了米塔尔钢铁公司的账目。"乍看之下，账目情况尚可接受。"普伦德说道。但仔细研究后，他发现，米塔尔钢铁公司作为一家荷兰控股公司，其所有资产均用于经营附属公司，而没有自己的业务。"然而，米塔尔钢铁公司官网上对公司治理部分却只字未提，其附属公司是否必须适用并遵守上市母公司的治理规则，经营公司该向董事会披露何种管理信息，以及非执行董事拥有何等权利从附属公司获取信息等。管理委员会制定的相关规则适用于米塔尔钢铁国际公司，而非上市母公司米塔尔钢铁公司。"

《金融时报》向米塔尔钢铁公司提出上述问题后，其公司发言人承认他们确实犯了错，其实并不存在什么米塔尔钢铁国际公司。上述治理规则都是针对米塔尔钢铁公司制定的。

最后，普伦德还研究了米塔尔钢铁公司不同种类的股份。米塔尔钢铁公司存在两种不同类别的董事，即 A 类和 C 类，这太不寻常了。A 类董事指拉克希米及其儿女阿蒂亚和瓦尼莎。其中，拉克希米兼任董事长及首席执行官，而阿蒂亚和瓦尼莎都在钢铁行业活跃打拼，当选为董事并任期 4 年。5 位非执行董事属于 C 类，他们同样作为公司代表，但权力更为有限。"毫无疑问，他们地位略低，任期一年，但可连任。实际上，他们是为拉克希米工作的。"普伦德评论道。

普伦德的文章一经发表，卢森堡，特别是安赛乐会议室内一片欢呼雀跃。如果由影响力较大的第三方公开提出相关顾虑，其效果会远远大于安赛乐主动提出要求。

对于董事会任人唯亲的指控，拉克希米丝毫不予理睬，但这也让他开始思考相关问题。

阿蒂亚打算主动出击。这次，阿蒂亚在米兰一家低调的高档餐厅，再次等待着与弗里登共进晚餐。最终，弗里登抵达餐厅，整个场景像极了《柏林谍影》(*The Spy Who Came in from the*

Cold）。达金特曾说过，政府利益与安赛乐利益并非完全一致。尽管弗里登已经得到了让－克洛德·容克的支持，一直同拉克希米保持着秘密交流，还始终相信了达金特所言，但他现在还是无比紧张。弗里登跟阿蒂亚坦言，他用铅笔在日记中将此次晚餐写为"与美国大学朋友会面"。确实如此，弗里登和阿蒂亚都曾就读于美国大学，而且口音很像，但他们从不相识。他们还曾在欧洲另一个首屈一指的城市出席过晚宴，当时，弗里登的一位哈佛老友沙伯特也在场，他们这些美国大学校友总共一起私下聚餐过6次。

这对双方来说都是一次难得的机会，他们可以向对方阐明自己的业务和政治文化，还可以在不做记录的情况下衡量彼此当前的想法。沙伯特还可借此机会提醒弗里登，卢森堡政府对于仓促通过收购法后悔莫及。

🕐 4月23日，星期日
📍 西班牙巴塞罗那，国际钢铁协会董事春季董事会会议

巴塞罗那海滨艺术酒店（Hotel Arts）装修时尚华丽，其临近游艇码头及城市海滩，是在加泰罗尼亚首府巴塞罗那召开会议的首选之地。大家都知道白天洽谈生意的最佳场所，要么选在一楼休息室和酒吧的边桌旁，要么就在阳台上，那里阳光普照，可以眺望到地中海区域。到了晚上，夜幕降临，人们可以点上一份西班牙海鲜饭，品饮着奥哈葡萄酒，穿着宽松的西装，参观码头附近的很多艳舞酒吧。

国际钢铁协会主席多莱登上领奖台，为2005年"钢铁大学挑战赛"冠军颁发奖杯及奖品时，他可没有心情去想什么艳舞。"钢铁大学"是由国际钢铁协会和利物浦大学共同创建的学习网站，

为学生和"钢铁行业供应链员工"提供有关钢铁技术方面的电子学习资源。但讽刺的是，多莱此刻颁发给未来钢铁新星的奖杯是蒂森克虏伯公司的学徒工制作的。

此时此刻，拉克希米未曾想过"讽刺"一词。但当他看向蒂森克虏伯执行委员会的副主席乌尔里希·米德曼（Ulrich Middelmann）时，便想到了"对抗"一词。"我们两家公司缺乏信任。"拉克希米告诉米德曼。米德曼结结巴巴地说了句话，听起来像是对造成"任何误解"的半道歉。拉克希米盯着米德曼，想起了蒂森家族的座右铭"美德超越财富"，但他并没想再继续这个话题。他感觉自己惨遭背叛，特别是舒尔茨彻底出卖了他。拉克希米曾跟舒尔茨发生过争吵，但他知道蒂森克虏伯是一个分裂阵营。一些人跟舒尔茨一样，倾向于追求公司财富，其他人则属于"美德"派。蒂森克虏伯曾跟米塔尔钢铁公司达成交易，事成后收购多法斯科公司，部分人并不想违背约定。

拉克希米在公开对安赛乐的报价之前，已于1月给一些公司打去电话，他们明确保证会支持米塔尔钢铁公司。而现在，拉克希米确信，仍然有一些公司在帮助安赛乐摆脱米塔尔钢铁公司的收购，曾经公然支持米塔尔钢铁公司的公司也毫不例外。安赛乐有一名潜在白衣骑士，让拉克希米格外担忧。他是一名青年企业家，为人热情真诚，拉克希米很久以前就看中了他。对他来说，跟安赛乐谈成合并或更多事宜将极大地帮助其公司步入领先行列。

"莫尔达索夫，"拉克希米和莫尔达索夫打招呼，"你知道跟安赛乐达成收购交易对我们至关重要。这也是我们这么长时间以来为此执着的原因。"

"当然。"莫尔达索夫说道。

"很好，那我希望你不要挡我的道。"拉克希米开门见山地回道。

莫尔达索夫笑了笑说："安赛乐对于谢韦尔钢铁公司来说也是极其重要的合作伙伴。"

拉克希米点了点头。

莫尔达索夫补充道："与此同时，我也必须做出商业决定。"

虽然莫尔达索夫并未出席谢韦尔钢铁公司在切列波韦茨钢厂举行的开幕式，但多莱得到消息，谢韦尔钢铁公司，尤其是其战略总监马尔科夫，如今更愿意将所有资产向安赛乐公开以达成交易。多莱还得知，有一种更合理的估值方法。多莱到达酒店餐厅就座后，想着潘德劳德的耐心战术似乎正发挥着作用。马尔科夫每件事都亲力亲为，现在他正跟多莱的特使戴夫扎克在海滩上晒太阳。多莱需要跟重要人物——谢韦尔钢铁公司的董事长莫尔达索夫确认这件事。他正不急不慢地朝多莱走来。

"莫尔达索夫，欢迎您的到来。据我所知，您更倾向于公开谢韦尔钢铁公司的全部资产，以达成交易。"多莱略带疑惑地说。这时，这位年轻的俄罗斯企业家坐到了对面。"我也认为，我们可能在贵公司的估值问题上需要多加交流。"

"为了实现我们两家公司的共同利益，我态度坚决，已做好充足准备，"莫尔达索夫斩钉截铁地说道，"但是我们需要在谈判中重振旗鼓。"莫尔达索夫可能想告诉多莱，除了谢韦尔钢铁公司，安赛乐别无选择。所以莫尔达索夫不断地试探多莱，想摸清楚他的反应。

"尽管我们还在跟其他公司谈判，"多莱告诉莫尔达索夫，"但如果咱们能敲定合适的条款，那谢韦尔钢铁公司仍是安赛乐的首选。"

莫尔达索夫笑了，两人就此握手告别。

午饭过后，多莱一边往自己房间走，一边提醒自己，这个寸步不让的俄罗斯人已经足足浪费了他两个半月的宝贵谈判时间。但如果能达成他期盼已久的交易，战胜拉克希米，那这一切都非常值得。

与此同时，拉克希米还跟利辛发生了奇怪的争吵。国际钢铁协会董事会会议在巴塞罗那召开。休息间隙，新利佩茨克钢铁公司老板利辛带来了一个特别的俄罗斯蛋糕，跟其他与会代表分享。利辛便把蛋糕切成了很多份，这群钢铁界人士便微笑着接过了蛋糕。这时，拉克希米迎面走来。

"能给我一块蛋糕吗？"拉克希米冷冷地问道。

"当然可以，"利辛说道，"蛋糕是分给大家一起吃的。"

"我认为我理应分得一块蛋糕，因为这就像我提议收购安赛乐一样，每一位股东都有份。"拉克希米一边吃着蛋糕，一边说道。

利辛听后有些不悦。

"我提议收购安赛乐是为了整个钢铁行业的利益。"拉克希米坚定地说道。

利辛开始渐渐不耐烦。这时，在场所有人都收起了笑容。

"在收购安赛乐一事上，我希望你不要阻挠我。"拉克希米告诉利辛。利辛曾公开表示，希望收购安赛乐15%的股份。很显然，拉克希米对此非常恼火。

利辛毫不让步，但他的沮丧之情溢于言表。拉克希米公然当着众多钢铁界同仁的面攻击他，实在让他难堪。

28
年度股东大会

··

🕐 **4 月 28 日,星期五**

📍 **卢森堡基希贝格,展览会议中心**

　　安赛乐年度股东大会向来是件盛事,但今年,成群的人簇拥在展览会议中心大厅登记处,议论纷纷。此届股东大会由股东及官方认可的观察员出席参加,共计 300 余名。他们此行的目的,不仅是听取安赛乐例行汇报全年的工作进度及财务情况,更想从金希口中了解安赛乐抵御米塔尔钢铁公司恶意收购的进展。

　　此届股东大会场地布局有点类似于塞西尔·B. 德米尔(Cecil B. De Mille)的风格。大会现场设有一块全景屏幕,由阳狮集团赞助。大会先在屏幕上播放了一段华丽的视频,对话快速灵活,画面生动形象,既介绍了安赛乐的人员构成,又展现了公司的办公技术,让与会人员都倍感愉悦。会堂到处都藏有扬声器,视频过后,轻音乐响起,股东们手持电子投票设备和耳机,一一落座。通常情况下,安赛乐的年度股东大会全程用法语进行,提供同声传译服务,为各位股东实时同步大会内容。整个会堂采用剧院式布局，成排摆放座椅，并在中间留有两条较宽的过道。侧墙还利用深蓝涂料加以粉饰，与之交相呼应。董事会主席金希、多莱和各位高管落座后，报刊记者、狗仔队和电视台摄影记者争先恐后，成排簇拥，跟安赛乐人员保持着一米间隔。主席台空间广阔，灯光璀璨，几乎延伸至整个会堂。台上所有人都佩戴着"我爱安赛乐"的领章。

金希极为熟练地主持着会议，他旁边的其他人全程形色各异：多莱活泼激动，沃斯严肃正经，尤吉卓面露微笑，而罗兰·容克镇定自若。金希右边最远处的是施密特，他是董事会中的卢森堡政府代表，还在后面电子投票环节担任监票人。所有董事均需要重新选举，但总干事成员不参与计票。

很显然，主席台上气氛相当欢快。金希看上去不像即将接受秘密投票的样子，其副主席若泽·拉蒙·阿尔瓦雷斯·伦杜埃莱斯（José Ramón Álvarez Rendueles）也是如此。这是金希自掌管安赛乐以来，第一次受到挑战。但是，金希正遭受来自大西洋彼岸美国的机构股东服务公司（Institutional Shareholder Services）的猛烈抨击。机构股东服务公司总部设于美国马里兰州的罗克维尔，专注于为机构投资方及资产管理方分别提供投票建议和公司治理方案。目前，机构股东服务公司正为安赛乐 100 多家股东公司提供服务。机构股东服务公司反对安赛乐董事会主席及副主席连任。究其原因，机构股东服务公司公开解释称："如果股东对公司近期行为严重不满，那反对被提名者便是最恰当的表达手段。"

法国股东权利组织 ADAM 的态度更为强硬，他们直接要求否决 16 名董事（包括主席和副主席在内）的换届决议。几个月前，安赛乐宣布了"价值创造计划"，刚让一些心怀不满的股东对公司有所改观，如今却又发生了这种情况。该计划承诺，安赛乐每年总营业收入将达 70 亿欧元，从而在现金流大幅增长的情况下，推动实行更加渐进的股利政策，预计未来 3 年每年将达到 44 亿欧元。此外，安赛乐预计将从与多法斯科公司的合并中获得利益，所以还将额外发放 22 亿欧元的股息。

以上这些行动都将有力地抵御米塔尔钢铁公司继续恶意收购。

安赛乐的资产负债表看上去足够稳健，但安赛乐在公关方面的所作所为简直就是败笔。大会当天，英国《金融时报》驻布鲁塞尔的记者萨拉·莱特纳（Sarah Laitner）就安赛乐官网上刚刚上传的一段短视频大肆批评。视频显示，法国兴业银行的董事长兼首席执行官布顿对安赛乐赞不绝口。视频拍摄于 2003 年，当时布顿仍在安赛乐董事会担任主要的独立非执行董事。就在视频结束前，画外音补充道，布顿如今提出提供 80 亿欧元来支持米塔尔钢铁公司的收购计划。"很显然，安赛乐还没有吸取教训。"莱特纳写道，"以视频作为噱头，只会让人们更加觉得安赛乐穷途末路，绝望至极。"

金希依然非常淡定。"我们正在讨论对策，来阻止米塔尔钢铁公司的恶意收购。"金希在年度股东大会上承诺。

价值计划便是安赛乐提出的最新举措。安赛乐业绩优异，该计划旨在激起新机构投资者和对冲基金对其的兴趣，其中一部分投资者也首次出席了本届股东大会。该计划卓有成效。越来越多的投资者意识到安赛乐被严重低估，所以纷纷寻求机会买入股份。更让金希、多莱和其他人欣慰的是，自从米塔尔钢铁公司公开表明收购意向后，时间已经过去 3 个月了。但拉克希米一直遭到那些臭虫邮件的困扰，所以迟迟无法公开报价。

在一些国际场合，辛普森曾就荷兰基金会作如下辩护：米塔尔钢铁公司应该使用自己的资产，而非安赛乐的资产，来充当收购资金。但该理由未能获得广泛认可。批评人士表示，安赛乐组建该基金会就是一个毒丸计划，旨在破坏米塔尔钢铁公司的收购计划。而他们出席此届年度股东大会，便是想要公开反对这一举措。其中最主要的人物便是 ADAM 的科莱特·诺维尔。

"我代表 ADAM 组织成员，希望您将针对多法斯科公司的防御战略提交至股东审批。"诺维尔在年度股东大会召开前一周，便在给金希的信中要求道，"我们也想要避免以下情况出现：安赛乐未经股东允许便发行新股。"

金希对此作出回应，表示暂不考虑这两点。"董事会作出任何决定都旨在维护公司利益和安赛乐股票价值。"金希在信中回道。后来，这封信被刊登在《华尔街日报》上。如今，金希又重回正题，说："董事会不会为了稀释现有股东的股份而在法定股本标准框架下行使权力发行新股。"金希还警告："如果一定要发行新股，此行动必须旨在为股东创造价值，并在行业项目框架下进行。"

大会持续了将近两个半小时。结束后，"银狐"金希冲下了主席台。他在该客气时客气，该强硬时强硬。总体来说，他对安赛乐抵御米塔尔钢铁公司恶意收购的能力保持乐观态度。多莱对公司业务了如指掌，并作出了肯定评价，尤吉卓则介绍了安赛乐强劲的财务业绩。

此刻，年度股东大会需要投票选举新任主席。对冲基金公司阿提库斯资本是安赛乐的主要股东，并不希望金希连任主席。而且 ADAM 想要知道金希的背后支持者，而机构股东服务公司直接要求金希撤任。之后，股东便开始登记选票。

安赛乐今年业绩优异，在此鼓舞下，所有董事经投票均继任原职务，但最令人期待的还是有关主席的投票。在场 75.7% 的股东同意金希连任安赛乐董事会主席，只有 25% 的股东持反对意见。

金希便欣然接受了该结果。"此次投票是全民公投。"金希隆重地告诉记者。

"会上，股东表示对安赛乐商业模式信心百倍，这让我们备受鼓舞。"金希说。

"这表明，股东认为董事会在维护他们的利益。"多莱补充道。

之后，股东们胃口大开，便手持"礼袋"——包括一份礼物、公司手册和"我爱安赛乐"徽章，争先恐后地前往楼下大厅就餐。在那里，他们品尝安赛乐的优质香槟，享用有多国美食的自助餐（法国、意大利、中国甚至印度佳肴）。最后，工作人员推着奶酪及甜点车，走进大厅，供股东们品尝。

针对金希的投票选举，诺维尔更倾向于一种合理的现实主义做法，她指出，仅有33%的安赛乐股东参与了此次投票。"董事们对此熟视无睹。"诺维尔表示，"在公司收购问题上，安赛乐总会有超过半数的股东参与决议。"

但大股东身在何处？扎列斯基目前共持有安赛乐4.3%的股份，但却不见踪迹。

"我们正在试图跟他商谈。"金希一边说着，一边迫切地点燃了马里兰烟。金希意识到，扎列斯基并未按原计划行事。原计划是：扎列斯基买入安赛乐3%左右股份后，便不再继续购入。

29
决战前的准备

••

🕐 4 月 30 日，星期日

📍 意大利威尼斯，格瑞提皇宫酒店

　　扎列斯基和妻子抵达威尼斯，直接前往格瑞提皇宫酒店，打算度过一个舒适惬意的周末。格瑞提皇宫酒店是全威尼斯最顶尖的酒店，宫殿般的装潢，采用大理石打造，显得富丽堂皇。夫妇俩打算先在酒店稍作休息，第二天前往皮诺在威尼斯大运河上游的格拉西宫新开设的博物馆，与各大名流交际往来。

　　博物馆开馆当日，皮诺将举办一场开幕晚宴，届时，900 名达官贵人将到场参加。扎列斯基知道，拉克希米及其妻子乌莎当晚也会隆重出席。而且毋庸置疑的是，拉克希米一定会抽出时间见见安赛乐最大的单一股东。果然，没过多久，拉克希米便给扎列斯基打去了电话。拉克希米不仅也在威尼斯，还跟扎列斯基住在同一家酒店。"我住在 156 号套房。"拉克希米说道，"别去接待处了，直接来我房间吧。"

　　来到拉克希米的房间后，他们各自喝着咖啡和矿泉水。拉克希米向扎列斯基提了一个简单的问题:"请告诉我,我如何才能打赢这场竞购战,顺利拿下安赛乐?"拉克希米不但收到了安赛乐的无情回应,而且他提交的投标文件,也迟迟未能获得监管机构的批准,这些都让他沮丧不已。所以,和扎列斯基交谈之际,他强装镇定,试图掩饰这一切。

"统一米塔尔钢铁公司的股票级别,让它成为一家真正的公司吧。"扎列斯基建议道,"另外,您需要准备好在公司合并后,将您的持股比例降至 50% 以下,以此回应对您管理不善的批评。"

拉克希米忍气吞声地接受了这个意见:"在收购交易中我可能需要发行新股票,将我的持股比例稀释至 45% 左右。"

扎列斯基非常清楚拉克希米此时此刻的感受。他多年和意大利商界及法律界往来交涉,由此学会了耐住性子,沉着应对。此次安赛乐竞购战就像是在维罗纳举办的马拉松式桥牌比赛,旷日持久,需要耐力。扎列斯基经常在维罗纳打桥牌,在最终定输赢之前,玩家相互之间总是反反复复地相互诓诈。维罗纳也是《罗密欧与朱丽叶》中阳台那一幕名场面的取景地,扎列斯基便拿它做了个类比:

"拉克希米,您必须把安赛乐当作一名貌美如花的女子。你要取悦她,为她唱小夜曲,并准备好为她多花钱。"扎列斯基咧嘴笑道。

🕐 5 月 4 日,星期四
📍 自由大道,安赛乐董事会会议室

多莱和金希刚刚经历了一件令他们大失所望的事。《欧洲议会和理事会第 2004/25/CE 号指令》即欧盟收购指令正式写入了卢森

堡法律。由此，安赛乐失去了防御恶意收购的一大关键支柱。塞尔凡－施赖伯和其他教授，以及沃斯担任主席的卢森堡商会共同起草拟订了毒丸修正案，但该修正案却未能获批通过。新法规不偏不倚，非常中立。卢森堡政府务实有为，坚定巩固其作为世界金融中心的地位的意识创造了今天的胜利果实——或许几场丰盛的晚宴在其中也起到了一些作用。弗里登曾在美国接受教育，一直以泛欧风格行事。如今形势发展到这种地步，金希对他特别失望，其中一个特别的原因便是弗里登的父亲曾就职于阿尔贝德。

"议会制定法律，而弗里登撰写了提案。"金希告诉多莱，"而我的想法与他大相径庭，我的方案对安赛乐更为有利。"但是，金希的观点已经成为历史，如今这场竞购战又回归到收购报价和产业计划上了。

"我们必须尽快同'苏维翁'谈判。"美林证券的哈斯巴尼安告诉其上司潘德劳德。

"'苏维翁'现在愈发现实，这简直就是天赐良机。"潘德劳德回道。

莫尔达索夫一直在公司估值问题上毫不妥协，而后蒂森克虏伯公司又突然插足，让安赛乐白白浪费了两个半月。这意味着美林证券的银行家需要凝聚合力，共促交易。米塔尔钢铁公司方面目前也正在节节逼近。尼古拉斯·瓦洛兹（Nicolas Vallorz）是安赛乐的"霹雳石"，他看到贪婪的白衣骑士和白衣护卫逐渐沉寂，便意识到公司内部需要再施压力，来促成谈判交易。

安赛乐和谢韦尔钢铁公司的谈判团队先后辗转巴塞罗那、德累斯顿、维也纳、纽约、莫斯科等地进行了一系列谈判，最后又重回卢森堡阵地，开始就交易达成一致。本质来说，安赛乐将发行新股，从而让谢韦尔钢铁公司能够获得合并后公司32％的股份。

按照安赛乐公司章程的规定，持股一旦达到33%或更多，则必须进行全面收购。但对于谢韦尔钢铁公司来说，实现全面收购更是难上加难。所以，他们将莫尔达索夫的股份的上限设在了比这个门槛低1%的位置。

作为回报，谢韦尔钢铁公司将把其钢铁、铁矿煤矿开采，以及相关基础设施生产业务尽数同安赛乐合并。两家公司合并后协同发展，预计将节省40多亿欧元的运营成本，每年生产7000万吨粗钢，令多莱及安赛乐重新称霸钢铁界。

🕐 5月9日，星期二
📍 英国伦敦海德公园角，兰斯伯瑞酒店

一群重量级人物正在酒店大厅等待着，有玛赫什瓦利、尤伊、诺德、弗莱彻、戴维森、盖维斯和米塔尔钢铁公司收购团队的其他成员。他们透过酒店大门不停地向外张望。阿蒂亚率先抵达酒店。他一进场，便看上去愁眉苦脸，疲惫不堪，手中拿着几张纸，并关掉了手机。罗斯一脸轻松，步伐轻盈地进入了酒店，还亲吻了戴维森的脸颊。除他之外，整个现场笼罩着紧张、压迫的气氛。酒店里到处都是新闻记者，马什自然不甘落后，挤在了人群的最前列。金融分析师们要么敲打着咖啡杯，要么就在不断发送短信。电视台工作人员对场内进行最后检查时，一名摄影记者独自站在外面的人行道上，拍到了期待的一幕场景。

几秒钟过后，拉克希米走进了酒店。他淡定自若，微笑着跟大家打招呼，仿佛走进了他最爱的俱乐部。拉克希米表面上笑脸相迎，实际的目的却是来和安赛乐打一场硬仗。

拉克希米宣布记者发布会开始，并开口致辞："女士们、先生

们，感谢大家接到通知就来到发布会现场。大家都知道，我们从一开始便已表态，米塔尔钢铁公司希望同安赛乐友好交易。"

在过去的10天里，拉克希米一直在劝说金希和他会面，就其报价提议商讨改进方案，但却毫无进展。在迈克尔的建议下，金希于5月4日回应称，不排除"在适当情况下"商讨的可能性，但就目前拉克希米的报价来看，安赛乐董事会和管理层认为完全没有商谈的必要，他们也由此非常担忧米塔尔钢铁公司的股票价值，并质疑两家公司拟议合并后的商业价值。金希还认为，米塔尔钢铁公司虽然给出了多达100页的产业计划书，但其中"却缺少详细的商业计划书信息——财务信息，也没有解释合并的战略逻辑合理性。"

而且，金希还表示，任何会晤都需具备一个前提条件。安赛乐需要先收到米塔尔钢铁公司的商业计划书，进行详细审查。相比于原本的产业计划书，商业计划书需要包含米塔尔钢铁公司当前和预期业绩方面更为敏感和机密的财务信息。拉克希米严词拒绝了这一要求。他告诉金希："现在关头共享商业计划书会带来严重的监管问题。我们的产业计划书中披露了很多财务方面的细节信息，已经破了我们的先例。"

"拉克希米表示商业计划是绝对机密。"金希向迈克尔说。

"什么？"迈克尔知道拉克希米是在故意拖延，感到恼火不已，"拉克希米如果想跟我们心平气和地坐下商讨合并事宜，又怎么会不愿意透露财务信息呢？告诉他，除了产业计划书上分析师列出的部分信息，我们对米塔尔钢铁公司的业务情况知之甚少。我们只有收到他们的商业计划书并研读后，才能决定是否有会晤的必要。"

拉克希米终于失去了和金希绕来绕去的耐心。他告诉金希："5

月 9 日，我会按照监管要求公开和您沟通的全部信息，并发布一篇新闻稿，解释为何我们在多次主动尝试后，仍未能同安赛乐达成建设性对话。"拉克希米一旦公开报价，将绕过安赛乐董事会，直接向安赛乐股东发放收购说明书。

拉克希米在发布会上说："接下来我将大致介绍我们准备对安赛乐收购方案所做的一些改进。我们建议将米塔尔钢铁公司董事会扩大至 14 人，其中米塔尔钢铁公司和安赛乐各 6 名，外加 2 名独立董事。我们计划组建一个管理委员会，由 6 名委员组成，其中米塔尔钢铁公司和安赛乐的代表各 3 名。我们还提议实行一股一票制原则。另外，我们还曾表示，若安赛乐同意收购交易，米塔尔钢铁公司将准备重新报价。"

"为什么安赛乐会要求我们提供商业计划书来评估米塔尔钢铁公司的股票价值呢？"拉克希米问道，"我们公司的股票均在纽约证券交易所和阿姆斯特丹的泛欧证券交易所上市发行，流动性极高，广受投资者和分析师关注。没人会选择通过查阅公司的商业计划书来评估这些股票的价值。我们希望安赛乐不是利用这个借口来拒绝同我们商谈，更不希望这点成为阻碍合并的又一大障碍。"

罗斯接过麦克风，称只有安赛乐质疑两家公司合并的工业逻辑："自从我们宣布收购安赛乐以来，两家公司的市值总共增长了 100 亿欧元，这反映出市场反响极好。这 100 亿欧元便是这场竞购战的杰出成果，给我们交了一份出色的成绩单。在这种情况下，尽管我们再次改进了收购案，但仍未能同安赛乐展开对话。这让我们不得不质疑，安赛乐董事会究竟是服务于谁的利益——是他们自身的利益，还是股东的？"

马什提问："米塔尔钢铁公司准备将收购报价提高至多少？"拉克希米越过眼镜上边框看着马什，微笑着答道："马什，我认为安赛乐也希望知道这个问题的答案。"

拉克希米飞往鹿特丹参加米塔尔钢铁公司的年度股东大会前，还有一件大事要宣布。"由于米塔尔钢铁公司治理有力，稳步发展，皮诺先生已同意加入我司董事会。"拉克希米说完，停顿了片刻，等着众人消化这个重磅消息。"众所周知，皮诺先生是法国最为杰出、最值得尊敬的商业领袖。他对欧洲商界有着非常广泛透彻的了解，这将为米塔尔钢铁公司的业务发展提供极其宝贵的帮助。"

拉克希米和皮诺是在梅奥克斯的晚宴上相识的。皮诺非常排斥安赛乐和法国政界精英（包括其朋友希拉克）的仇外言论，并对此感到羞愧不已，这进一步促进了他与拉克希米之间的友谊，从而令拉克希米拥有了一把打开法国商界大门的珍贵钥匙。因为皮诺的加盟，米塔尔钢铁公司在欧洲大陆的认可度和正统性会极大提升。此次皮诺接受委任担任米塔尔钢铁公司董事是他唯一一次在自己没有重大商业利益关系的公司接受任命。这一举措将逐渐平息安赛乐之前对米塔尔钢铁公司董事会任人唯亲的指控。梅奥克斯在一旁注视着这一切，对自己圆满的安排非常满意。

但梅奥克斯的密友迈克尔却大吃一惊。他发现尤伊也在其中贡献了力量。他发誓等这一切结束后，一定要前去为尤伊这一妙举表示祝贺。

迈克尔向辛普森坦陈："这确实是一次伟大的创举。皮诺备受尊敬，他是一名杰出的投资家，也是一名出色的商人，更是个了不起的人物。他加入米塔尔钢铁公司董事会不会产生任何负面作用。"

"我的天哪！"辛普森听到这一消息后，暗自惊叹。辛普森和迈克尔一样，都曾同皮诺密切合作。他们知道曾经的白衣骑士转移阵营加入米塔尔钢铁公司后，都感到十分惊讶，这简直比天主教教皇跑到基督城坎特伯雷去朝圣还要糟糕。对安赛乐来说，这一天就像是一场噩梦。

拉克希米从不放过任何踏入敌方领土的机会。5月11日，拉克希米抵达迈阿密，准备出席美林证券全球矿业、金属和钢铁大会，并发表演讲。他此次演讲的主题非常严肃，是"钢铁行业新范式与未来挑战"。演讲最后一张幻灯片显示了如下文字："钢铁行业相当分散，其分散程度不但远远高于铁矿石公司等一些关键原料供应商，也远远高于汽车企业等重要客户。在未来，钢铁行业不断加强地区性，乃至全球性的行业整合至关重要。"

最后，拉克希米在幻灯片上点名了这段话的出处："盖伊·多莱——2005年5月，CNN采访报道"。

拉克希米返回伦敦后，尤伊不断催促他和阿蒂亚出席一场战略会议。尤伊代表高盛给他们提了一个建议："我认为现在应该考虑提高报价，并在企业治理上做出适当让步。我们谁也不希望这场竞购战持续到明年，是时候结束这一切了。这笔交易本身很好，但你们需要再多花些钱。"

拉克希米只是静静听着。

尤伊说："从心理学上讲，现在是最佳时机，不宜错过。"

拉克希米点了点头。他收到情报，此时安赛乐还在忙于同白衣骑士谈判。但他不确定哪位白衣骑士会出面担负起这个角色。

他问尤伊："我们该把报价提高到多少？我们的新条款又该如何制定？"

尤伊说出了一个数字。

"不好意思，我需要跟阿蒂亚讨论一下。"

米塔尔父子俩去到了另一个房间，一谈就是一个小时。

30
收购正式启动

••

🕐 **5 月 19 日星期五，中午 12 点 30 分**
📍 **英国伦敦公爵夫人街，卡文迪什会议中心**

　　毫无疑问，现在拉克希米是伦敦城最轻松的人。在近 4 个月的努力之后，他对安赛乐公司的收购报价终于正式启动。华盛顿的美国证券交易委员会发布了一项裁决，具有伟大的里程碑意义。其中宣称，只要拉克希米出售其位于北美的另一处资产，那么受荷兰基金会保护的多法斯科公司便不会对米塔尔钢铁公司顺利收购安赛乐构成阻碍。由此，安赛乐失去了防御恶意收购的一大关键支柱。现在，塞尔凡-施赖伯和辛普森写给沙伯特用来拖延时间的邮件都已被清理完毕。卢森堡监管机构和所有其他欧洲监管机构在前一天一致同意，米塔尔钢铁公司可以直接向安赛乐股东发放收购说明书。

　　塞尔凡-施赖伯始终坚持认为，安赛乐的律师实现了长时间拖延米塔尔钢铁公司恶意收购这一目标，所以已经"获胜"，但他们却未能彻底"拯救"安赛乐公司。米塔尔钢铁公司目前对安赛乐的价值估计仍然不足。接下来，需要银行家们从米塔尔钢铁公司那里争取最大的利益。但由于米塔尔钢铁公司的报价目前尚未正式生效，拉克希米决定主动出击，拿下安赛乐。他在新闻发布会上表示，将提高对安赛乐的收购报价。

他说："今天，我要宣布一项自 1 月 27 日我公司发出收购要约以来最重要的调整。"拉克希米将报价提高至每股 37.74 欧元现金，比最初的报价高出 34%，同安赛乐 1 月 26 日（即拉克希米宣布收购要约的前一天）的收盘价相比高出 70%，增幅之高简直令人震惊。新报价中，对安赛乐所有已发行普通股及可转换股票的总估值达到了 258 亿欧元。安赛乐股东可以要求米塔尔钢铁公司支付全额现金，也可以选择部分现金、部分米塔尔钢铁公司股票的混合支付方案。除了收购报价的调整外，拉克希米还于 5 月 9 日宣布，合并后的公司将推行一股一票制，董事会也将由两家公司人员组成，且人数比例相等。他还表示，若安赛乐接受了收购要约，待两家公司合并后，米塔尔家族在新公司的股权及投票权将降至45% 左右。"昨天我们已正式公开报价，今天正是向各位股东宣布这一消息的好时机。"

有人表示米塔尔钢铁公司如此大幅提高报价，说明其已走投无路，是不得已而为之。拉克希米对此坚决否认，说："我提高报价，表明我已决心不再拖延，而要推动此笔交易早日圆满完成，皆大欢喜。"

马什问道："拉克希米曾表明过立场，决不同意将其家族股权和投票权降至 50% 以下，而如今却主动这么做，意欲何为？"

拉克希米回答："我的家人们看得很是长远。我从未排斥一股一票制。只要能够促成这笔交易，推动钢铁行业的整合，我们始终乐意迎接各种变化。"拉克希米还保证，合并后的公司总部仍将设于卢森堡。

　　拉克希米听从了尤伊的建议，将股份报价提高至 37 欧元。他还采纳了皮诺和扎列斯基针对其家族投票权的意见。但安赛乐会听取他人的建议吗？

　　当天早上，拉克希米给金希打去了电话。他对记者们说："我告诉金希，我们将提高收购报价，改善公司治理，并询问他双方能否正式会面。他非常耐心地跟我解释说，周日他要参加董事会，会后再给我答复。也许他是想拖延到会后，希望在此期间有大量股东给他打来电话，这样他们便可以进一步商讨股票价值的问题。"拉克希米想到现在金希正在期盼的局面，不由得会心一笑。

　　拉克希米感觉，如今希望他顺利收购安赛乐的呼声越来越高。比利时政府支持此笔交易，卢森堡政府和法国政府则表示，应将决定权交到股东手中。甚至连伟大的商业秩序捍卫者布雷顿都亲自表示：他将保持中立，不偏向任何一方。现在看来，似乎每个人都站在了股东这一面。

　　在修订后的收购要约中，米塔尔钢铁公司还删除了一个条件，即要求至少半数安赛乐股东接受该报价。安赛乐之前建议卢森堡政府的新收购法案纳入最低 50% 的股东接受率，但未能成功。米塔尔钢铁公司的这一做法，直接击中了安赛乐的要害。如果收购法要求所有收购交易必须至少半数股东同意才算合法，那么米塔尔钢铁公司在收购交易的截止期限结束后，由于该法的限制就不能再修改收购条件。这便意味着一旦截止日期已过，股东将彻底丧失主动权，甚至对米塔尔钢铁公司是否赢得完全控制权都一概不知。在这场快速变化的恶意收购中，股东将没有机会再改变选择。

　　最新报价将开放 30 日，股东必须在 6 月 29 日前选择是否接受。

　　拉克希米显而易见地放松了心情，然后说道："大家看吧，这一定是你们见过的最具吸引力的报价。"

"确实如此,"有人喊道,"但上次您好像也是这么说的。"

"上次我说那是最好的价格。"拉克希米一边纠正对方的话语,一边露出他那标志性的微笑,"现在的报价是极具吸引力的。吸引力强的东西使人难以抗拒,但只是'最好'的话,则还有改进的余地。"

📍 科莫湖埃斯特别墅

16世纪,一位脾气火爆的侯爵为一名芭蕾舞女演员建造了埃斯特别墅。如今,乔治·克鲁尼(George Clooney)是这座别墅的常客。别墅还提供"世界一流"的红石榴精华身体护理服务,被誉为"神话般的庄园"。爱德华八世退位后,他首次同沃利斯·辛普森(Wallis Simpson)合影留念便是在此。玛琳·黛德丽(Marlene Dietrich)也曾来到埃斯特别墅隐居。她常常戴着黑色的大帽子,泛舟碧波,游览美景。埃斯特别墅有无数的大理石台阶、瀑布、庙宇及天使雕像。阿尔弗雷德·希区柯克(Alfred Hitchcock)也曾来此漫步闲逛,构想着他的首部电影《欢乐园》(*The Pleasure Garden*)。别墅里的罗马红地毯、华丽的天鹅绒窗帘以及有竖琴装饰的帝王风格豪华大床,同此刻摩根士丹利投资者会议上的黑莓手机、苹果音乐播放器以及其他高新科技设备形成鲜明的对比。

迈克尔悠闲地坐在阳台上,一边酌饮卡布奇诺,抽着古巴雪茄,一边俯瞰着湖中美景,尽享上午的片刻闲暇。之后,他便又重返工作室,继续处理收购事宜。迈克尔在下楼途中,看到下面楼梯口摆着一台电视,播放着一流财经商业频道彭博新闻社

（Bloomberg）的新闻。迈克尔本已径直路过电视，但似乎有什么在阻拦着他。

电视上报道的是拉克希米提高收购报价的新闻。迈克尔站在电视屏幕前，惊得目瞪口呆。安赛乐的股价已飙升 12.7%，高达 35.15 欧元，但仍低于米塔尔提出的最新报价。

他究竟意欲何为？我们只是要求他们提供商业计划书啊！迈克尔怒不可遏。他随便找了个借口跟同事说了一声，便出场给金希打电话，就米塔尔钢铁公司提高收购报价一事，迈克尔提出了自己的建议：“保持静默。”

但金希办公室里的情况却迥然不同。对冲基金圣塔卢斯资本的丹吉林和奥佩迪特前来会见董事长金希。一直以来，圣塔卢斯资本不断增持安赛乐的股份，且始终坚定不移地支持安赛乐。但自从安赛乐组建荷兰基金会以来，圣塔卢斯资本便越发担心安赛乐会不惜牺牲股东利益，为所欲为。

丹吉林开口说道：“我们早就清楚明确地表达过立场，你们的经营状况良好，我们会一直支持到底。但是我们在 2 月初与多莱见面时，他曾向我们承诺，你们不会无视股东意愿，执意阻拦米塔尔钢铁公司完成收购。可是这之后，你们就搞了个荷兰基金会。”

金希抬手打断了丹吉林的话。尤吉卓也一直在办公室里，倾听着这一切。但此刻他显得有些不安。

“年轻人，我希望你能明白一件事，”金希说道，“安赛乐是卢森堡的公司。”

“我们当然明白，这也正是我们与您会面的原因，”丹吉林表示，“现在清楚意识到这一点的并不多。”

金希攥紧了手里的香烟，继续说道：“如果你了解安赛乐是卢森堡的公司，那你也应该清楚我拥有所有的权力。多莱和其他人都没有任何权力。按照卢森堡公司的规定，实权在董事会主席手里。首席执行官负责管理公司，但是做不了主。更何况他连董事会成员都不是。"

在金希的描述中，一手打造了安赛乐公司的首席执行官竟然只是个工程师的角色，丹吉林和奥佩迪特对此感到十分震惊。

丹吉林返回伦敦后，仍未从金希的一番说辞中缓过神来。他坚定的信心开始摇摆不定了。丹吉林给金丝雀码头的一间办公室打去了电话。

"您好，我是弗莱彻的私人助理。请问有什么可以帮到您吗？"

🕐 5 月 21 日星期日中午
📍 自由大道，安赛乐董事会会议室

拉克希米选择这个时机提高收购报价，似乎令多莱和金希都惊讶不已。5 月 17 日星期三，也就是拉克希米向市场公开报价的前一天，多莱和金希已同尤吉卓、戴夫扎克及其律师抵达莫斯科，为同谢韦尔钢铁公司的谈判做最后的收尾工作。莫尔达索夫就要准备签约了，但这时，米塔尔钢铁公司提高收购报价的消息突然传来。安赛乐同谢韦尔钢铁公司的谈判立刻又停滞了下来。如今，即将由安赛乐董事会投票表决的这份协议必须重新起草，以使其胜过米塔尔钢铁公司公开的最新报价。

金希一直怀疑安赛乐有内鬼，将公司的一举一动透露给米塔尔钢铁公司。这样想的不止他一个人。在金希办公室走廊尽头的世达会议室里，他们曾召开过数场绝密战略会议。但卢森堡当地媒体总能将与会内容分毫不差地详细报道出来。卢森堡两家主要

日报的两名记者曾因撰写"支持米塔尔钢铁公司收购"的文章，而被撤出收购新闻组。同安赛乐合作的安全情报公司克罗尔公司已经引进了高新技术，董事召开会议时不能发送短信或使用手机，以避免信息泄露。安赛乐还对董事会文件的复印实施严格管制，仅允许部分可靠的人员处理相关任务，并且仅在会议开始前几分钟才分发文件。尽管安赛乐一直以来均以代号称呼白衣骑士，但拉克希米肯定已经得知"苏维翁"（谢韦尔钢铁公司）的身份。如今，"苏维翁"的风头已胜过了"解百纳"（巴西国家钢铁公司）。那到底风声是从哪走漏出去的？多莱和法国人纷纷将目光投向西班牙人，寻找那个走漏风声的罪魁祸首。西班牙人也不甘污蔑，用指责的眼神回敬法国人。又或许，泄密的是比利时人。金希和其他卢森堡人看向屋内所有人。而真相却是，安赛乐内部到处都是米塔尔钢铁公司的眼线。

多莱向董事会报备了谈判的最新进展，并表示对于重挽与莫尔达索夫的交易满怀信心。他说："巴西和俄罗斯是全球增长最快的经济体，而这两国生产成本低，安赛乐可以把握这一机会。"但他的一腔热血绝不仅仅来源于工业逻辑。

金希意识到他们与谢韦尔钢铁公司的交易已几近成功，便建议董事会先稍微对米塔尔钢铁公司缓和态度，尽量拖延时间。会后，金希发表了一份声明，上面写道："一旦卢森堡证券金融监督委员会批准了米塔尔钢铁公司的收购要约，我们需立即审查其要约内容。监管机构审核批准后，安赛乐管理层将如实上报董事会。安赛乐需要能够评估可交易的米塔尔钢铁公司股票的产业价值及实际价值。"

这样，将能够给安赛乐留出充足时间来修订与谢韦尔钢铁公司的交易协议，并将其落实到位。

曾有人询问金希，董事会是否会接受米塔尔钢铁公司提出的最新报价。金希还是一如既往的老谋深算，未给予任何暗示。"董事会已经重申，管理委员会有义务向董事会提供一切符合股东利益的方案以供选择。"金希表示，安赛乐拒绝米塔尔钢铁公司最初的收购要约是正确的做法，"如今米塔尔钢铁公司提出最新报价，表明董事会自1月29日以来的所有坚持都行之有效。"

"您为何要打破股市惯例，早早提高收购报价？"面对《论坛报》采访中的这一问题，拉克希米的原话是："这场竞购战已经僵持了4个月，我不想再拖下去了。如果我们在未获股市监管部门批准前就修改报价，可能会延长审核的时间。我们早在一个月前就联系了安赛乐，但对方丝毫没有想要友好对话的迹象。所以我们选择直接同安赛乐的股东沟通，提供一个具有足够吸引力的报价，让他们完全无法拒绝。现在是时候结束这场竞购战，完成我们的收购大业，开展合作了。"

"安赛乐公司一直在不断推出新的防御策略。您觉得他们接下来会做出什么回应呢？"

拉克希米答道："我相信，一个尽职尽责的管理层一定不会剥夺股东选择这样有利报价的权利，也不应剥夺员工快速发展的机会，更不会通过单纯的防御行动来削弱公司实力。"拉克希米还表示，他完全有信心获取安赛乐50%以上的股份，而且认为没有任何白衣骑士能提出更优越的交易方案。

"您认识扎列斯基吗？他是法裔意大利商人，现已买入了安赛乐5%的股份。"记者问道。

拉克希米停顿了片刻，礼貌性地笑了笑，然后回答："我们最后才会同安赛乐股东联络，现阶段不适合对此发表评论。"

当天晚上，莫尔达索夫及其妻子入住皇家酒店1500美元一晚的套房。马可夫也在这里下榻。金希和多莱来到酒店，与他们在"番荔枝餐厅"共进晚餐，并汇报了安赛乐董事会会议的结果。莫尔达索夫听后感觉安心了：看来交易成功仍有希望。

"但是为了同米塔尔钢铁公司修订后的最新报价相匹配，我们必须重新修改协议条款。"多莱解释道。

未来的谈判会难上加难，但现如今米塔尔钢铁公司已公开报价，扫清了障碍。时间不等人，要想将安赛乐收入囊中，拉克希米必须争分夺秒。

31
抢先一步

··

● 5月22日至24日

● 卢森堡市自由大道，安赛乐董事会会议室

安赛乐的谈判代表和莫尔达索夫的团队在经理会议室的圆桌边就座。他们知道，谈判遇到了一些难题。拉克希米提高了报价中现金的比例，总报价达到76亿欧元，这意味着安赛乐至少也要将价格提升至与之相当的水平。目前，安赛乐的股票回购和特别股息共达50亿欧元，与米塔尔钢铁公司的报价相比还有20亿欧元的缺口。

莫尔达索夫不愿在交易中涉及现金。他为合并提供的除了钢铁资产，还包括铁矿石和煤矿以及相关的基础设施，但这些资产流动性极差，难以估值。此外，他投资的美国鲁日钢铁公司和意大利的卢奇尼钢铁公司也包含在内。谈判团队在对谢韦尔钢铁公司估值时，将其同另外两家俄罗斯公司耶弗拉兹集团（Evraz Steel，阿布拉莫维奇是其股东）和利辛的新利佩茨克集团进行了对比，这两家公司都已在伦敦上市。

随着谈判的推进，尤吉卓和卡普伦最终说服了莫尔达索夫，再额外提供 12.5 亿欧元的现金。作为回报，谢韦尔钢铁公司将获得合并后集团 32％ 的股份，相当于 2.95 亿股新股，每股价值 44 欧元，总计约 130 亿欧元。根据交易条款，俄罗斯的谢韦尔钢铁公司在 4 年内不能再购买集团的任何股票，否则将导致其收购安赛乐，并且在 5 年内无权出售其所持的任何股份。合并后新董事会的 18 名成员中，谢韦尔钢铁公司将占 6 个席位；莫尔达索夫将出任战略委员会的主席；金希继续担任董事长直至两年任期结束，多莱则继续任首席执行官一职。

在达成的新交易中，安赛乐如果以每股 44 欧元的价格回购股票，股东便可收到 76 亿欧元的现金，与米塔尔钢铁公司的报价相当。对于对冲基金，尤其是像扎列斯基这样仍在大肆买入股票的股东而言，这一价格的吸引力相当大。但随着谈判进入敲定最终合同细节的环节，股东忠诚度这一问题摆在了塞尔凡－施赖伯的面前。

他说：“我们必须把合并计划交给股东来决定。投资人的想法对我们是直接的威胁。我们可不能把交易的结果硬塞到他们嘴里，不然他们还得给吐出来。”

莫尔达索夫听了这番话，反应非常激烈。他立刻站起身来，他的顾问们也跟着站了起来。这些人不少在麦肯锡工作过，其中一些人曾是斯科汀的同事。他们就像一群鸭子，随时随地都跟在莫尔达索夫身边。莫尔达索夫说：“如果让安赛乐的股东来做这个决定，那我现在就离开这里，以后也别再见面了。我和你们已经谈了好几个星期，前提条件就是你们可以在不经过股东的情况下给我 30％ 的股权，现在你们却这么说，你们为什么要出尔反尔？”

塞尔凡－施赖伯看看辛普森，点了点头，说：“我们想出去一会儿。”

两名律师迅速回到世达办公室。"从原则上讲，我们必须交由股东做决定。"塞尔凡－施赖伯对同事说道，"但如果由股东投票来决定，而且要达到三分之二的支持率交易才能继续，这样的话莫尔达索夫就会放弃合并交易。"有几分钟时间，他们绞尽脑汁想找到一个两全其美的解决办法，生怕莫尔达索夫和他的手下离开安赛乐。后来，塞尔凡－施赖伯想到了一个折中方案，"我们可以这样做：告诉股东，这笔交易已经达成了。"

他们回到了会议室。

塞尔万－施赖伯向俄罗斯人解释道："我们准备采用类似全民公投的形式，但是又不同于将交易决定权授予股东。"

莫尔达索夫、马可夫和麦肯锡的顾问们对此似乎很感兴趣。

"在临时股东大会上，我们将声明交易已经达成，但如果投票反对的对应股份超过 50%，我们将终止交易，并向莫尔达索夫先生支付 1.4 亿欧元的违约金。"

一位俄罗斯人问道："安赛乐股东大会的出席比例一般是多高？"

"最高 35%。"塞尔凡－施赖伯透露。

莫尔达索夫笑了，说道："我喜欢这种公投表决。"

美林证券的伊曼纽尔·哈斯班尼安正在旁边的一间办公室里工作，突然，安赛乐的白衣护卫方案协调员瓦洛兹冲进屋内，面色严肃。"你怎么没有参与隔壁办公室的谈判？"他问，"他们正在商讨谢韦尔钢铁公司交易的反对票制度。"

"真是个蠢主意。"哈斯班尼安说罢，马上给他身在巴黎的老板潘德劳德打电话。潘德劳德立即同多莱通过电话，告诉对方，这种反对票制度会遭到金融市场的猛烈抨击。

哈斯班尼安说："律师根本不了解投资者的行事和思维方式有多复杂。如果你们固执己见，股东会有很强的对立情绪。反对票方案让人觉得是把对你们有利的决定强塞给股东。你们如果要这样做，美林证券绝不参与。"他说这话的时候，几乎都要流泪了。

金希向迈克尔征求意见，后者比哈斯班尼更为强硬。他说："每个人都知道，安赛乐有权在不经过股东同意的情况下发行30%的股票。"他可能也看到了，采用反对票制度是有一定原因的，可能会迫使米塔尔钢铁公司开出更好的条件。"这种方案同大型上市公司的治理方式是一致的，即董事会做出决定，然后召开股东大会请股东出席，如果股东认为董事会的决定有误，便可投票反对。我认为，对于这种重大决定事项，会有大量的股东参会投票。"

"你确定要这样做吗？"德意志银行顾问欧施尔问多莱，"为什么要加上一个50%反对票的限制条件？为什么不直接让股东对交易提案投票选择是否接受呢？"

多莱的想法非常简单，同谢韦尔钢铁公司合并的交易是他一直以来的心愿，眼看就要成为现实。但是理事会要将这一交易提交给董事会投票决定，他只能出此对策。

与此同时，拉克希米正迈进巴黎乔治五世酒店的大门，准备同克雷格进行第二次秘密会面。两人都加班加点地工作，积极推动此事，并保持有效的沟通。

🕐 5月25日星期四升天节，下午3点
📍 安赛乐公司会议室

升天节在欧洲所有国家都属于公休日。金希不想将投票决定安赛乐同谢韦尔钢铁公司交易一事推迟到星期日——安赛乐公司常规的董事会会议日，因此他仍选择在节日这天召开董事会会议。向董事会介绍这笔交易，是多莱的决胜时刻。他详细介绍了合并

的好处，通过复杂的数学演算，帮助众董事理解以每股 44 欧元资产对这家俄罗斯公司进行的估值——这一价格已经超过了米塔尔钢铁公司的最新报价。

下午 4 点，安赛乐公司董事会批准了同谢韦尔钢铁公司合并的交易，并通过了反对票和违约金的方案。全体董事一致投票通过。

接下来，金希邀请莫尔达索夫到会议室，向董事们发表讲话。莫尔达索夫满腔热情地谈起了合并交易，再三感谢安赛乐公司董事会给他互相交流的机会。踏入这座宏伟的金色神殿，在卢森堡最杰出的钢铁界人士瞩目之下向他们致辞的莫尔达索夫不由得心绪澎湃，甚至有那么一刻禁不住热泪盈眶。

美林证券的银行家们仍然不赞成反对票方案。但当他们在董事会准备签署合同时，大多数人都感觉终于松了一口气。顾问、董事以及俄罗斯新来的合作伙伴们济济一堂，他们之间产生了真挚的同志友情。然后，突然有人说起当天是卡普伦的 47 岁生日，于是大家准备借此机会为他庆祝。但是由于餐饮服务人员都在休假，晚宴只能从简。临时组成的厨师团队还是想法做出了一顿意大利晚餐，配以安赛乐公司最好的红酒，气氛其乐融融。然后，一盘巨大的酸奶酪被推了上来，上面燃着一支蜡烛，在摇曳的火苗中，所有人用法语和俄语为卡普伦唱起了生日歌。

多莱作为歌剧爱好者，他的歌声理所当然比其他大多数人更为洪亮。与谢韦尔钢铁公司的交易达成，意味着他有朝一日终将能接替金希当上安赛乐的董事长。在拉克希米对安赛乐发起进攻之前，这一安排本都可以轻松畅快地实现，而且董事会也已经审批通过了多莱的继任安排。好在现在尘埃落定，一切仍可以按原计划进行。那时，多莱董事长就可以实现他一直以来的夙愿，当上世界最大钢铁公司的老板，功成名就之后便安心退隐。

32

背水一战

··

🕐 3 月 26 日星期五，早上 7 点

📍 伦敦伯克利广场大厦

　　拉克希米坐在办公桌前思忖片刻，然后给阿蒂亚打了个电话。一个小时前，安赛乐宣布与谢韦尔钢铁公司合并。拉克希米感觉自己像一个拳击运动员，在 15 轮的冠军争夺战中本来一直遥遥领先，到了第 12 轮，却被猛然袭来的一记身体攻击拳给击倒了。就像拳王阿里被弗雷泽打败了。

　　"我觉得我们对安赛乐的收购失败了。"早餐时，拉克希米这样对乌莎说。乌莎对他笑了笑，答道："不用担心，说不定这对我们是好事。"尽管拉克希米没有表现出多大的压力，但乌莎心里明白，她的丈夫和儿子遭到了沉重的打击，参与这个项目的其他人更是沮丧不已。

　　拉克希米深吸了一口气，重新打起精神，拨通了阿蒂亚的电话。此时，阿蒂亚正同欧尼龙一起在美国做投资者路演。"阿蒂亚，"拉克希米长话短说，"我觉得我们不可能成功收购安赛乐了。"

他大致讲了一下安赛乐和谢韦尔钢铁公司合并的事情。"我已经同尤伊和玛赫什瓦利开了个电话会议。他们今天会来和我见面,交流一下意见。明天你回来后,再召集整个团队开会。"

乘坐布莱尔经常包租的那架专机从纽约飞往波士顿的途中,欧尼龙发现,他眼中那个从来都意气风发的阿蒂亚,现在是一副垂头丧气的模样。即便是坐在仅有 5 人的专机上,他也提不起一点兴致。在一片可怕的沉默中,只有引擎嗡嗡作响。

戴维森走进拉克希米的办公室。从她的样子就看得出来,她已经听说这个消息了。办公室里满满当当都是拉克希米的下属和顾问们,每个人都面若死灰。

拉克希米朝戴维森笑了笑。"戴维森,别丧气。"

戴维森回答:"但是,我们这几个月的工作都白干了。"

"戴维森,"拉克希米转移了话题,"有人说我必须要做个……什么来着? 好像是'斯托葛派'。我查不到'斯托葛'这个词,不知道什么意思。"他的桌子上放着翻开的字典。

"哦,"戴维森说,"应该是'斯多葛派'。"

"没错。这个词是什么意思?"

"这是形容那些在失望、困难或痛苦的处境下冷静对待而不抱怨的人,这些人在任何情况下都能泰然处之。"

"哦,"拉克希米皱起了眉头。"我觉得我可不是那样的人。你觉得呢?"

🕑 下午 2 点
📍 卢森堡市自由大道

"莫尔达索夫先生会讲德语和英语,他是一位名副其实的欧洲人。”金希春风得意地向“我的朋友”——俄罗斯驻卢森堡大使宣布安赛乐和谢韦尔钢铁公司的合并一事，并作介绍。一心要登上安赛乐王位的多莱也同样兴高采烈。“安赛乐和谢韦尔钢铁公司对于钢铁行业的愿景是一致的，”董事长金希继续说道，“我们相识多年以来，一直希望两家公司能有更深入的合作。”

莫斯科的当地媒体认为，这次合并成功得益于莫尔达索夫对克里姆林宫采取的友好战略。本月早些时候，在黑海沿岸著名的度假胜地索契，普京在总统度假区接见了莫尔达索夫，并向这位谢韦尔钢铁公司的主事人表示，同意他将资产转移到跨国公司。俄罗斯的政策研究专家们还发现，莫尔达索夫曾担任 2004 年普京的选举代理人，还积极参与过俄罗斯申请加入世贸组织的项目，这正是普京当时极为重视的一项议程。而持激进观点的人则认为，莫尔达索夫同安赛乐的合作是他将资产巧妙转移到俄罗斯境外的一种手段。

对此，莫尔达索夫驳斥道：“我在这笔交易中冒了很大风险，也付出了不小的代价。”

安赛乐的第二大股东阿利斯特兰对此不以为然。他在《回声报》的采访中声称：“谢韦尔钢铁公司是从厨房后门而不是走正门进来的。”并补充说，“拉克希米太吝啬了，他必须把价格抬高很多。”对安赛乐的行事方式不满的人不仅是阿利斯特兰。用圣塔卢斯资本的奥佩迪特的话说，谢韦尔钢铁公司的 50% 的反对票举措是“公司治理过程中的切尔诺贝利核事故 ❶”。丹吉林直接飞到卢森堡，向董事长金希表达不满，但最终两人不欢而散。在回机场的出租车上，他和司机聊起了天：“你怎么评价安赛乐、米塔尔钢

---

❶　1986 年 4 月 26 日，切尔诺贝利核能发电厂发生严重泄漏及爆炸。——编者注

铁公司和谢韦尔钢铁公司的事？"

"要我说的话，我绝对给印度人投反对票。"出租车司机这样回答，"安赛乐公司是我们的，绝不会让印度人抢走。但你知道吗，现在我宁愿我们和米塔尔钢铁公司清清楚楚地交易，也不愿稀里糊涂地同俄罗斯人合作。"对于卢森堡人来说，这场收购战太过戏剧化。卢森堡全国上上下下，从超市理货员到首相办公室秘书，对此事的态度惊人的一致。

当天早上，莫尔达索夫到达安赛乐的礼堂时，来自公司在全球各地分支机构的 350 名高管人员已经将那里挤得水泄不通。多莱每隔 3 年召集一次高管大会。会议内容包括各业务部门相关情况通报、关于技术和最新市场趋势的研讨会等。与会人员中总会有一支重量级的法国代表队——来自多莱的家乡洛林省。

本次会议的议题之一是莫尔达索夫对于谢韦尔钢铁公司合并事宜的介绍。当多莱进入礼堂走上讲台时，经理们自发地集体起立，向他致以欢呼和掌声。不得不说，即便多莱在媒体上的表现再不妥，他在公司里还是颇受拥戴和尊重的。这一点，金希永远比不上他。想到这里，多莱的脸上浮现出一丝笑意。尽管多莱的讲话有时显得突兀、粗鲁或不太友好，但显而易见，同事们的热情还是让他深受感动。

相比之下，莫尔达索夫的演讲就不那么感人了。他的演示文稿冗长拖沓，幻灯片细节过多、不够精简，让人无法厘清头绪。这位俄罗斯新伙伴如此表现，可不是一个好兆头。而且，他的演讲内容枯燥无味，同时透露出一种独断专行的态度。这一套行事风格在切列波维茨可能行得通，但在卢森堡，却让他的听众们极为不适。在场拍摄会议内容准备用于制作光碟，宣传两家公司合并后强大联盟效应的摄影师意识到，他需要对拍摄内容进行大幅剪辑才能使用。

📍 意大利维罗纳，世界桥牌锦标赛

　　时隔 30 年后，扎列斯基再次回到他喜爱的桥牌项目，在世界锦标赛的高级组取得了第 21 名的成绩，这让他感到非常愉悦轻松。扎列斯基的搭档是技艺高超的牌手、世界桥牌联合会（WBF）的负责人阿尔伯特·费根鲍姆（Albert Faigenbaum）。这时，他接到一个来自米兰的电话。

　　电话那头，《全景》杂志（*Panorama*）的记者马可·科比安奇（Marco Cobianchi）告诉扎列斯基："最新消息，安赛乐即将收购谢韦尔钢铁公司。"《全景》是意大利的一本商业政治专刊，读者接近 300 万人。"俄罗斯方面的莫尔达索夫将获得 32％ 的股份作为回报。安赛乐还在继续回购股份，最终莫尔达索夫可能达到 38％ 的持股比例并担任董事长。"科比安奇预感法国人扎列斯基的点石成金之手这回不起作用了，赶紧抓住机会补充道："看来这次您要输了。"

　　扎列斯基冷冷地回答："我绝对不可能输。等着瞧吧，这笔收购交易不符合股东的利益，你相信我，他们一定不会支持的。"

🕑 5 月 27 日星期六，下午 2 点
📍 伦敦弗利特街彼得伯勒法院，高盛集团

　　米塔尔钢铁公司核心团队的 35 名成员来到设在《每日电讯报》旧址的高盛集团办公大楼时，正下着倾盆大雨，天色一片灰暗。他们此次前来，是为了探讨如何应对安赛乐公司和谢韦尔钢铁公

司的合并一事。拉克希米在公司竞购赛中向来都是主动出击的一方，这是他第一次站到了被动的位置。所有人都不知道该如何处理这种情况。

那天早上，阿蒂亚翻开《金融时报》，一张莫尔达索夫、金希和多莱三人握手的照片映入眼帘。他为父亲感到不平，照片里的人本来应该是拉克希米！

房间里气氛阴郁，就像窗外的天气。但拉克希米出现在众人眼前，对大家说："这将是非常美好的一天。"这让包括阿蒂亚在内的所有人都惊讶万分。拉克希米绝不会用斯多葛派的态度来对待安赛乐的交易。

"这可不是什么基金会，"尤伊率先发言了，"这次的情况很严重。莫尔达索夫将得到安赛乐38％的资本，但谢韦尔钢铁公司的估值并不透明。而且这个50％的反对票也很诡异。"

"绝不可能达到50％，"阿蒂亚开口了，"我的意思是说，安赛乐有史以来最高的投票率也才35％。而且为了设置更高的障碍，安赛乐已经规定：在年度股东大会上有投票权的股东必须在会议召开前5天内登记，并且在这个时间段内不得交易手中的股票。对于对冲基金来说，做到这点需要承担巨大的风险。"

弗莱彻说："公司民主值什么钱？整个战事过程中，他们一直在按照法国的规则行事。金希让多莱做的就是'想办法破坏米塔尔钢铁公司的交易'。"

"如果法国、西班牙、卢森堡和比利时这些国家的政府不能接受米塔尔钢铁公司的收购，那为什么又能接受俄罗斯寡头？"科茨问道。

尤尔金发现自己的处境非常艰难。他曾担任谢韦尔钢铁公司的顾问，和莫尔达索夫相当熟稔。虽然他从签约与米塔尔钢铁公司的顾问团队合作以来，就再未与那个俄罗斯人接触过，但他还是觉得不吐不快。于是尤尔金说道："莫尔达索夫是个明理的人。他不是什么寡头，而是认准了有价值的事才会去做的。但我认为，安赛乐完全猜错了安赛乐的股东会作何反应。"

"既然你的朋友莫尔达索夫这么通情达理，你为什么不干脆给他打个电话，让他退出呢？"科茨顶了一句。

尤尔金反驳他："简直是无稽之谈，我都懒得回答你。"

眼见米塔尔钢铁公司的团队成员们开始内讧，玛赫什瓦利赶紧叫他们回到讨论的正轨上来。

"我们怎么解决这个问题？"阿蒂亚问道。

拉克希米说："昨天开会后，我感觉也不是毫无希望。"随后，他让塔吉巴克斯和沙伯特发言。两人拿出他们通宵撰写的一封信，让众人传阅。这封信是以安赛乐众股东代表的身份写的，收件人是金希。信件内容如下：

我们留意到您就安赛乐公司与谢韦尔钢铁公司的合并交易（及相关股份发行事宜）寻求股东的许可，并拟定了相关程序，即只要在 6 月 30 日召开的股东大会上，反对该合并交易的股东所代表的安赛乐已发行股份未达到 50%，即视为许可。针对此事，我们留意到，安赛乐历届股东大会的出席率从未超过 35%。

我们希望：拟议的安赛乐公司与谢韦尔钢铁公司合并一事及其向股东寻求许可的程序，均采取符合欧洲广泛遵循的各项程序和公司治理方面的最佳实践的方式开展……具体而言，应允许股东有切实的机会就谢韦尔钢铁公司和米塔尔钢铁公司进行选择。

为此，各股东根据 1915 年 8 月 10 日颁布的卢森堡《公司法》第 70 条，特此要求安赛乐公司在收到本函的 30 日内召开股东大会。

前一天的下午，沙伯特在他巴黎蒂尔西特路的办公室里写下了这封请愿书的初稿。他打了好几遍草稿，每个版本都用电子邮件发给尤伊、玛赫什瓦利和塔吉巴克斯，并来回反复修改，最后再发回给沙伯特做最后的打磨。最早的版本措辞激烈，称如果安赛乐董事会不同意开会，可能需要承担个人责任。终稿的口吻温和了很多，遣词造句也更为考究。此举并非要求安赛乐公司取消同莫尔达索夫的交易，而只是呼吁其提供一个公平的竞争环境。从公司治理的角度入手，这点让拉克希米特别满意。但要让这封请愿书生效，需要哪些股东会在上面签字呢？

"安赛乐的章程规定，在占公司已发行股票共计20％以上的股东要求时，公司必须召开股东大会。"塔吉巴克斯解释道。

阿蒂亚觉得不太有把握，他说："如果只有20％的股东签字，能有多大用处？安赛乐年度股东大会要求的投票率是50％。"而且，众所周知的是，股东都不太愿意签署请愿书，或表明自己反对公司意见的态度。

沙伯特解释道："我们已经作了相关安排，签署请愿书的每个人都不会知道签字的还有哪些人。很多股东本就大力支持我们的报价，我相信我们能够成功。"

实际上，做到这点并不容易。除了让超过20％的股东签字，还需要达成另一个富有挑战性的条件：这次股东大会的时间必须要先于安赛乐6月30日的会议，在此之前还要留出30天的法定通知期。也就是说，请愿书必须在5月30日的24点之前到达金希手中。而在这之前的两天正好是周末，美国和全欧洲的银行都不营业，给这个任务又多加了一道难题。到时候，他们很难与安赛乐的股东取得联系。

所以，必须马上对安赛乐的股东展开电话攻势。核心团队再次团结一致，积极行动起来。弗莱彻的第一个电话打给了圣塔卢斯资本的丹吉林。圣塔卢斯资本增持了安赛乐的股份，现已高达 6 亿欧元。

一天下来，整个团队在塔吉巴克斯的精心策划下打出了几百个电话——仅打给尤尔金的就有 70 多通。对于股东担心请愿会被当作非法性协同行动、签名可能面临被起诉风险或承担某种形式的法律责任等情况，他们或悉心劝导，或耐心说服，用尽各种方式积极回应。有时候，电话一打就是两个小时。可能这一刻，他们还在和一个持有 10 万股份的股东对话，下一秒又要打给一个手握 600 万股的大股东。

但是，经过团队的不懈努力，到 5 月 28 日午夜时，同意签署请愿书的股东只有 8%，圣塔卢斯资本和法国邮政赫然在列。

电话联络还在继续。

🕐 5 月 28 日，星期日
📍 中国首钢集团炼钢厂

在卡洛塔萨拉国际集团董事会其他成员（包括扎列斯基的女儿海伦娜）的陪同下，扎列斯基正在中国首钢集团进行现场考察。他与中方人士深入交谈时，收到一条短信："请打电话给尤伊。"

尤伊问扎列斯基，能否在安赛乐股东的请愿书上签名。扎列斯基回答稍后再与尤伊联系。

海伦娜极力劝说父亲："你一定要签字。"

扎列斯基在安赛乐的持股占 5%，要是他同意签字，将极大推动这一事宜的进展。

但是扎列斯基告诉尤伊："我不会签的。这事对我不重要，我也没有这个义务。股票回购才是真正的战斗，它会导致现金从安赛乐流出，但不会带来任何价值增长。我们必须阻止其发生。如果任其发展，莫尔达索夫的实力得以增强，会让你们丢掉机会。我们应该搞清楚什么才是当务之急。"

尤伊向拉克希米汇报了扎列斯基的答复。

拉克希米说："我们必须尽快同扎列斯基见面。"虽然扎列斯基没有同意在请愿书上签名，但拉克希米能感觉到，他还是准备以其他的方式为米塔尔钢铁公司提供支持。"了解一下他什么时候从中国回来。"

尤伊将日期定在 6 月 8 日傍晚，这个时间对双方都方便。他们将在扎列斯基位于圣费利切的家里会面。

漫长的周末里，高盛团队的成员们仍然电话不离手，忙碌地工作着。随着与谢韦尔钢铁公司合并的消息传出，股东们对安赛乐的行事方式日益不满，他们越来越多地加入请愿的队伍。签名人数从 8% 变成 15%，然后又提高到 18%。股东们除了签字之外，还需要准备好自己证券账户的银行对账单，以便在要求时出示，作为确认他们在信中列出股票数量的证据。

拉克希米纵然对扎列斯基拒绝签名一事感到失望，但他并未形之于色。当他在斯图加特机场的商务中心等待时，品味着扎列斯基说的"我们必须阻止回购"这句话，尤其是"我们"这个词，让他信心倍增。他的喷气式飞机停在外面，引擎仍有余温。

拉克希米没有把股东请愿书复印件带在身上。他知道，朝阿利斯特兰挥舞纸片是件危险的事。2 月他同阿利斯特兰在马德里初次见面时，阿蒂亚像只跳跳虎一样大大咧咧地闯进来，递给阿利斯特兰一张纸，说道："请签名支持我们的收购计划。"阿利斯特兰气得当即就要离开，拉克希米费尽了九牛二虎之力，才拦下这个西班牙人。当时拉克希米温和地说："我们重新启动会议吧。"自这次会面后，阿利斯特兰还曾拜访过拉克希米的肯辛顿宫花园豪宅。当时他去伦敦，也是打算和家人搬到那里居住，以便有个更安全的环境。两人时常沟通，阿利斯特兰总是提醒拉克希米必须提高他的报价。

阿利斯特兰曾表示，他对安赛乐董事会越来越失望。他感觉董事会似乎无法了解到一些关键的信息。阿利斯特兰站在旁观者的角度，觉得金希和多莱——尤其是多莱——似乎被莫尔达索夫灌了迷魂汤。安赛乐公司准备展开的这场收购交易结构极不合理，无异于将安赛乐用漂亮的餐具装好，拱手交到莫尔达索夫的手中。他们经营安赛乐的方式，仿佛公司就是他们自己的封地。阿利斯特兰觉得，他在董事会的代表马丁只不过是金希的一个仆从，对其言听计从。毫无疑问，马丁一直都深得董事长的赏识。于是，阿利斯特兰将他从董事会代表的职位撤下，换上了另一位律师，但是几个星期后，这位接班人也被他解雇了。他最新任命的董事会代表为安东尼·斯皮尔曼。这次当阿利斯特兰热情地迎接拉克希米时，斯皮尔曼就陪在左右。斯皮尔曼时年43岁，和其他代表不同，他以前从事的不是律师行业，而是银行业。他现在是日内瓦布鲁兰财富资产管理公司的合伙人。斯皮尔曼会讲多种语言，温文尔雅，两鬓灰白，穿着时尚。他说自己是个"生意狂"。

拉克希米向阿利斯特兰介绍了发起这次股东集体请愿书的情况："这封信的诉求仅仅是召开一次股东会，对米塔尔钢铁公司和谢韦尔钢铁公司两家公司的收购报价进行讨论。"

"我不喜欢安赛乐公司对待你的方式，"阿利斯特兰说道，"不管怎么说，也不该连你的报价都没听一下，就把你当作自己的敌人，然后当面把门给摔上。我愿意支持你。把请愿书给我看看吧。"

拉克希米坦言没有带复印件来，因为他觉得那样非常冒昧。拉克希米稳妥的行事风格让阿利斯特兰露出了微笑。

拉克希米建议："我让办公室把信稿传真到这里来吧，你和律师一起看一下。"

一个小时后，请愿书上多了阿利斯特兰的大名。阿利斯特兰把信交给拉克希米时说："签名不等于我支持你们的报价。你收购安赛乐的价格还需要再提高。"随后他补充道，"你还必须阻止他们回购股票。"

在返回伦敦的飞机上，拉克希米思索着，对于股票回购一事，安赛乐两个最大的个人股东论调完全一致。

到了周一，米塔尔钢铁公司的团队已经拿到了接近20％的股东签名，其进展速度令人称奇。可以肯定的是，他们对安赛乐股东的电话攻势一直在持续。周二晚上，他们联络的股东人数已达到三分之二。对冲基金艾提科斯资本和美国最大的投资银行之一富达投资集团也加入了抗议的队伍，同意签署请愿书，将签字率猛然拉高至30％。团队成员和每位股东再次联络，确认他们同意将请愿书发出。阿蒂亚的疑虑也烟消云散了。现在，对安赛乐董事会提出抗议的股东占30％，而历来出席股东会的人数都未曾超过35％。

就在接近5月30日星期二的晚上12点前，股东请愿书的PDF文件以电子邮件的方式发给了米塔尔钢铁公司的卢森堡律师亚历克斯·施密特（Alex Schmit）。信写在高盛抬头的信笺纸上，还附上了一人占一页的股东签名。施密特把请愿书打印了出来，由他的一名同事驱车赶到自由大道。安赛乐总部一直有保安值班，他会取走邮件放在董事长金希的办公桌上。这封信务必这名保安亲手递交，并让接收人签字留底。

　　一个小时后，沙伯特的手机响了。电话里传来一个不安的声音："这里没有人！"打电话的是施密特送信的同事。此刻，她站在安赛乐办公楼外的人行道上，对沙伯特说："保安一定是在休息或忙什么事去了。"

　　"好吧。"沙伯特一边说，大脑一边飞快地转动着，"那把信放在信箱里邮寄吧。另外再准备一份，今天早上6点送到安赛乐。"

　　他们错过了最后的期限。请愿书本来的目的已无法达成，但目前安赛乐打算通过否决票的方式来强行通过收购谢韦尔钢铁公司的交易，在这种情况下，这封信正好可以将股东们的重重疑虑和不确定的心态表达出来。

33

股东震荡

..

"这简直是犯罪！"金希大声说道。金希看了请愿书，立即让他的银行家和律师们将请愿书上随附的签名同安赛乐股东登记册上的姓名进行核对。结果，很多名字都对不上。金希嘲弄地说："米塔尔钢铁公司召集的股东里面，有诚意的连20％都达不到，更不用说30％了。"金希怀疑，有些同米塔尔钢铁公司关系友好的对冲基金借助"股票借贷"的形式，将其客户持有的安赛乐股票所有权转移到借方的名下，使其享有股东大会投票权。

"这真是一种耻辱。"迈克尔看过这封信，也同意金希的说法。尤伊到底是怎么想的？这个举动异乎寻常，也不是尤伊做事的风格。迈克尔恨不得立马给弟弟打电话问个清楚，但他深知，沉默原则让他不能这么做。他说出了自己的疑惑："我们收购谢韦尔钢铁公司，对米塔尔钢铁公司来说是相当沉重的一击。他们进行报复不足为奇，但没理由用这一封信来报复我们。最好的解释就是他们出于恐慌和绝望这样做了，由于时间仓促而没能将所有签名和资产一一核对，而且他们并不清楚很多股票是以借贷方式得来的。"

金希直截了当地说道："这事不存在什么'最好的'说法。我们必须作出回应。"

董事长的装束正式且具有商业风范。他穿着以宽幅布料精心剪裁制成的灰色西装，搭配蓝白相间的条纹衬衫和蓝棕斜条纹领带。但当他落座时，手却在颤抖。现在他要给所有签名的股东写一封信，要求他们提供证据来证明自己作为股份受益人或真正所有者的身份。即便是在名单中看到阿利斯特兰的名字，也没有让他的心情有所好转。

金希曾多次这样评价："我非常敬重他的父亲，他父亲是一个实业家，一手打造了塞雷利公司。可惜，他儿子只有一点可取之处，就是有一个优秀的父亲。"这倒是和多莱对阿蒂亚的看法不谋而合。金希注意到，自从西班牙董事小阿利斯特兰任命斯皮尔曼为代表后，这位西班牙董事对他的态度也隐约起了变化，掺入了一些不甚友好的对抗情绪。

金希在他空旷的办公室里写着信，安赛乐恢宏的会议室就在几步开外。会议室里，历代钢铁业贵族的肖像面色严肃，注视着尚无一人的桃花心木桌子，桌上43个话筒摆成一圈。"银狐"金希在他的办公室里一根又一根地抽着烟。有那么一瞬间，他觉得自己要在烟雾中消失掉了。

几个小时后，《华尔街日报》的官网上刊发了高盛发起的安赛乐股东请愿书，以低俗小说的惯用行文手法称其为"肮脏的30%"请愿书。

且不论这封信肮脏与否，米塔尔钢铁公司的公关团队已经在媒体上对安赛乐收购谢韦尔钢铁公司的交易展开了口诛笔伐。欧洲各地的报纸上发表了一系列漫画，画中安赛乐股东被蒙住眼睛、堵住嘴巴，或者在安赛乐造就的迷宫里迷了路。漫画附上的口号是："安赛乐的股东——你们有获得信息的正当权利。"米塔尔钢铁公司还为其公关团队制定了统一的发言口径：请向记者提及这一情况，但首先应保证这些信息仅用于非正式披露而不公开刊登：占 1.96 亿股的股东要求召开临时股东大会，讨论米塔尔钢铁公司收购安赛乐公司和安赛乐公司收购谢韦尔钢铁公司这两项提案……但参与金希改选投票的股东"只占" 1.91 亿股。当时金希说过："我认为今天的投票是信任票，是真正意义上的股东授权。"

与此同时，戴维森搜集了欧洲和北美媒体上关于反对安赛乐收购谢韦尔钢铁公司的资料，形成一份长达 96 页的文件。比如，国际财经网站"热点透视"评论："安赛乐的谢韦尔钢铁公司并购计划是对股东民主的亵渎。"法国媒体的舆论则更为尖刻。来自《论坛报》的文章写道："据称，收购谢韦尔钢铁公司后，安赛乐的估值将提升至 44 欧元。但实际上，在周五两家公司发布合并公告后，其股价已跌至 33 欧元。原来这就是所谓的'为股东创造价值'。"《费加罗报》的评语则是："莫尔达索夫称得上是一位杰出的商人，但现在，他在合并交易中获取股票的方式充满疑点。"

来自法国小股东权益组织 ADAM 的科莱特·诺维尔极为愤慨地表示："曾经，政府为了保护达能集团免受美国牛仔❶的攻击闹得不可开交，而现在却坐视西欧的钢铁业落入俄罗斯之手而无动于衷。"《解放报》(Liberation)则登载了阿顿资本投资部的分析师弗拉基米尔·卡图廷(Vladimir Katoutine)不无嘲弄的话语："纵然莫尔达索夫再天赋异禀，我也不知道他怎么做到凭一己之力经营价值 125 亿欧元的资产。莫尔达索夫将谢韦尔钢铁公司私有化，所有资产收归他一人所有。此事在外界也知者甚少。"

❶ 指百事公司。

印度商业和工业部部长卡纳斯再一次指责安赛乐及其东道国政府的行为具有种族主义色彩："俄罗斯方面提出报价时，没有任何人评论。我觉得相当奇怪。这到底是收购本身的问题，还是因为拉克希米是印度人？"

《多伦多星报》以加拿大人惯有的委婉笔触，发表了题为"安赛乐公司行事复杂，搅浑一池清水"的文章。多莱曾在接受该报采访时，称并购谢韦尔钢铁公司的交易是安赛乐的一个重大突破，"为投资者搭建一个能真正实现价值增长的平台，也给我们股东提供了一个远胜当前的选择"。但是，多法斯科公司的员工对此感到有些茫然，这并不足为奇。安赛乐在宣布收购谢韦尔钢铁公司的当天，同时还宣布：优基诺的前任高级副总裁雅克·沙巴尼尔（Jacques Chabanier）将接替佩瑟任多法斯科的首席执行官。正是在佩瑟的引领下，这家位于汉密尔顿的公司度过了一段段艰难动荡的岁月。他突然被罢职，实在出人意料。

沙巴尼尔曾任优基诺在美国不锈钢部门的一把手，现在负责安赛乐与日本新日铁的战略合作项目。他在接受《汉密尔顿观察者报》的记者鲍威尔采访时说道："安赛乐每个工厂的每个人我基本上都认识。我认为我真正的长处是在多法斯科同安赛乐这个巨头之间建立起了联系。我曾经说过，无论有什么问题，安赛乐里一定有人能解决，唯一需要做的就是把会解决问题的人找出来。"

对于多法斯科公司的钢铁工人们来说，最大的问题是他们到底是在为谁工作。多法斯科可能已经开始逐渐与安赛乐相互融合，而拉克希米仍然对安赛乐虎视眈眈。同时，目前打理多法斯科的是一个他们不甚了解的荷兰基金会的受托人，该公司的最终命运可能要由身在莫斯科的莫尔达索夫来决定。如今，有很多人都怀念过去那种简简单单的日子。

罗斯也向俄罗斯人莫尔达索夫开炮了，他说："很多西方机构都深感疑虑，让一个俄罗斯寡头来负责多法斯科公司会有多好？如果俄罗斯决定不再支持莫尔达索夫了该怎么办？这家公司及其钢铁资产又该如何处置？"接下来，他又公然在《国际先驱论坛报》上发表意见，称安赛乐股东应该有权表明自己的选择：是愿意选择莫尔达索夫还是拉克希米——"而不是由管理层开会擅做决定"。

5月29日，莫尔达索夫飞往伦敦，参加由他的顾问银行——荷兰银行组织的巡回宣传路演。莫尔达索夫兴致高涨，但他提及自己在公司合并后所扮演的角色时不够谨慎。在一次路演中，他称自己为"钢铁王子"，并暗示一旦金希和多莱退位，他将取而代之，成为钢铁行业的王者。这种说法让一些投资者感到震惊。莫尔达索夫接受了《金融时报》记者马什的采访，借机对所有的负面新闻加以驳斥。

对于目前争议较大的50%反对票策略，莫尔达索夫表示，"关于安赛乐股东应采取怎样的投票机制，我没有参与这项决定。安赛乐董事会有权在不经过任何形式的股东投票的情况下，直接向像我这样的外部人士发行新股票。这一点，安赛乐目前的投资者是早就知晓的。而他们为什么现在才发声反对，这事有点蹊跷。"

莫尔达索夫坚称谢韦尔钢铁公司的资产估值140亿欧元完全属实，而且95%的数据都是审计的结果。而谢韦尔钢铁公司与安赛乐的合并并非仓促的"假结婚"，因为"我早在1996年就和多莱相识"。他说："谢韦尔钢铁公司是一家私企……我们对公司的股东负责。公司确实与俄罗斯政府讨论过同安赛乐合并的打算，政府人员反应积极，非常支持这件事。但因此就说我们必须得到政府的许可，简直是无稽之谈。"

随后，马什又提及安赛乐股东的另一项指控，即莫尔达索夫购入安赛乐股份的比例本为32％，但最终又升至38％。这样一来，就巧妙地避开了卢森堡股票交易的一项规定，即如果投资人购入公司股份的比例达到了33％的门槛，则有义务对该公司进行全面收购。马什问道："你觉得你是否有义务对安赛乐进行全面收购？"

莫尔达索夫回答："假设安赛乐按计划回购股票，我持有的股份将增至38％。我不会参与股票回购。我没有打算通过购买股票来增加我在新公司的股份，而且相关规定也不允许我这样做。我主动取得的初始股份将低于33％，所以我没有义务发起全面收购的要约。我的股份会涨到38％，但这不是我的主观行为，而是其他人通过股票回购导致的结果。在回购这件事上，我是'被动'的。所以，这个情况不符合33％股份门槛相关规定的条件，我没有全额收购的义务。而且，我本身也没有打算要收购安赛乐公司。"

莫尔达索夫以其特有的干练和坚定，让自己和安赛乐玩的花招撇清关系。就算他有参与其中的事项，他也尽可能地隐瞒事实。但无论他的表现有多坚决，从现在开始他的处境都如逆水行舟一般了。

与此同时，拉克希米向沙伯特征求了更多法律方面的建议。沙伯特向他证实，如果安赛乐董事会对"肮脏的30％"请愿书拒不回应，可能要承担法律责任。米塔尔钢铁公司公关团队在6月1日发布的统一发言辞令包括如下内容：

以下内容仅用作背景信息：

在下列情况下，安赛乐董事会可能需要承担相应法律责任：

● 如果安赛乐董事会对占30％的股东发出的、具有广泛基础的请愿书不予回应，董事会可能需承担法律责任。

● 根据卢森堡相关法律，召开特别会议是可以起诉董事会的唯一方式。

● 特别会议需要具有20%以上的股东基础。

● 安赛乐之前可能认为要求召开特别大会的股东无法达到20%的比例，但现在通过请愿书表示对董事会有意见的股东数量已达到30%。

● 如果董事会继续无视其受托责任，且对30%股东提出的召开股东大会、对与谢韦尔钢铁公司合并交易的通过方式进行投票的请愿不予回应，很有可能会遭到诉讼。

● 在这种情况下，安赛乐董事会成员将需要相应承担个人的法律责任。

"肮脏的30%"请愿书中并未提到过个人法律责任一事。而现在这一消息飞速传到了卢森堡，正是为了让历来唯命是从的安赛乐董事们心生惧意。造成如今的局面，可能并不是拉克希米的责任。

现在，既然已经对安赛乐董事会造成了震慑，拉克希米打算接下来以和解的姿态同他们来往。

34
谈判时机已到

··

🕐 **6月2日，星期五**

📍 **自由大道**

金希将安赛乐当地的外部法律顾问霍斯和塞尔凡－施赖伯叫到了他的办公室。现在，金希把这两个律师和辛普森叫作"三个火枪手"，把迈克尔叫作"达达尼昂"。董事长手中拿着一页纸。他对两人说道："拉克希米给我寄了这封信，你们看一下，说说有什么想法。"霍斯和塞尔凡－施赖伯坐下来读了信。拉克希米提案中的管理结构和所有权结构与安赛乐与谢韦尔钢铁公司协商一致的结构很相似。除此之外，他还发来了一份商业计划书，其中附上了米塔尔钢铁公司2006年的收益情况简述以及关于将董事会扩充至18名成员（含12名独立董事）的提议，并承诺米塔尔家族将根据董事会的建议来设置股份投票权。

塞尔凡－施赖伯率先说道："董事长先生，我们俩是律师。这方面的问题，您是不是应该先征求一下公司财务顾问的意见？"

"我不信任他们，所以我希望这件事只限于我们几人讨论。"

在收购战中，尽管出现信任危机和多疑是正常的情况，但塞尔凡－施赖伯仍然大为惊愕："董事长先生，很荣幸能得到您的信任，但是在公司估值和相关策略方面，我恐怕无法给您提供建议。"

"但是，你认为我们应该怎么做？"金希坚持问道。他想先听听非银行业人士的看法。

这时，塞尔凡－施赖伯出声了："董事长先生，我个人觉得拉克希米已经达到了我们的所有要求。我认为你需要坐下来和他谈谈。"

金希点了点头，那意思似乎是"我就知道你会这么说"。不可否认，现在拉克希米的报价更具有吸引力。金希决定把这事放在一边，过几天再说。

实际上，拉克希米的顾问团队曾反对他将这封信寄给金希，顾问们说现在并不需要作出这么多的让步。但经过几个月的反复，拉克希米现在只想尽快完成收购。他也感到安赛乐内部已经出现了厌战的迹象，他们也必须考虑到，安赛乐同谢韦尔钢铁公司合并的话，完全等同于把自己拱手送给对方。现在，战斗双方已陷入僵局，必须有一方作出让步。

因此，拉克希米对尤伊说："我们现在没有取得任何进展，必须得这样做。我们公司的规模是谢韦尔钢铁公司的 2.5 倍，但以我们目前开出的条件，得到的股权仅比莫尔达索夫多 10%。安赛乐公司的董事会成员为什么会支持与谢韦尔钢铁公司合并？"

米塔尔钢铁公司如果作出更大的让步，能够将从中作梗的安赛乐董事会置于困境：如果董事会拒不与拉克希米进行谈判，安赛乐的股东绝不会善罢甘休。同时，拉克希米的让步也给了安赛乐董事会一个台阶。在作出更多让步之后，可以看到一家"高级香水公司"同一家"廉价古龙水制造商"交善，股东的民主利益得以实现。

阿蒂亚支持父亲的做法。他说："他们不会想到我们能作出让步，这样我们就扭转了局面。"

"我认为董事会不会同意的。"尤伊反驳道。

拉克希米笑了："他们没有别的选择。"

拉克希米写信给金希当天收到了克罗斯的一封信。欧盟竞争事务委员会专员已作出裁决：米塔尔钢铁公司对安赛乐公司的收购计划不存在垄断性竞争问题。安赛乐希望借以抵挡米塔尔钢铁公司收购攻势的又一个障碍被扫除了。

迈克尔和其他的银行及律师顾问详细研读了拉克希米的商业计划后，向金希说出了他的想法："这些材料比起我们对米塔尔钢铁公司的分析要乐观很多。我们需要和他们进一步沟通，确定米塔尔钢铁公司的优势源于何处。"

金希颇不情愿地问："你的意思是我们必须马上和他谈判吗？"毫无疑问，拉克希米的毅力、耐心和务实的态度即将取得成效。虽然金希仍握紧了"不予出售"的标志牌，但拉克希米心里清楚，只要价格到位，收购交易必然十拿九稳。

"是的，"迈克尔点点头说，"现在正是谈判的时机。您应该感谢他向我们提供商业计划书，并表示希望与他会面，讨论您对计划内容存在的一些问题。"

尽管金希对拉克希米的反感情绪已经逐渐淡化，但他仍然希望"真正的欧洲人"莫尔达索夫能够顺利通过50%反对票那一关。金希担心如果拉克希米胜出，多莱的未来将尽付东流。如果加入董事会的是莫尔达索夫，则可以实施之前的计划。而且在金希任期结束时，多莱也正好从首席执行官的职位卸任，并能接替他担任公司董事长一职。要是拉克希米是安赛乐的老板，多莱就好梦难成了。

最终，金希同意给拉克希米回信。

35
股票回购计划

··

🕐 6月6日，星期二

📍 意大利布雷西亚市卡莫尼卡谷地，卡洛塔萨拉国际集团钢厂

这是多莱第一次到访参观扎列斯基的钢厂，他对这里印象很深刻。多莱和钢厂的员工侃侃而谈，对他们大加赞赏。参观完钢厂后，多莱同尤吉卓一起向扎列斯基和马里奥·科基（Mario Cocchi）介绍谢韦尔钢铁公司交易的情况。这时的局面就截然不同了。

扎列斯基早已听说过尤吉卓是一位老练的首席财务官，但他不知道怎么评价多莱。实际上，他听到过各种各样对于多莱的评价，其中好些又自相矛盾。多莱向扎列斯基一一细述了谢韦尔钢铁公司收购计划的所有相关信息，并阐明这一方案同米塔尔钢铁公司收购安赛乐相比而言的优势所在。本来多莱讲的内容具有说服力，但他发言时总是避免与扎列斯基的目光接触。这使扎列斯基感觉自己被当作一个对钢铁业一窍不通的人。尽管如此，他并没有太计较。毕竟对扎列斯基来说，合作伙伴的激情和远见更为重要。但是多莱的激情在哪里？他仍继续着枯燥无味的发言，似

乎把激情忘在了家里。扎列斯基不赞成安赛乐的股份回购计划，以及为谢韦尔钢铁公司合并交易设置 50% 反对票的策略。在他心里，安赛乐仍然是一家出色的企业，只是他尚不确定，这家公司在谁的统领之下能够走得更好——到底是多莱、莫尔达索夫，还是拉克希米？作为一名自由投资人，扎列斯基需要考虑的因素也许比拉克希米还要多。

扎列斯基开车送多莱回机场。他想在车里可能他会放松一些，但事实上并没有什么改变。扎列斯基手握着方向盘想："我和他同为法国人，都从事钢铁业，还是巴黎综合理工学院的同门校友，但我们两个似乎没有任何共同之处。"

🕐 **下午 6 点 30 分**
📍 **巴黎圣奥诺雷市郊路 33 号，联盟俱乐部**

联盟俱乐部和爱丽舍宫比肩而邻，是巴黎最负盛名的俱乐部之一，尤其适合举办大型庆典活动。这座豪宅曾是亨利·德·罗斯柴尔德（Henri de Rothschild）的私人宅邸。1917 年这里创立了俱乐部，仅供政界人士、外交官、商界领袖和法官入会。今天，1000 名宾客来到这里，在富有异国情调的花园里闲庭漫步。

这是梅奥克斯为她的第七印象公关公司举办的 18 周年庆祝会，所有的名流要员都应邀而来。未被邀请的大人物们为了不丢面子，干脆找借口出了城。希拉克和支持他的经济爱国主义者布雷顿都没有赴会，但法国文化部部长雷诺德·唐内迪厄·德瓦布尔（Renaud Donnedieu de Vabres）接到了梅奥克斯的邀请，他欣然前来，喝着香槟。这时，刚刚到达的两位客人吸引了众人的目光，大家纷纷掉头，令人惊讶的是，这两人竟然一路同行，优雅地穿过纷纷涌上前去的摄影记者，走入会场。来人是尤伊和迈克尔两兄弟。他们刚刚在乔治五世酒店喝过咖啡。在目前的局势下，他们互相没有沟通过和交易有关的事情，而且还商量过分开进场。

迈克尔说："这太不可思议了。看在上帝的分上，我们毕竟是两兄弟，要去做同一件事，就一起坐出租车去吧。"

迈克尔和梅奥克斯以双颊吻礼问候，夸她的裙子很美，随后便去和其他人聊天了。皮诺第一个迎上了他，说：

"迈克尔，很高兴见到你。你知道，这笔交易还会继续走高的。"

"大家一般都这么想。"迈克尔笑着，向这位商人点点头说道。

他没有留意到，梅奥克斯又来到他身旁。"迈克尔，我希望你能和一个人谈谈。"她一边说，一边挽着他的胳膊，来到花园里一个安静的角落。

"你好，迈克尔，很高兴见到你。"说话的是阿蒂亚。这是两人第一次见面。几个月以来，两人都在各自的空间里工作，没有同对方见面沟通过。现在，他们站在露台的台阶上，在众人的注视下，最初都显得稍许尴尬。

阿蒂亚接着说："我和尤伊一起工作了这么久，感觉我像已经认识你了一样，迈克尔。"他们谈起了孩子。迈克尔有两个孩子都快要成年了，阿蒂亚将在下个月迎来他的第一个孩子。

迈克尔肯定地说："孩子一定会改变你的生活，让它变得更好。"随着两人交谈深入，迈克尔越来越惊讶。他发现，年轻的阿蒂亚并不是多莱口中那个傲慢鲁莽的"富家子弟"——多莱甚至从不愿提到他的大名。相反，他彬彬有礼、风趣而又热情，看事情颇有深度——总的来说，这是一个出色的年轻人。

阿蒂亚开始进入正题："我知道，我们不能谈论交易的具体事宜。"

"安赛乐公司没有授权我谈这方面的事。"迈克尔答道。

"我们的收购是你们目前最好的选择。我希望安赛乐董事会能适当考虑我们的提案。"阿蒂亚说。

对此，迈克尔委婉地答道："战争总有停的时候。你们未经协商就直接收购，我们觉得这是恶意行为，这种情况下，我们必然会对米塔尔钢铁公司有看法。"

阿蒂亚说："我们从没打算要大动干戈。"

20分钟后两人分手了。阿蒂亚、尤伊和塔吉巴克斯前往一家中餐馆，准备制订下一步的战略计划。

阿蒂亚说："很明显，我们目前最好的办法是建议安赛乐公司的股东投票反对股份回购计划。"

塔吉巴克斯说："这个任务会非常艰巨。"

阿蒂亚坚定地说："但如果成功了，就可以破坏安赛乐公司和谢韦尔钢铁公司的合并交易。"

安赛乐公司的高管及其顾问团绝不会想到，他们急需现金的股东们会投票反对能给他们带来巨额特别股息的方案。

🕙 6月8日星期四，上午11点
📍 布鲁塞尔机场喜来登酒店

罗兰·容克心怀忐忑。他精心挑选了安赛乐公司和米塔尔钢铁公司两家公司首次秘密会面的场地。安赛乐公司的喷气式飞机的停机坪就在布鲁塞尔机场，所以它出现在这里不会引起太多关注。安赛乐本就不堪其扰，一旦收购战双方这次见面被公之于众，媒体和市场就会向其施加更大的压力。所以，除了交易的关键人员和主要顾问，就连安赛乐公司的员工也对这次安排毫不知情。走进喜来登酒店大堂，眼前的一幕让容克从平静瞬间转为崩溃——正前方竖立着一块硕大的宣传牌，写着"欢迎参加安赛乐比利时高层管理会议的代表"的字样。

容克告诉前台人员："直接带他们上来"，然后快步走向他预订的套房。

阿蒂亚和斯科汀一起进入酒店大楼时，他的耳边回响着父亲说过的话："阿蒂亚，去说服这些家伙。现在一切都看你的了。"

阿蒂亚与容克握手时相当放松。但会面刚开始的几分钟里，3个人的动作都极为窘迫。毕竟，他们刚经过了好几个月的激烈争斗。容克毫不讳言地说那是"战争"。"别担心，"阿蒂亚和斯科汀笑着说，"我们把枪放在门口了。"尽管安赛乐，尤其是多莱仍坚持公开支持与谢韦尔钢铁公司合并的计划，但当3个人坐下，开始介绍各自公司的情况时，双方都保持着善意。鉴于拉克希米已对金希做出了让步，几人的讨论重点主要集中在米塔尔钢铁公司的产业计划书中提及的事项，该计划书现在已扩充至200多页，以及米塔尔钢铁公司的商业计划书。他们讨论了两家公司各自的增长目标、合并之后新集团的运营模式和发展方向、米塔尔钢铁公司将如何发挥协同效应、两家公司当前处于钢铁业发展周期的哪个阶段，以及采购、分销、折扣、制造设施和知识共享等方面的大量技术问题。

之后，几人相互告辞，并约定下次再见面。阿蒂亚现在可以告诉他的父亲，容克已经释放出明显的信号，即整个计划已经走上正轨了。

意大利布雷西亚市奥伯丹街，卢奇尼钢铁公司总部

扎列斯基和科基受到了意大利第二大钢铁集团卢奇尼钢铁公司名义总裁朱塞佩·卢奇尼（Giuseppe Lucchini）的接待。卢奇尼钢铁公司最近向莫尔达索夫出售了大量股份，转让了公司的控股权，让该公司的顾问银行因为债务问题缓解而放下心来。而且，此交易也给谢韦尔钢铁公司增加了350万吨成品钢的产能。卢奇尼钢铁公司的股份出售交易进展顺利，扎列斯基也长舒了一口气。扎列斯基在伦巴第银行持有2%的股份，该银行正好是卢奇尼的债权银行之一。

作为卢奇尼钢铁公司的新主人，莫尔达索夫也参观了卢奇尼钢铁公司的工厂。陪同他的是马可夫和他干劲十足的奥地利首席财务官托马斯·韦拉斯托（Thomas Veraszto）。莫尔达索夫想尽量在意大利多待些时间，设法争取让卡洛塔萨拉国际集团总裁在安赛乐收购战中支持他。他拜托卢奇尼安排他同扎列斯基见面。而年过古稀的亿万富翁扎列斯基也想和这位年轻的俄罗斯人会面，因为安赛乐的未来与他们两人都有着重大的利益关系。

参观完工厂后，他们受邀到卢奇尼的家中共进午餐。莫尔达索夫心情一片大好。他张开双臂，纵谈自己关于谢韦尔钢铁公司和安赛乐公司联手的宏伟设想。但他犯了和多莱两天前一样的错误。他一心沉浸在自己的雄伟蓝图中，同扎列斯基没有任何目光交流。扎列斯基到底站在哪一边？他会支持谢韦尔钢铁公司还是米塔尔钢铁公司？莫尔达索夫把这些问题留给了谢韦尔钢铁公司代表团的其他成员。

韦拉斯托开门见山，向扎列斯基问道："您想从这笔交易里赚多少？"

扎列斯基顿住了。他瞥了科基一眼，然后回答，"实际上，我选择投资安赛乐是因为相信贵公司的发展前景。我对此很有信心，而且今后还会再向安赛乐投资。"他心知肚明，韦拉斯托不过是想探探他的口风，可他还不至于这么轻易地亮出底线。

同时，扎列斯基对莫尔达索夫的自以为是也颇为不快。无论这位自封的"钢铁之王"到底是真有本事，还是摆空架子，扎列斯基都不在意。他喜欢不光自己能说会道也能耐心倾听的人。

扎列斯基看了看表，从桌边站了起身。"先生们，科基和我在米兰还有个紧急约会。抱歉，我们得走了。"扎列斯基礼貌地同莫尔达索夫握手告别并说道："祝贺你收购了卢奇尼钢铁公司。希望你能马到成功，不论你和安赛乐的交易结果如何。"

莫尔达索夫回到卢奇尼的餐厅，说道："看起来一切都很顺利。"

"莫尔达索夫，"马可夫说，"你太无知了。"

在扎列斯基看来，莫尔达索夫就是一个空想家。

🕓 下午 4 点
📍 米兰圣费利切

拉克希米和尤伊到达了利纳特机场。米兰仍是初夏时分，气候和暖。这里距离扎列斯基的私人住宅只有 4 千米，他们驱车前往，不到 15 分钟就抵达了目的地。扎列斯基在白色的栅栏门前迎接他们。他的家中陈设着各种各样富丽堂皇的宗教艺术品，房子其余部分的装修装饰又极为简朴素净，形成强烈的对比，令拉克希米印象深刻。有传言说，扎列斯基每成功完成一个收购项目，便会买入一件重要的宗教艺术品以示其对上帝的感恩。

在扎列斯基和科基的带领下，拉克希米和尤伊来到了一个小露台处。从这里望出去有一个漂亮的窄长形小花园，中央是大理石筑成的一座小型喷泉。4 人喝着饮品，扎列斯基单刀直入地说：

"真正的战斗是股份回购这一块。我们必须加以阻止，否则，莫尔达索夫将通过回购获得强大的实力。如果我们没有拦下回购，你们成功的机会非常渺茫。"

拉克希米或尤伊对此也有清醒的认识。整个交易可能以非常复杂的结局告终，莫尔达索夫可能拿到 38％的股份，米塔尔钢铁公司持股约 40％或更高，但双方均无法真正拥有公司的控制权。因此，扎列斯基的持股成了一个关键的决定因素。

"你们能再次提高报价吗？"科基插了一嘴。

"扎列斯基先生，我不会再提价了。"拉克希米厉声回答："在威尼斯时，我们已经谈过这个问题。您给我提了相关建议。我在这次调整投标的过程中，已经把您提的所有要求都考虑进去了。我甚至做好了准备，合并后持有新公司的股份在 50％以下。现在，我需要您的支持。"

扎列斯基起身，把科基拉到一边。

他告诉科基："我们必须帮助他。"科基点点头。

他们很快回到了露台。

"请相信，我们会支持您的。"扎列斯基向两位客人保证。

📍 布鲁塞尔机场喜来登酒店商务中心

罗兰·容克、阿蒂亚和斯科汀的谈话长达 6 个小时。分别之际，他们约定今后还将展开更多会话。离开酒店的时候，他们碰上了一群也刚刚开完会回来的意大利钢铁界同行，其中有几位和容克相识。他们 3 人站在那里，略显尴尬。意大利商人们先是看着容克，然后又将视线转向阿蒂亚，相互会意地笑了笑。

在乘坐喷气式飞机返回卢森堡的旅途中，容克思绪纷纭。安赛乐公司和米塔尔钢铁公司两家公司的确在发展历程和经营方法上各有不同。米塔尔钢铁公司目标明确、锐意精进、雷厉风行，安赛乐则思虑全面、广开门路。米塔尔钢铁公司凭着本能一往直前，安赛乐追求一步一个脚印。但两家公司的愿景又极为相似。容克认为这两家公司彼此之间适合互相借鉴、取长补短。在短暂的飞行旅途中，容克仔细整理了思绪，再三斟酌。

当晚7点，容克回到自由大道，与安赛乐公司的运营管理委员会成员见面。他对众委员说道："进展顺利，希望很大。从今天谈话的情况来看，我认为我们公司和米塔尔钢铁公司有很多共同点，可以继续深入对话。我已经和他们确定好，下个星期6月30日在布鲁塞尔再见面商谈。我想米歇尔和冈扎诺应该和我同去，以便于讨论所有的相关问题。"

一直以来，多莱竭尽全力不让安赛乐落入米塔尔钢铁公司之手。他难以相信自己的同事如今却与敌方如此亲善来往。他摇摇头，只说了一句话："我想容克可能得了斯德哥尔摩综合征。"

6月11日星期天，安赛乐召开董事会，讨论拉克希米调整后的收购报价、米塔尔钢铁公司的商业计划书和"宣称代表了约占安赛乐公司总资本30%股东的意愿"的"肮脏的30%"请愿书。董事长金希将不可回避的问题摆在了众董事面前："从财务角度来看，米塔尔钢铁公司的报价仍然不足，其中对安赛乐的估值远远低于我们的实际价值。"他接受了迈克尔的建议，即安赛乐公司的股东不应接受米塔尔钢铁公司的报价。迈克尔知道拉克希米还能开出更高的收购价格。但金希仍然坚持安赛乐不予出售，而是支持同莫尔达索夫的公司合并。

董事长金希对董事会其他董事说："如果同谢韦尔钢铁公司合并，我们将成为全球规模最大、盈利最高的钢铁公司。6月30日安赛乐要举行股东大会，届时我们的股东一定会支持合并交易。"

在金希看来，容克和阿蒂亚的会面再次证实了"米塔尔钢铁公司的发展战略是以销量为主导，追求薄利多销；而安赛乐则采用利润驱动的策略，通过质优价高创造效益。由于商业模式不同，因此如果米塔尔钢铁公司和安赛乐公司两家公司合并，产生的协同效应较低，不如钢铁行业近来的一些大型企业合并项目，也将低于安赛乐同谢韦尔钢铁公司合并能实现的协同效应。"

多莱坐在董事长金希的对面。在他听来，这些观点简直比魔笛奏出的音乐更为美妙。但这种美好的感觉随即就戛然而止了：金希建议董事会授权综合管理委员会同拉克希米见面，"以探讨米塔尔钢铁公司对其当前收购报价所能进行的调整"。

金希一直否认米塔尔钢铁公司的公关团队对他的指控，即安赛乐公司的董事会在寻求谢韦尔钢铁公司合并交易的过程中涉嫌违法行为。安赛乐董事长金希坚定地表示："同谢韦尔钢铁公司的合并交易以及该交易的结构均不违反法律或公司章程的任何规定。我确信，我们通过同谢韦尔钢铁公司的合并案的做法完全合法，也符合安赛乐公司及其利益相关者和所有股东的最大利益。"围坐一圈的各位董事纷纷点头称是。金希接着说："事实上，如果不是出现了谢韦尔钢铁公司的合并提案，米塔尔钢铁公司根本不会调整报价。"金希心知肚明，安赛乐同谢韦尔钢铁公司的合并交易的反对票计划，目前已经收到很多反对意见，甚至有一些来自董事长自己的顾问团。金希说："将这项交易的反对票门槛设置在50%，是为了鼓励股东积极参与。"同时，他宣布将开展一项"公关活动"，以确保"股东广泛参与6月30日的股东大会，并投票支持谢韦尔钢铁公司"。

阿利斯特兰的不满情绪日益高涨。他的代表斯皮尔曼是第一次参加董事会，他申请提出异议。

"斯皮尔曼先生，"金希董事长提醒他，"安赛乐董事会有意见一致的传统。"金希将所有议项提交董事会讨论，包括设定股票回购价格。回购价定于每股 44 欧元，待 6 月 21 日批准生效。

会议共持续 5 个小时，但最终结果一成不变：全体董事一致投票通过。

🕐 6 月 13 日，星期二
📍 卢森堡市自由大道

金希向股东发出通知，召集他们参加将于 6 月 30 日上午 11 点在卢森堡展览中心召开的临时股东大会。会议只有两项议程：第一项议程是讨论米塔尔钢铁公司对所有安赛乐公司股票和可转换债券的公开交易报价。第二项议程是根据股东收到的有关安赛乐公司同谢韦尔钢铁公司合并交易的说明文件中所描述的条件，讨论莫尔达索夫在此合并交易中对安赛乐公司的所有经济贡献，包括谢韦尔钢铁公司的资产［含谢韦尔钢铁公司（北美）］、谢韦尔资源公司（铁矿石、煤）、莫尔达索夫在卢奇尼钢铁公司的股份和 12.5 亿欧元现金（以下简称"谢韦尔交易"）。

安赛乐公司的股东可以投票在如下两个方案中选择其一：支持已经确定的方案，即与谢韦尔钢铁公司进行合并交易；或者投反对票。

当塔吉巴克斯通读这份长达 4 页的说明文件时，第二页底部的一段话让他心生警觉。其内容为："选择保留安赛乐公司同谢韦尔钢铁公司的合并交易的股东，仍然可以自由接受（或不接受）米塔尔钢铁公司的股份收购报价。米塔尔钢铁公司的收购报价有效期结束时，如果将安赛乐公司与谢韦尔钢铁公司合并交易所发行的或将发行的股份考虑在内，米塔尔钢铁公司持有安赛乐公司的股份超过50%，则安赛乐公司与谢韦尔钢铁公司的合并交易宣告无效。"

塔吉巴克斯拿出了计算器。盖维斯也同样机敏地发现了这段内容有蹊跷之处。这又是安赛乐为了阻挠米塔尔钢铁公司耍的花招。塔吉巴克斯向拉克希米和玛赫什瓦利解释了文字中的猫腻，但他也表示，他们可以借此机会，将这一点告知安赛乐的一名董事会成员兼重要股东。

"给斯皮尔曼先生打电话吧。"拉克希米说。

在卢森堡，经济与外贸部的施密特对于政府在安赛乐公司与谢韦尔钢铁公司交易中的立场存有疑虑。他对克雷格说："首相很偏向俄罗斯方面，这笔交易的结构有问题。我们给莫尔达索夫的回报太多了，我们最终很可能会被边缘化，公司总部可能会搬到莫斯科。"

"施密特，相信我，这场比赛还没到最后关头，"克雷格说："我有一种感觉，拉克希米还会加价。"施密特注意到，他直接称呼拉克希米·米塔尔的名字——关系不一般的人才会如此称呼。事实上，克雷格几乎每天都和拉克希米电话联系。他接着说："我从他的语气中发现，他有一种最伟大的品质，那就是超强的毅力。他一定会带着更高的报价回来，让安赛乐和谢韦尔钢铁公司难以还击。"

"部长，如果真的出现这种局面，届时卢森堡仍然是合并后新公司的所在地，仍然拥有全国的冠军企业，但应该怎样处理我们的股份？是卖掉，还是留在手里？如果留在手里，我们还能保留一个董事会的席位。"

"我们卖掉一半，这样可以得到 10 亿欧元的利润。把这些钱用来投资经济多元化的项目。从政治的角度，这个方案是可以接受的。"

"首相会同意吗？"施密特问道。

"真的到了最后那天，他会知道这可能是我们唯一的选择。"

🕐 6 月 14 日，星期三
📍 米兰圣费利切

扎列斯基决定，时机已到，可以打出王牌了。卡洛塔萨拉国际集团发表了一份简短的声明，宣布将投票反对安赛乐公司大规模回购股票的计划，该计划目前涉及价值高达 65 亿欧元的股份。卡洛塔萨拉国际集团在声明中谨慎声称：这一决定不完全表示其在临时股东大会上的投票倾向。扎列斯基把他打桥牌的经典技巧用得出神入化，以至于不到最后一刻，没有谁能知道他真正的选择。

声明直截了当地指出："股份回购是一项非常消极的举措，严重损害了股东的利益。其将导致安赛乐资本的控制权发生变化，并使谢韦尔钢铁公司免于承担发起收购要约的义务。通过股票回购，现金从安赛乐公司流向其股东，并没有创造任何新价值。"

扎列斯基明白，国际媒体一定会牢牢盯住这一声明不放。《金融时报》称，该声明首次表明了安赛乐公司有影响力的大股东与董事会出现了对立，并据此推测小型投资者也将追随其后。

随后，扎列斯基接受了彭博电视台的采访，并在采访中称："回购有损于安赛乐股票的价值。这一举措确实能保护安赛乐不被收购，但同时也会对公司股价产生影响。"

　　扎列斯基之所以反对回购，是出于商业方面的考量。扎列斯基目前持有安赛乐5%的股份，其买入的平均成本约为32欧元。如果实施回购，他手中的股票价值可能会大幅下跌。扎列斯基呼吁其他股东像他一样站出来表示反对。他正好说到了所有投资者的痛点上，而对冲基金尤为如此——他们简直现在就想将持有的安赛乐股票抛售掉，从中获取利润。

　　卡洛塔萨拉国际集团的声明引起了安赛乐公司的强烈抗议。金希以前就对扎列斯基存有疑虑，现在更觉得这种怀疑确有道理。他立即要求法国巴黎银行介入此事。于是巴黎银行联系扎列斯基，请他重新斟酌其决定。尤吉卓也给扎列斯基打了电话，提出类似的要求。这位西班牙人向扎列斯基透露："我现在处境很艰难，卢森堡的同事都觉得是我引狼入室。"

　　但是扎列斯基仍然坚持回购有损安赛乐股东股份价值这一原则性观点。他提出的要求是："取消6月21日关于回购事宜的股东大会。"为了缓解良心的不安，当然也是出于某种神圣的指引，扎列斯基立即安排通过意大利的银行进行再融资，偿还了法国巴黎银行的10亿欧元原始贷款。

　　同时，扎列斯基也信守对拉克希米的承诺，将自己在安赛乐的持股份额增至7.4%。由此，扎列斯基也一跃而成为卢森堡安赛乐公司唯一的最大股东。

🕐 **6月17日星期六，上午10点**

📍 **日内瓦西伊斯蒙德·塔尔伯格路2号，布鲁兰财富管理执行合伙人公司**

　　塔吉巴克斯与玛赫什瓦利坐在斯皮尔曼位于日内瓦的办公室

中。塔吉巴克斯说："截至 2005 年年底，安赛乐在市面上的流通股数量为 6.14 亿。他们打算再发行 2.95 亿新股，并将其赠予莫尔达索夫。"他接着说道："这样，莫尔达索夫的持股比例便可达到 32％以上。安赛乐还准备回购 1.48 亿股。由于莫尔达索夫不会将股票投入回购，他在安赛乐的持股便能达到 38％以上。"

"好的，"斯皮尔曼说，"我支持你。"

"好，"塔吉巴赫什继续讲道，"从米塔尔钢铁公司的角度来看，我们必须获得 50％稀释后的股份才能胜出。如果要解除安赛乐和谢韦尔钢铁公司的合并交易，那么我们必须在收购计划的有效期共取得 6.14 亿加上 2.95 亿总和的 50％，即 4.55 亿股。这 4.55 亿股只能来自在外流通的 6.14 亿股份，因为在我们的收购要约到期之前，安赛乐准备为莫尔达索夫发售的新股不会参与流通——即便发行了，莫尔达索夫也不会将这批股票卖给我们。换言之，我们必须依靠收购要约，将 6.14 亿流通股中的 74％（即 4.54 亿股）买到手。安赛乐等于是单方面提高了收购的门槛，从传统的 50％变成了 74％。"

玛赫什瓦利点头称是。

塔吉巴克斯说："更糟糕的是，如果再考虑到另一种情况，比如说，假设那些坚决反对米塔尔钢铁公司的股东手中掌握了 10％的流通股，也就是 6100 万股，那么我们需要跨越的门槛又从 74％上升到了 82％。再加上安赛乐准备实施股票回购计划，将导致更多股东远离米塔尔钢铁公司的收购，从而让门槛变得更高。"

换句话说，安赛乐通过各种操纵，令米塔尔钢铁公司永远无法彻底胜出。塔吉巴克斯还发现了另一个问题："米塔尔钢铁公司如果能获得 6.14 亿股流通股中的 50％，也可以'暂时胜出'；但当安赛乐轻而易举地向莫尔达索夫发行 2.95 亿的新股时，米塔尔钢铁公司的股权便会被稀释至 34%。其余股份中，莫尔达索夫持股 32%，其他股东持 34%。"

"三分鼎立。"斯皮尔曼说，他这才发现细则中隐藏的魔鬼。

"没错。"塔吉巴赫什答道。现在，让斯皮尔曼，也就是阿利斯特兰站在米塔尔钢铁公司这边非常重要。阿利斯特兰是安赛乐董事会成员，同时也是其最大的个人股东。

玛赫什瓦利和塔吉巴克斯花了两个小时给斯皮尔曼讲解了米塔尔钢铁公司的商业计划和产业计划书，但后者似乎更关注金希发布的股东大会通知的内容。斯皮尔曼说："他们写这个通知，却丝毫没有提及董事会。"他看起来被冒犯了。"如果公司以这种方式发布文件并通过，我们最终的局面将不堪设想——无法对公司进行全面的控制。"

眼看着到了中午，3 人驱车前往日内瓦的诺加希尔顿酒店。酒店可以俯瞰日内瓦湖和湖面上著名的喷泉，景色优美。在酒店的中餐厅里，他们遇到了阿利斯特兰。

阿利斯特兰悄声问斯皮尔曼："谁选的餐厅？"

"他们……"斯皮尔曼刚开口，还没来得及说下去，便见拉克希米走进了餐厅。

拉克希米正想吃一顿中式午餐。众人一边看菜单，塔吉巴克斯、玛赫什瓦利和斯皮尔曼一边向拉克希米和阿利斯特兰简要汇报着刚才见面的内容。阿利斯特兰突然打断他们说道："我的公司是家族企业，拉克希米，你对家族企业再了解不过了。西班牙的股东和塞雷利人都已经被安赛乐抛到一边了。"扎列斯基老谋深算，而阿利斯特兰则算得上是性情中人。

"股东是公司的主人，管理层只是公司的经营者。"拉克希米说。这是他经常喜欢说的一句话。"安赛乐董事会拒绝听取我们的意见，这个决定是错误的。他们一直在和其他所有人沟通，唯独把我们排除在外。其实，我们从第一天起就准备好同他们对话。"

阿利斯特兰点点头，接下来改变了交谈的策略。他说："首先，这不是钱的问题，而且到目前为止，安赛乐也没有向股东发放任何现金。"

拉克希米将话题转回了正题："我知道从工业逻辑的角度来说，安赛乐同我的交易最符合所有股东的利益。如果股东们决定要与莫尔达索夫合作，那是他们的选择。但安赛乐必须具备透明的机制，让股东们能有机会通过投票在各种备选方案中进行正当选择。"

阿利斯特兰对此表示赞成。他翻着菜单，上面的菜肴就像是金希的开会通知，没有多大的吸引力。

"抱歉，"他承认，"我不太喜欢中国菜。"

拉克希米把服务生叫过来。"麻烦你给阿利斯特兰先生上一份奶酪。"

结束这顿"半中半西"的午餐后，拉克希米和阿利斯特兰握手道别。临走时，阿利斯特兰对拉克希米说："我会支持你的。"阿利斯特兰的承诺对拉克希米来说绝不是一张空头支票，他的意思是：他支持安赛乐提供一个公平的竞争环境，让米塔尔钢铁公司的收购交易有机会和莫尔达索夫的合并交易一同摆在桌面上，供安赛乐董事会对比评估。

克雷格用手机给莫尔达索夫打了电话。莫尔达索夫听起来情绪低落，于是克雷格同意和他见面聊聊。他们来到皇家酒店，坐在一个阳光灿烂的露台上，喝着咖啡，谈了一个小时。从莫尔达索夫的一言一行中，克雷格发现他深感失望。

尽管多莱还有一些人仍然坚定支持莫尔达索夫，但莫尔达索夫感觉到，安赛乐公司和卢森堡政府方面所表现出来的行动和以前相比有了很多变化。他甚至怀疑，安赛乐只是利用自己来掩人耳目，达到让拉克希米抬高收购价格的目的。即便如此，莫尔达索夫仍然订下了酒店地下层的整套办公室，安排了一个由荷兰银行和伦敦安理国际律师事务所专业人士组成的投资银行顾问团驻扎下来，重新制订一套还盘计划。这个头脑精明的俄罗斯人清楚，如果战斗朝着有利于拉克希米而不是自己的方向发展，他也决意要全力尝试，争取反败为胜。

"您认为一切都结束了吗？"莫尔达索夫问道："我有一种感觉，安赛乐公司内部有些人希望我输掉。我真的需要您的支持。"

克雷格不知该如何作答，但他真心想帮助莫尔达索夫。他答应先同首相谈谈，晚些时候再给莫尔达索夫打电话。容克正在自己的家中。当克雷格告诉他莫尔达索夫的灰心丧气时，他表示愿意见见这位令他印象深刻的俄罗斯人。"你去开车把他接过来。"首相指示道。

午后，克雷格开车把莫尔达索夫接到容克家里。3人喝着茶，聊了两个小时。但最后，容克和克雷格对莫尔达索夫只能表示同情，却无法为了他对安赛乐的事务横加干涉。

不过，莫尔达索夫还有一张底牌。当晚，他登上飞机离开了卢森堡。

6月18日星期天，在知名的"穿靴子的猫"餐厅的一个私人包间里，阿利斯特兰和斯皮尔曼等待着他们的客人。这家餐厅属于日内瓦最豪华的酒店之一——美岸大酒店。酒店内装饰着挂毯、雕塑和各类华丽的陈设，服务人员恭敬有礼，提供的食物品质皆属上乘。阿利斯特兰翻看着菜单，上面有一道"日内瓦湖飘香鲈鱼片"。如此鲜美上品，哪里还需要味精？

阿利斯特兰选择菜式时，莫尔达索夫和马可夫走进了房间。阿利斯特兰邀请二位赴宴，是因为有一项提议与他们讨论。他认为，这项提案可以提高安赛乐众股东和市场对于谢韦尔钢铁公司合并交易的接受度。

他开口道："谢韦尔钢铁公司同安赛乐公司合并本身是一个好主意，但这项交易的结构太不合理，可以说是我有史以来见到最差的合并案。"他还难以在拉克希米和莫尔达索夫之间做出选择。他希望莫尔达索夫能再行调整，提供与米塔尔钢铁公司现在的报价相匹配的条件，这样，安赛乐公司董事会就能做出自由公平的选择。几人一边悠闲地用着午餐，一边听着"生意狂"斯皮尔曼向他们介绍这项新提案。

36
回购大势已去

⏱ 6月19日，星期一

📍 自由大道

　　金希收到的信件读起来极为有趣。除了"肮脏的30%"请愿书和拉克希米6月2日发来的信函，金希现在又收到一封信件，发件人是阿利斯特兰。来信开头写道："安赛乐公司收购谢韦尔钢铁公司的提案，其结构对安赛乐的股东造成了干扰。"金希拿起一支香烟，接着看下去："因此，我们认为本次合并交易的结构应予以调整。安赛乐应通过现金、股份和可转换债券相结合的方式来购买谢韦尔钢铁公司。"在阿利斯特兰的合并提案中，莫尔达索夫将获得70亿欧元的现金，再加上一部分股份和可转换债券的组合，具体的数额由谢韦尔钢铁公司和安赛乐两家公司协商确定。同时，莫尔达索夫将收到的70亿欧元现金全额投入市场，购买安赛乐的股票。"这一承诺应按当时的市场价格兑现，但最高的买入价格不应超过每股50欧元。我们认为，莫尔达索夫先生持有的安赛乐股份将不会超过安赛乐公司所有股本经完全稀释之后的33.3%。同时，由于米塔尔钢铁公司有可能最终取得控制权，因此在新的收购提案中，还必须包含莫尔达索夫的退出计划。"

阿利斯特兰写道，"如果交易方案能照此调整，那么谢韦尔钢铁公司将不再需要或要求安赛乐为其提供公司治理方面的任何特权，安赛乐目前的章程和公司治理规则应继续有效。我们已经同莫尔达索夫先生讨论过上述问题，并且认为他对此有充分的理解。我真诚建议：将上述提议加入将于 6 月 21 日举行的股东大会的议程。"

"我们希望告知您，在下一次董事会会议之后的两日内，我们将向新闻界公开本信的内容。"看到信中透露出的威胁语气，金希不禁摇头。

6 月 21 日的股东大会上，安赛乐打算让股东对股票回购一事进行投票。现在看来，这次会议很可能成为一场灾难。虽然对金希而言，阿利斯特兰的计划并不能有效改进同谢韦尔钢铁公司合并的交易，而且提出的时间点也太晚了，但它表明了在安赛乐最大的单一股东扎列斯基叛变之后，其他股东的反抗情绪也日益强烈。安赛乐的第三大股东比利时瓦隆地区也表示反对股票回购。金希给各位董事会成员逐一打电话。股东大会没有规定出席人数。按照安赛乐股东大会的规定，投票获得三分之二参会股东的支持时即可通过决议。股东大会最高的出席率记录为 35%。也就是说，只要有略高于股东总数 10% 的反对票，便可以否决提案。当初，资金匮乏的各位股东对安赛乐宣布的股份回购计划极为欢迎。而现在他们的态度发生了大转弯，面对 65 亿欧元的现金，他们仍愿意投反对票予以否决。安赛乐声称，公司的股份回购计划及其与谢韦尔钢铁公司的合并案毫无关联，但这一说法也没有让任何人回心转意。在众投资人看来，这两件事密不可分，都是安赛乐用以挫败拉克希米收购计划的手段。

金希告诉董事会，回购计划彻底落败。当天晚些时候，他发布了新闻公告，宣布推迟股东会议："鉴于安赛乐公司和米塔尔钢铁公司的管理层正在进行磋商，为了不损害安赛乐将来可能采取的任何方案，董事会决定：撤销于 6 月 21 日召开临时股东大会的决定。因股东本人或通过代理参加该会议而被冻结的股票，可以立即办理股票解除封锁的手续。"

接下来的内容便带有几分挑衅的色彩："安赛乐董事会保留召开临时股东大会的权利。若米塔尔钢铁公司主动提出的收购要约最终失败，安赛乐可召开股东大会，以供股东投票决定股票分配事宜（指回购）。"这样的措辞无非是装饰门面的场面话。金希和董事会随意推迟投票日期的行为已经表明：安赛乐董事会无法真正捍卫股东的权利。

扎列斯基可能对这个局面很是满意，但阿利斯特兰肯定极为不快，因为他费心调整了安赛乐与谢韦尔钢铁公司的合并交易案，现在连摆上桌面讨论的机会都没有了。阿利斯特兰要求安赛乐放弃发行新股并将其赠予莫尔达索夫的计划，还主张金希和多莱辞职。他说：他们应该"离开安赛乐"，他们无视股东的意见，这种经营上市公司的"老套路"应该被摒弃。

金希不可能回应阿利斯特兰的要求。现在，安赛乐也没有任何迹象表明会取消 6 月 30 日旨在批准安赛乐与谢韦尔钢铁公司合并交易的投票会议。

37

三方对局

··

🕐 **6月20日星期二，上午10点30分**

📍 **纽约，世界钢铁动态成功大会**

年度钢铁成功大会（Annual Steel Success Conference）由全球权威的钢铁分析机构"世界钢铁动态"主办，堪称钢铁行业的盛事，每年人们都成群结队地前来参与。世界钢铁动态将第21届大会确立的主题为"钢铁新竞赛：赌注更大，奖金更多"。会议将持续3天，与会的1200名代表将在此建立联系，评估对手，交流信息，消除谣言，寻求合作或推销自己。但在大多数时候，他们都聚集在酒吧、走廊和各种非正式派对上，就某一项交易展开讨论。其话题必定是钢铁界当前唯一的对局，参与者押下的筹码和赢家最终的奖金一天比一天多。

钢铁界人士满怀着期待，来到第七大道和53街上纽约喜来登大酒店的主礼堂，参加大会最重要的活动——"核心演讲"。世界钢铁动态的经营合伙人马库斯和卡利斯·柯西斯（Karlis Kirsis）在策划本次会议时，打算挑选这样一位"核心演讲者"——勇于挑战普遍公认的想法和做法，无惧理性和技术层面的异议，甚至对于相关的情绪问题，也能妥善加以处理。传统上，会议倾向于选择业外人士进行演讲，从而带动听众的思维，推动钢铁行业向前发展。今年，这个角色只有一个候选人，便是拉克希米。

但没有人知道，几个小时以前，这位演讲者经历了失声的窘境。前一天，拉克希米结束了在波士顿的一场路演之后，乘飞机来到纽约的泰特波罗私人机场。飞越哈德逊河上空时，他的眼睛一直盯着黑莓手机，无暇抬头欣赏熟悉的美景。当时，阿蒂亚正在布鲁塞尔机场，与罗兰·容克、沃斯和尤吉卓进行会谈，磋商米塔尔钢铁公司同安赛乐公司签署谅解备忘录的事宜。整个飞行途中，拉克希米一直在和阿蒂亚互通电子邮件，了解他们谈判的进展。这是 6 月 8 日以来几人的第四次会面。阿蒂亚告诉拉克希米，双方沟通顺利，交易成功在望。

拉克希米为了成功收购安赛乐，数月以来不懈努力，踏遍四个大洲。在交易即将实现之际，身着浅灰色阿玛尼西装的拉克希米非常镇定。他旁边坐着的，正是《财富》杂志的资深记者尼尔森·D. 施瓦茨（Nelson D. Schwartz）。他正在为拉克希米撰写一部特写文章，名为《钢铁大帝》（*Emperor of Steel*）。莫尔达索夫野心勃勃，一心要从自称的"钢铁王子"拔高为"国王"。施瓦茨给文章如此起名，便是为了盖过他的气势。施瓦茨是一名优秀的记者，他不断向拉克希米询问交易的走向。他清楚，如果拉克希米胜算不大，绝不会让他一同乘机前往纽约。拉克希米如此关注手机上的动态，表明有大事将要发生。

他对施瓦茨说："我不知道接下来会发生什么。安赛乐仍在负隅顽抗。"

飞机落地后，拉克希米同《华尔街日报》的记者们共进午餐，然后和投资人一起参加了几场路演。当晚，他还参加了由米塔尔钢铁公司赞助的成功大会的欢迎酒会。在酒会上，众人簇拥在拉克希米的身边，争先恐后地同他交谈。凌晨4点，拉克希米从睡梦中醒来，突然发现自己发不出声音了。接下来还有一个重要的演讲，他很担心到时无法讲话，于是打电话给乌莎求助。在电话里，拉克希米的声音近乎耳语般微弱，乌莎根本听不清。

"喂，"他声音嘶哑地说，"我不能说话了。"

乌莎说道："现在去找点儿盐，兑成盐水漱口，然后等药店开门。"

拉克希米一手拿着盐水，另一手握着讲稿，期待着自己在演讲之前能恢复发声。他看着手表，已经到了早上6点。离演讲开始只有4个多小时了，他必须利用这段时间来试着让嗓子恢复。

拉克希米起身致辞时，环顾四周，皆是各大钢铁公司的重要人士。其中有很多熟悉的面孔，包括大多数安赛乐的潜在"白衣骑士"。拉克希米的弟弟维诺德，还有尤尔金也在场。不出所料，他的演讲标题是《构建可持续经营模式，迎接未来挑战》。

拉克希米说："祝贺组织本次会议的马库斯和柯西斯！你们让今天的大会成为所有钢铁公司高管人员日程里非常重要的一天。"他甚至听不出这是他自己的声音，但不管怎么说，他总算能说话了。他祈祷能坚持完成此次演讲。拉克希米稍作停顿，直到感觉到台下的听众又竖起了耳朵凝神倾听，才继续说道："当然，值得祝贺的不止于此。我们当然还得祝贺他们成功上演了帽子戏法——让多莱、莫尔达索夫和我，能在同一天参加同一个活动。"

拉克希米明显放松了下来，台下的人们都被他的演讲吸引了。拉克希米接下来的演讲节奏适中，语调沉稳。他再次陈述了他在1998年曾发表的关于钢铁行业必须全球化以继续发展的愿景，强调这一观点的正确性："不是因为如今的局面证明我是正确的，而是因为这就是钢铁行业长期健康发展的必经之路。"借此机会，拉克希米还彻底驳斥了一些不实的言论："如果我们都赞同规模化对于钢铁行业的健康发展有所助益，我也希望在这点上大家能达成一致，那么另一个需要解决的重要问题便是：钢铁公司是否应专注于生产某一种特定类型的产品，例如专产优质钢或者专产普通商品钢？"

对于大型跨国公司来说，针对不同的市场和多样化的需求来定制多元的产品是极为常见的情况。像丰田、大众作为大众型的汽车制造商，也拥有雷克萨斯和奥迪之类的奢侈品牌。没有谁会建议像福特、可口可乐或联合利华这样的公司在不同类型的市场之间只能选择其一。对于米塔尔钢铁公司，自然也是如此。

对多莱而言，拉克希米的演讲内容让他极为难堪。最后，拉克希米对整个行业发起号召："需求正在以积极的态势向前发展，行业内的不断整合帮助我们朝着理想的稳定状态迈进。而最令人激动的，莫过于我相信，钢铁行业正处于复兴的早期阶段。"

喝完咖啡后，拉克希米与纽约的投资人们投入了另一场路演，各会议代表则参与到小组讨论的活动中。莫尔达索夫参与的是第一组："国际钢铁竞赛：不言胜败"。金希虽然否决了阿利斯特兰修订的合并提案，但他仍不愿支持米塔尔钢铁公司赢得安赛乐。6月30日的反对票会议仍将如期召开。这个方案对莫尔达索夫很有利，而且多莱仍然是站在他这一边的。前一天晚上，多莱和戴夫扎克一起，与莫尔达索夫和马可夫见过一面。多莱反复强调，由于 ADAM 集团和对冲基金等股东的不同意见，他们认为米塔尔钢铁公司的收购计划比起复杂的谢韦尔钢铁公司合并交易更具吸引力，安赛乐公司现在面临着越来越大的压力。马可夫说："你只需要告诉我们，要怎么做才能将我们的交易坚持下去。"这两位俄罗斯人仍然相信，他们有能力提出可击败米塔尔钢铁公司的条件。

莫尔达索夫在会议上说："安赛乐公司和谢韦尔钢铁公司合并后，将成为一家平衡度很高的企业，在欧洲这个优质市场上释放出强大的实力，同时还将在巴西和俄罗斯的市场上大放异彩。"他认为，两家公司合并有助于削减生产成本，使企业将来在钢铁市场上实现增长。"安赛乐公司和谢韦尔钢铁公司联手必将打造出一个无与伦比的强强组合。安赛乐 – 谢韦尔钢铁公司将保持强劲的发展势头，始终担当钢铁界的排头兵。"

莫尔达索夫的讲话给听众留下了深刻的印象。他年轻，一表人才，行事果断。他向与会者表示，谢韦尔钢铁公司与安赛乐公司在工业逻辑上的契合度很高，不但不亚于米塔尔钢铁公司，而且在很多方面会做得更好。"在价格、公司治理和执行成本方面，谢韦尔钢铁公司合并案都是最佳的选择，能够创造最大的价值。"

但和拉克希米比起来，莫尔达索夫的英语不够流利，令他描述的愿景对听众的吸引力有所减弱，理解起来也有些困难。而且拉克希米的演讲中介绍了公司的过往业绩，显得更胜一筹。与会的代表们在酒吧共聚时，给两人的演讲打了分数。拉克希米得了满分 10 分，莫尔达索夫为差强人意的 8 分。众人表示，由于难以准确估算谢韦尔钢铁公司的市值，加之莫尔达索夫同普京交往过密，同他进行商业来往有较大风险。再者，他也不像拉克希米那样富于幽默感。

当日上午，莫尔达索夫赢得了鼎鼎有名的"钢铁愿景奖"。但最高奖项的得主另有其人。他到底还要走多远，才能实现从"白衣骑士"变为"钢铁之王"的夙愿呢？

多莱担任午餐会的发言人，他以"钢铁业的积极整合"为主题展开了演讲。他开篇便点明主旨："'价值第一，产量第二'，这是安赛乐公司的格言。换而言之：规模固然重要，但不能作为研制发展战略的唯一依据。钢铁行业始终应以价值为首要的驱动因素。"

多莱接下来的讲话内容就像是安赛乐公司发表的宣言，对拉克希米的信条逐一进行反驳。他说："钢铁业的新时代伊甸园中，各种动物都有自己的生存空间。一些动物体形小，还有一些动物个头较大，甚至是庞然大物。但无论是哪一种，都应以价值而非体形为先的理念为指导……安赛乐公司作为一家大型跨国企业，实施均衡式的发展战略。一方面，公司积极把握发展中国家市场的增长机会；另一方面，也努力保持其在成熟市场的盈利能力。无论在哪个市场板块，安赛乐都秉持创造价值的唯一目标，在各种特种钢和普通商品钢产品之间达到平衡。借此，我们也吸引了投资界对钢铁行业的更多关注。这便是'安赛乐法则'。"

多莱讲完，听众纷纷表示他的演说像是牧师布道一般枯燥无味。作为大会的常规流程，明星发言人都要回答一些刁钻的问题，大多数时候是由马库斯提问。但当马库斯问到多莱是否愿意答问时，他断然拒绝。这样一来，哪怕是最慷慨的评委，给他打出的分数也很难超过 5 分。

现在，安赛乐公司、米塔尔钢铁公司和谢韦尔钢铁公司这个"三角式关系"的主角都在同一个屋檐下。新闻记者们竖起了耳朵，密切关注着哪怕一丁点的动向。在记者的追问之下，多莱终于承认："最近几天，安赛乐公司和米塔尔钢铁公司两家公司的高层多次会谈，但是双方在很多方面仍无法达成一致。"多莱知道，留给自己的时间不多了。尤吉卓曾告诉他，同阿蒂亚谈判之后，虽然尚未就收购交易达成最终协议，但进展的顺利程度已远超他的预期。记者问多莱，是否打算与拉克希米会面磋商。"不会。"多莱回答，并补充道，"我们将根据股东目前担心的一些问题调整与谢韦尔钢铁公司的合并案。"

但是，多莱做的一切，真的足以说服莫尔达索夫吗？他可绝不是一个喜欢妥协的人。

当天下午 3 点，拉克希米乘电梯来到喜来登酒店的一间小型套房。房间是拉克希米让员工用其他人的名义预订的。在这种关键时刻，保密和谨慎行事至关重要。拉克希米独自一人飞快地走着。因为在路演活动上和投资人沟通耽误了时间，他已经比原计划晚了 15 分钟。接下来的会面他可不想再迟到。拉克希米打开门，走进房间。里面只有一个人坐在那里，小口喝着一杯水。

"多莱，很抱歉我迟到了。"拉克希米伸出手说道。多莱沉吟片刻，才握住对方的手。这是继 1 月 13 日星期五在拉克希米家的家宴之后，两人第一次正式面谈。有那么一瞬间，房间里的气压似乎骤然降低了。

金希仍竭力游说多莱留在安赛乐，为新公司的整合出谋献策。在他看来，多莱是安赛乐的主要人物，自己对他负有责任。金希请拉克希米劝说多莱留下。多莱的妻子米歇尔也力劝他不要从安赛乐辞职，一方面是出于经济方面的考虑，另一方面也是为了维护多莱在业内的声誉。

拉克希米坐下，开始与多莱谈话。他难以相信，经历了这么多的明争暗斗和冲突之后，他们两个还有可能共事。但是，如果这是成功实现收购所必需的条件，那也只得接受。

两人开始了断断续续的谈话。拉克希米率先开口："过去的事情让我们都忘掉吧。如果我以前有任何得罪的地方，非常抱歉。那些都不是针对你个人，只是因为谈判需要。"

　　多莱也道了歉，但他的对不起完全是在自言自语。他多么希望自己没有发表过关于"猴子钱"的言论。直到现在为止，多莱都坚称这种说法不是他有意为之。他过于天真，不曾想到英国媒体会得意洋洋地拿这些用语来取笑他，让他不堪其扰。

　　拉克希米对多莱说："你一直都是安赛乐伟大的领头人。我们合并后，我希望你能继续担任新公司的首席执行官。"

　　多莱嘴上答道："我会考虑的。"但他在心里已经暗自作了决定。他所了解并深爱的安赛乐已经逐渐成为历史。但如果莫尔达索夫还能奋起一搏，从拉克希米的眼皮底下夺走安赛乐，那又是另一番景象。

　　在去机场的路上，多莱的手机响了，是尤吉卓打来的。金希决定按计划在 6 月 22 日对切列波韦茨进行投资访问。多莱精神一振，但随后却大失所望。金希的考察如期进行，但其内容却有了重要变动。

　　安赛乐为返回欧洲的人员租用了一架庞巴迪环球快线长途贵宾喷气式客机。在豪华的机舱里，多莱瘫坐在座椅上，陷入了彻底的绝望。他全身疼痛，神志恍惚。尤吉卓的话语让他深受打击。与多莱同行的有戴夫扎克、休、博耶和瑙里。多莱已经告诉他们，拉克希米请他继续担任安赛乐的首席执行官。这几人皆为多莱的忠实拥趸。虽然安赛乐这艘船改了名字，变得更大，但当他们听说多莱会继续掌舵，都高兴不已。

　　他们说："你当然要同意。"

　　多莱却回答："当然不会。我怎么能同拉克希米和他儿子一起工作呢？"

　　这时，食物和美酒被呈上，众人的情绪开始跳出严肃的现实话题，一种像是士兵凯旋的欢乐气氛逐渐蔓延开来。这时，瑙里再也坐不住了。他猛然从座位上站起来，开始以法语吟诵：

> 我应该怎么做？
>
> 寻人予我庇护，择人予我托靠；
>
> 如常春藤攀援大树，紧紧依附树干，望其给予支撑，
>
> 不靠自己的力量，却施展阴谋诡计爬上高枝？
>
> 多谢。大可不必。

多莱想起，这是音乐剧《大鼻子情圣》（*Cyrano de Bergerac*）第二幕第八场中的对白，主角贝热拉克的挚友兼战友勒布雷（Le Bret）担心贝热拉克会因坚持自己的原则而毁掉自己的事业，对他进行劝说："哦！快放下你火枪手的骄傲。财富和荣耀就在前方！"瑙里所背诵的便是贝热拉克对勒布雷的回答。

同事们对瑙里的表演报之以热烈的欢呼。他继续吟唱这段台词的英语版：

> 我应该怎么做？
>
> 寻人予我庇护，择人予我托靠；
>
> 如常春藤攀援大树，紧紧依附树干，望其给予支撑，
>
> 不靠自己的力量，却施展阴谋诡计爬上高枝？
>
> 多谢。大可不必。

诵罢，瑙里坐回座位上，就和他站起来一样突然。众人纷纷鼓掌叫好。安赛乐的包机飞速驶向目的地，多莱脸上带着微笑，心里已经决定要离开安赛乐。正如贝热拉克所言，人要按照自己的理想生活。多莱没有兴趣与自己认为不值得来往的人成为朋友。

多莱仍在沉睡时，谢韦尔钢铁公司的网站上突然出现了一则新闻："谢韦尔钢铁公司今日宣布，其已向全球最大钢铁公司安赛乐的董事会提议，针对安赛乐股东在过去几个星期提供的投资人意见，对两家公司于 2006 年 5 月 26 日公布的合并协议条款进行重大调整。"

莫尔达索夫将其在安赛乐的持股份额从 32% 降至 25%，从而将他向安赛乐股东的报价提高了 20 亿欧元。他还承诺：他一旦持有安赛乐的股份比例超过 33%，便会按照规定对安赛乐发起公开全面收购。莫尔达索夫还宣布，他放弃担任战略委员会主席及所有相关特权。另外，"莫尔达索夫先生将享有同其他普通股东一样的自由投票权。"

莫尔达索夫宣布："我仔细考虑了所有投资人的反馈意见，相信调整后的提案能够满足他们的要求。提案的新条款能为股东创造极高的价值，也体现了我对于一个工业逻辑的充分信心，即安赛乐和谢韦尔钢铁公司这两家一流公司合并后，可以成为全球最强的钢铁企业。"

与此同时，安赛乐和米塔尔钢铁公司双方仍在持续进行对话。有传言称，在拉克希米收购安赛乐的新计划中，收购价格可能已高达每股 40 欧元。

当天晚些时候，塞尔凡－施赖伯正在撰写谅解备忘录的法律条款，电话铃声响了起来，是法国金融市场管理局的让－路易·兰特努瓦（Jean-Louis Lantenois），他正在哥本哈根参与全球所有市场监管机构的年度大会。

兰特努瓦说："我们已经暂停了安赛乐股票在所有国家市场上的交易。"

"什么？"塞尔凡－施赖伯简直不敢相信自己的耳朵。"你们不能那样做。"

"我们已经这样做了。"

"你想做什么，杀了我们？"塞尔凡－施赖伯说这些监管机构一定是香槟喝多了。暂停交易在安赛乐的历史上从无先例。塞尔凡－施赖伯告诉兰特努瓦："只有在两种情况下，才允许暂停交易：第一，有关于米塔尔钢铁公司或安赛乐公司的信息即将发布，需要为其留出一段时间——现在没有这种情况；第二，市场上出现不合常规或不合理状况时，也可以暂停交易——现在也不属于这种情况。那么，你们暂停的理由是什么？"

兰特努瓦答道："等待明确的方案出台。"如果监管机构都对拉克希米和莫尔达索夫之间的竞争感到困惑，那投资人还能奢望什么？不确定性会引发不真实的市场现象、误导股价变化。兰特努瓦的态度非常坚决。塞尔凡－施赖伯感觉就像有一把枪指着他的脑袋。

"现在的情况实在是太混乱了。"兰特努瓦最后讲完这句，挂断了电话。

38
最后的拉扯

◦•◦

🕐 6月21日星期三，下午6点
📍 布鲁塞尔国际机场

拉克希米的"湾流"专机在机场着陆，停在了私人停机坪上。他看到金希在外面一边来回踱步，一边抽烟。阿蒂亚对这里已经相当熟悉。他穿过移民和安检办公室，然后穿过停车场，来到商务中心。

几分钟之后，拉克希米和金希坐到了一张桌子的两边，两人面对着面。现在，这场竞购战中拥有最高权力的两名主帅，撇开了他们大批的外聘银行、律师和公关顾问团，亲自上阵一决胜负。陪同金希的是他的副手尤吉卓。从金希坚毅的神色，拉克希米看出他今天来到这里，绝不仅仅是为了向工业逻辑和市场的力量低头。今天的金希必定不好对付。

"拉克希米先生，我很感谢你做出的让步，尤其是对公司治理条款的修改。"金希说，"但是，你调整后的报价仍然不能完全体现出安赛乐的价值。你还需要加价。"

拉克希米答道："我们可以将报价提高到 39 欧元。"

金希表示反对："至少得 40 欧元。"

两人都寸步不让。价格一事只能暂且搁置。

拉克希米欣然同意合并后将公司总部设在卢森堡。拉克希米在收购战的过程中意识到，卢森堡是一个开展政治活动的理想之地。同时，该国首相让 – 克洛德·容克人脉广泛，这对于拉克希米打入欧洲政界内部尤为关键。有了他的支持，拉克希米今后将不再只是在局外观望。但是，合并后的新公司应当如何命名？

"必须得是米塔尔 – 安赛乐。"拉克希米坚决地说。

金希也毫不相让："安赛乐 – 米塔尔。我们在欧洲的知名度要比你们高。"

在场的 4 人相持不下，就像是一场双打比赛，没有哪一方能打出决胜的一击。然后，金希的目光落在了阿蒂亚身上，焕发出奕奕神采。他对后者说："我觉得，比起米塔尔 – 安赛乐，你会更喜欢安赛乐 – 米塔尔。"

"什么？"阿蒂亚惊诧地说："您不认识字吗？"

"安赛乐 – 米塔尔的缩写和你的姓名缩写相同，"金希提示道，"我相信总有一天这家公司会属于你。"

金希打破了僵局。晚上 10 点，会面结束。接连 4 个小时不能抽烟，对金希来说着实不容易。

他走出屋外，点上了香烟："明天吧。明天我把我们刚才讨论的内容提交给我们公司的管理层。"

听取了金希关于他与拉克希米会面的报告后，安赛乐的高管们别无选择，只能宣布将于 6 月 25 日星期日召开紧急董事会会议，议题为"在米塔尔钢铁公司和莫尔达索夫先生各自的最新报价之间做出选择"。但同时，6 月 30 日的临时股东大会将按计划召开。

届时，需要达到代表公司全部股份 50％的否决票，才能取消安赛乐同莫尔达索夫的合并交易。

"热点透视"网站提醒那些希望同谢韦尔钢铁公司作别并相信成功在望的安赛乐股东们，应务必小心谨慎："如果这是一场真正的竞拍会，安赛乐股东定会欢欣鼓舞。但对于谢韦尔钢铁公司合并交易，董事会正式采用的投票机制中所体现的民主就像是《动物庄园》（*Animal Farm*）里猪享受的民主。在能有公平的机会对两家公司的报价做出选择之前，股东们绝不可掉以轻心。"

🕐 6月22日，星期四
📍 俄罗斯切列波韦茨，谢韦尔钢铁公司

在谢韦尔钢铁公司的所在地，6月可不好过。由于蚊虫猖獗，上百名来工厂考察的投资人和分析师们只得一直待在公司的接待室里。这里还到处都是配有卡拉什尼科夫冲锋枪的保卫人员，也正是他们将乘坐装甲车的众访客从机场护送而来。自弗莱彻被苏联钢铁厂驱逐出去后已过了多年，这里却好似没有多大变化。

莫尔达索夫致辞欢迎访问团时说道："谢韦尔钢铁公司目前的问题是外界对我们不甚了解。我们必须努力让人们看到我们真正的价值，这也正是我们今天邀请各位来到这里的原因。"他外表镇定自若，内心却满腔怒火。众人刚抵达时，他便对罗兰·容克说："我们觉得安赛乐已经放弃了我们。在与安赛乐合并的项目上，我们需要你们的支持，而你们并未做到。"

"我现在就是来支持你的。"容克回答。容克来这里，确实是为了支持莫尔达索夫和谢韦尔钢铁公司，但却不是帮助他们同安赛乐合并。莫尔达索夫对金希始终保持尊重，金希也仍然对他怀

有敬意。金希仍然希望全世界都看到，莫尔达索夫才是即将统领钢铁界的那个人。

当莫尔达索夫看着容克进行报告演示，对谢韦尔钢铁公司的种种优势大为夸赞时，觉得有些内容颇为眼熟。他想起来，5月底马库斯，他也是莫尔达索夫的拥趸，在莫斯科组织的钢铁业发展会议上，容克演讲时也是用的这一份演示稿。当时，容克也是重点介绍了谢韦尔钢铁公司并不缺乏透明度，也没有诡秘莫测的行为，而是一家国际声望极高的公司。现在，容克对众访客说："面临钢铁业的整合趋势，谢韦尔钢铁公司具有极大的全球发展潜力。"但本次演讲在上一次的基础上也有所调整。那些关于安赛乐和谢韦尔钢铁公司两家公司应该合并、担当行业整合的排头军、米塔尔钢铁公司应承受失败等内容的幻灯片都已被尽数删除。由于米塔尔钢铁公司的收购报价即将促成双方最终签署谅解备忘录，因此安赛乐必须保持中立的姿态。

金希在拉克希米知情的情况下，决定按照原定计划访问谢韦尔钢铁公司，而不是直接将其抛开。这样，可以挽回莫尔达索夫的面子。

当天下午，马可夫拽住容克，对他说："我们和你们的交易可能还有希望。我们可以引入其他俄罗斯钢铁公司进行投资，这样便能调整报价，高过拉克希米给你们的价格。"

"马可夫，你难道不明白吗？如果这样做的话，等于是把安赛乐的控制权拱手让给别人了。"容克也清楚，这不仅仅是钱的问题。如果安赛乐潜在的白衣骑士仍是俄罗斯企业，投资人都会被彻底吓跑的。但马可夫非常坚决地认为，他们能够找到新的合作伙伴。在容克看来，谢韦尔钢铁公司已显然陷入了绝望。

● 6月23日星期五中午

○ 卢森堡大公爵高尔夫俱乐部

　　这天，金希没有像往日一样带上他的高尔夫球杆。他来这里不是为了打球休闲，而是来告诉莫尔达索夫：在他看来，安赛乐同谢韦尔钢铁公司的合并交易已经无望。金希直言不讳地说："安赛乐的股东已经认为我们两家公司的合并不可能成功。"

　　莫尔达索夫看上去极为沮丧："可是我们已经谈妥了，我们握手约定过。"

　　金希在商圈混迹多年，对于突然出现的坏消息所引发的情绪问题，已经见怪不怪。在家人和亲密的朋友面前，他可以相当感性；但谈及生意时，他和拉克希米一样公私分明，不掺杂任何感情色彩。他解释道："我对于谢韦尔钢铁公司的估值方面还有疑问。谢韦尔钢铁公司的主业是采矿活动，又尚未公开上市，所以很难准确评估您的资产价值。我们公司的团队也作了相应估值，但我不确定是否准确，而这也没人能知道。"

　　莫尔达索夫表示，他可以再次修改报价，做出更多让步。

　　金希却说："拉克希米先生已经做出了巨大让步。"扎维兄弟已经会面，以确定收购交易最终的一些技术细节。金希欣赏莫尔达索夫的为人和良好举止，但他也清楚，目前的形势对莫尔达索夫不利。现在，安赛乐的股东是这场商战的主宰方。最终的结果必须由他们决定。

　　莫尔达索夫坚决表示，这个项目走到如今这一步，他不会轻言放弃。

　　但现在，多莱已经彻底放弃。虽然拉克希米要求他留在安赛乐，而且谅解备忘录中也指明将由多莱继续担任新公司的首席执行官。但他自己明白，只要公司总裁是拉克希米，他坐上董事长位置的梦想将永远不可能实现。

金希将拉克希米和多莱约到他的办公室。

"多莱，两家公司的合并事宜最好由你来处理。"他极力为多莱争取一个角色。

多莱又开始动摇了，或许他应该留下来。拉克希米建议多莱担任合并项目的顾问，但多莱拿不定主意，其优柔寡断让拉克希米感到不快。在拉克希米看来要么做，要么不做，遇事不决乃是人生大忌。

🕐 6 月 24 日星期六，晚上 8 点
📍 英国伯克郡布雷镇，水岸旅馆

米歇尔·鲁克斯（Michel Roux）的水岸旅馆坐落在泰晤士河畔，"如同一块闪闪发光的小甜点"般惹人注目。这家米其林三星级餐厅不但提供世界一流的美食，其用餐环境也静谧舒适。但阿蒂亚的心情并不平静。他同 11 个朋友来到这里，为他的表弟庆祝其 21 岁生日。但阿蒂亚人却没有在座位上，而是在餐厅外的停车场里。在这里，他的两部手机都能收到信号，他也能尽情发泄自己的情绪。

他对着其中一部手机大声喊道："交易结束了。听着，我们是很真诚地同你、容克和米歇尔，还有律师团的每个人，来谈这笔交易。我们答应了你们所有的条件，金希先生和拉克希米先生也签了谅解备忘录。现在你却告诉我这个消息！那就不用再谈了！忘了这笔交易吧！"当晚早些时候，拉克希米已经用电子邮件将备忘录发送给了所有相关人员，邮件添加了一个标签："衷心感谢一

直支持我们走到今天的每一个人。"

安赛乐将于第二天中午召开董事会，在拉克希米和莫尔达索夫二者的报价之间做出选择。这时阿蒂亚听到了一个传言：莫尔达索夫从荷兰银行取得了一笔新贷款，同时得到了安赛乐一部分董事会成员和高管的支持，他打算向安赛乐提起一轮新的部分收购要约，用以取代之前的全面控制收购方案。如果这个消息是真的，那么董事会在大会上必须也要对莫尔达索夫的新报价进行商议。

现在，尤吉卓在电话另一端告诉阿蒂亚，传言的内容确为事实。安赛乐内部仍有一批活跃的"反米塔尔"人士，企图将安赛乐公司交到俄罗斯人手中。本来阿蒂亚因为多莱将离开公司的传言而高兴不已，而现在好心情已经消失殆尽。莫尔达索夫已经取得的现金和股票价值共达 220 亿欧元。

阿蒂亚对尤吉卓说："我们绝不允许你们将安赛乐部分出售给谢韦尔钢铁公司，破坏我们的交易。"拉克希米和莫尔达索夫双方都持有安赛乐的大额股份，但都没有对安赛乐的控制权这一方案，这对米塔尔钢铁公司来说简直是一个噩梦。阿蒂亚也和父亲谈过，知道拉克希米同样坚决反对这一方案。

接下来，阿蒂亚接到了尤伊的电话。尤伊建议："现在的情况下，你们可以接受部分收购。"但他还没来得及向阿蒂亚多作解释，便被后者对安赛乐这一边缘政策的愤怒打断了。"绝不可能，"阿蒂亚对尤伊说道："对我来说，部分收购完全是鬼话。不用再谈了。"阿蒂亚给尤吉卓又打了个电话，告诉他："如果安赛乐要搞这种把戏，米塔尔钢铁公司会让他们知道真正的边缘政策是什么样的。"说完他便挂断了电话。在大型收购战中，在最后时刻出现走投无路的痛苦局面是很常见的情况。谁会先服输？阿蒂亚回到了餐厅的聚会上。

次日上午 9 点 30 分，尤吉卓给阿蒂亚回了电话："你确定不再继续交易了吗？"

阿蒂亚很是坚决："现在确实是暂停的状态。"

尤吉卓再次打来电话，告诉他安赛乐不会同意莫尔达索夫的部分收购。他们提交给安赛乐董事会的仍是谢韦尔钢铁公司最初的报价。

"好吧，那我们的交易可以继续了。"阿蒂亚说。

39

艰难的胜利

••

🕐 6 月 25 日星期日，上午 10 点

📍 自由大道，安赛乐董事会会议室

　　和往常一样，金希平静而严肃地宣布董事会会议开始。不同的是，现在的气氛异常紧张。除了 18 名董事会成员和多莱的运营管理委员会，出席会议的还有来自 9 家银行和法律团队的众多顾问，现场座无虚席。金希说："今天，有一种结果需要排除在外。那就是米塔尔钢铁公司、谢韦尔钢铁公司和安赛乐公司 3 家公司合并。接下来，请我们的顾问、投资银行师和各位律师对两种合并模型进行介绍和对比。我们听完所有介绍并对两个报价的法律、商业和公司治理问题分别讨论之后，各位经理和顾问请离场，待董事会进行表决。"

　　演示开始时，多莱不停地想："为什么莫尔达索夫不听我的，在伦敦将公司上市？如果当时他那样做了，我们现也不用待在这里。"

　　米塔尔钢铁公司现在的报价已提高到每股 40.4 欧元。迈克尔

一直把 40 欧元当作他的目标，但他从未向金希提到过这个目标，因为金希之前始终坚定表示，安赛乐公司不予出售。金希连拉克希米或莫尔达索夫的报价都不愿直说，而是用"收购资产"来代指。而实际上无论使用哪个词汇，无论会议结果如何，迈克尔都知道，金希必将失去对公司的实际控制权。正如迈克尔喜欢说的那样，"当那耀眼的数字开始闪烁，你必须考虑将资产卖出。"

但董事会将选择哪条路，是米塔尔钢铁公司将安赛乐整体纳入囊中的全面收购，还是谢韦尔钢铁公司的部分"合并"？在第二种情况下，以后会由多莱接替金希的董事长职位，但实际权力仍将转移到莫尔达索夫和谢韦尔钢铁公司手中。

斯皮尔曼听着金希的讲话，但他知道阿利斯特兰已经下定了决心。对社会党议员、南方产钢地区的代表卡斯泰格纳罗来说，必须在俄罗斯人和印度人之间二选一，实在令人沮丧。他感觉，这无异于在两个恶魔之间做出选择。

🕛 中午
📍 英国伦敦，肯辛顿宫花园街 18–19 号

米塔尔钢铁公司的整个团队都已到场。他们喝着香槟，谈论着过去 5 个月经历的各种大事，憧憬着即将到来的伟大时刻。尤伊很是放松，这时的他更像是本·斯蒂勒而不是阿尔·帕西诺。今天来到拉克希米家的有高盛的金融顾问塔吉巴克斯、拉比、波齐和诺德，有银行家科茨和尤尔金，有盖维斯和梅特兰公关团队，有从巴黎飞来的梅奥克斯、沙伯特和迈耶，此外还有拉克希米的参谋长玛赫什瓦利领导的米塔尔钢铁公司内部军团。整个战斗中，玛赫什瓦利一直指挥若定，立下了汗马功劳。在场的还有始终跟随拉克希米的摄像团队。镜头转动着，期待能拍到罗斯出彩的话语。戴维森同平常一样马不停蹄地奔波操劳，确保一切妥当。无论是多么微小的细节，都逃不过她严格的目光。

　　拉克希米刚刚在家里的一张大桌子上召开了董事会会议。几块大屏幕上播放着彭博新闻社关于卢森堡自由大道的动态报道。在会议上，安赛乐董事会对收购项目进行了回顾，并确定了新公司的一些发展目标。有几台电视上播放着世界杯比赛。英格兰对厄瓜多尔的比赛将于下午 4 点在斯图加特开始。如果英格兰队获胜，就能够进入半决赛。但愿在那时，拉克希米也已经取得了胜利。在室外的花园里，白色的亚麻桌布上已经摆满了食物供客人们自助享用，这体现出拉克希米典型的高效率作风。相信米塔尔钢铁公司团队的所有成员都会牢记这特别的一天。

　　毫无疑问，随着战斗深入，米塔尔钢铁公司的队伍日益强大。但他们中的一些人似乎变得苍老了许多，看起来已疲乏不堪。他们之间建立起了牢固的友谊。他们以前从未处理过规模如此之大、情况如此复杂和残酷程度如此之高的交易。大家都严格秉持拉克希米关于这项交易的工业逻辑的愿景，从未松懈。他们做到了拉克希米最开始所说，即团队的每个人都能随时了解所有的进展。尤伊说："这是第一次，我能百分之百了解客户的想法。"弗莱彻表示赞同："很多客户自称善于倾听，但拉克希米是我遇到的唯一一个真正听取顾问建议和意见的人。"还有一个人说："黑莓手机成为这场商战中关键的通信工具。这说明黑莓时代已经来临。我们时刻保持消息畅通无阻，安赛乐却还在为了打付费电话排队等候。"

　　在拉克希米家的室内和花园里，侍应生端着葡萄酒在人群中穿行，但众人还没有获胜的喜悦之情。团队已尽全力拼搏，自信能够赢得此次战争，但他们不想表现得过于自负，因此兴致并不高。拉克希米和他的家人一起微笑着来到顾问团中同他们握手、问候，和刚认识时一样。但他鬓角出现的几缕银发、眼角多出的几道皱纹还是显示出这 5 个月来，他身上从未间断的重重压力。阿蒂亚也陪在父亲身边，他神情轻松，端着酒杯，还是一副 17 岁的青春模样。

拉克希米看了看表。有结果了吗？是他还是莫尔达索夫？即使他已经和安赛乐签署了谅解备忘录，处在有利的地位，但安赛乐董事会仍然可能选择莫尔达索夫。

此刻，莫尔达索夫正和马可夫及其团队成员在皇家酒店，仍在笔记本电脑上全力工作，希望能尽他们的所有努力为项目再多募集一些资金。哪怕董事会今天选择了米塔尔钢铁公司，他们在 6 月 30 日的临时股东大会上仍有机会把股东争取过来，让其不再支持米塔尔钢铁公司的收购案。只有当大会上占份额 50% 的股东对谢韦尔钢铁公司合并交易投反对票，他才会彻底断了这个念头。

在安赛乐董事会会议室外面，卡普伦、其他外部顾问和安赛乐的并购团队成员要么在周边的办公室等候，要么像等待孩子出生的准爸爸一样，在长长的大理石走廊里来回踱步。2 个小时过去了，3 个小时也过去了。每次会议室有人出来，就会被他们拉住打探消息。

但没有任何消息。

董事会已持续 4 个小时。莫尔达索夫走到皇家酒店皇室套房的阳台上，想要透透气。他听到楼下传来叫喊声和歌声。一队队人挥舞着旗帜，在街道上奔跑。这些住在卢森堡市的葡萄牙人正在前往酒吧，准备为当晚葡萄牙对荷兰的球赛呐喊助威。赢得该场比赛的球队将进入半决赛，与英格兰队和厄瓜多尔队比赛的优胜队伍争夺决赛名额。莫尔达索夫想起来，俄罗斯队在淘汰赛阶段就已经出局。他看到塞尔维亚队和黑山队成功晋级，而俄罗斯队却未能取得资格，由此观看足球世界杯的意义对他来说大为降低。但如果他能成功赢得安赛乐交易，那么他对于球赛的失望就完全不足挂齿。把安赛乐带回俄罗斯，这将是何等的荣光。他指望着多莱能为他奋力争取。

下午 3 点，安赛乐董事会办公室巨大的两扇门突然打开，多莱大步走出屋，沿着走廊走回自己的办公室。身为首席执行官却不是董事会成员，也没有投票权，他显露出前所未有的沮丧。

跟在多莱身后出来的是所有的顾问。他们四下散开到大楼的不同地方。有的兴高采烈地聊着天，有的低头盯着地板。塞尔凡 - 施赖伯走出大楼，准备活动一下筋骨。在城堡后院的木门外，一群新闻记者和摄影师守在那里，翘首以盼。塞尔凡 - 施赖伯认出了其中一位，是路透社驻鲁塞尔的记者朱利安·庞图斯（Julien Ponthus），他已在外面站了 5 个小时。

"现在是什么情况？"庞图斯问塞尔凡 - 施赖伯："我们现在都没有见到公关部门的任何人。"塞尔凡 - 施赖伯大为吃惊。安赛乐竟以这种态度对待记者，难怪媒体对其风评不佳。最起码，他们也应该不时出来和记者打个招呼，感谢他们的耐心等待。塞尔凡 - 施赖伯告诉庞图斯，介绍环节已经完成，金希已经让除董事以外的所有人离场。董事长当时的原话是："现在我们需要单独坐一会儿。"

"那需要多长时间？"庞图斯问道："哪边会赢？"

对于这两个问题，塞尔凡 - 施赖伯的回应是耸了耸肩。他不可能代替安赛乐公关部门来作答。况且，他也不知道这两个问题的答案。

仍然没有任何消息。

安赛乐董事会会议室的门再次合上。现在，董事长和董事们将做出关涉安赛乐公司未来的重大决定。

在肯辛顿宫花园 18–19 号，下午茶摆上了餐桌。这时一阵欢呼声突然响起。那些没有观看比赛的人们赶紧冲过去，看看发生了什么。这是真的吗？是的！大卫·贝克汉姆（David Beckham）刚刚踢出一记姗姗来迟的任意球，令英格兰队领先。

安赛乐的城堡内，依旧没有消息传出。拉克希米很想知道，到底是什么让安赛乐董事会耗时这么久？他说："我们有史以来最长的董事会会议也不过一个半小时。"多莱坐在他的办公室里，也在思考着这个问题。无论是在安赛乐公司，还是在拉克希米家，紧张焦虑的情绪都已经开始蔓延。

6 点 45 分，金希终于宣布讨论结束。他告诉董事会，每位董事需要逐一表态，阐明自己的选择。卢森堡大公的弟弟纪尧姆王子也不例外。

7 点后不久，仍在安赛乐城堡外驻守的庞图斯看到，一辆部长专用的轿车向大门驶来。车里坐的是克雷格。庞图斯和其他记者纷纷朝汽车奔去。若非是感觉到有机会对重大事件发表评论，部长级人物是不会轻易露面的。这时，庞图斯的黑莓手机收到了消息。他查看屏幕，是一封来自安赛乐公关团队的电子邮件。

大约在同一时刻，拉克希米放下手机，一边平静地走回宾客人群中，一边整理着思绪。

他开口说："我刚刚和金希先生通过电话。"所有谈话戛然而止，人们握紧了酒杯，几乎要将其捏碎。"金希告诉我，安赛乐董事会接受了我们的报价。"有那么一刻，拉克希米的声音和神情简直像是在做葬礼致辞。但随即，他的脸上绽放出灿烂的笑容。他看到他的团队成员们双肩终于放松了下来。他还看到，在将对成功的期盼压抑了整整一天之后，他们的情绪就像是即将决堤的洪水一样。人群中一片混乱。

拉克希米在一片庆祝的喧嚣声中说："安赛乐董事会最后的投票一致通过。"

在自由大道上，所有董事都回家了。这里也回响着一片喧嚷之声，但不是热烈的欢呼。空荡荡的走廊里，碎纸机转动的声音尤为刺耳。对于多莱来说，这是一个耻辱的结局。

40
圆满落幕

··

🕐 6 月 26 日星期一，下午 2 点

📍 自由大道

整个卢森堡都在等待着拉克希米的到来，"史莱克先生"也在小说中写道：

安赛乐公司总部所有秘书在中庭两边排成一排，她们身着纱丽，面施粉黛，眉间点着花钿。有些人不习惯这种妆容，眯起了双眼。每人的胳膊上都挽着一个装着花瓣的篮子，准备向贵客撒落花瓣表示欢迎。不得不说，这种装扮更适合地中海风格的女性，比如，胡安的私人助理在我看来就比平时更有魅力；但对卢森堡身材健硕的女子们并不然，维京风格的皮草、带角头盔等应该是更适合她们的装束。

可是，现实远不如史莱克描写的这般多姿多彩。在血腥的收购战结束之后，还有一场小型的搏斗——"坐席之战"。

戴维森曾多次与安赛乐通话，表达这样的要求："拉克希米先生很希望阿蒂亚也能在主席台上有一个座位。"但金希每次的回答都是："如果多莱先生有同样的待遇，那就没问题。"

金希问过多莱是否愿意上台就座，但他总是说："不了。"

全球各地的媒体纷纷涌入宏伟的安赛乐办公楼时，台上只摆了两把名牌椅子，分别属于金希和拉克希米，没有给阿蒂亚留座。

拉克希米到达新闻发布会现场，他浑身上下都洋溢着"新郎"一般的喜悦之情。从一开始被拒绝、责骂，再到收购报价最终被真正接受，他经历了不少艰难曲折，还好最终得到了这一段"天赐良缘"。

金希看起来面色憔悴。他小心翼翼地走上台，开始发表演讲。金希戴上眼镜，用法语说道："首先，请允许我向拉克希米先生和他的家人——拉克希米的父亲、拉克希米的夫人，以及他的儿子、女婿、女儿和儿媳致以热烈的欢迎，欢迎你们来到卢森堡！"拉克希米一家坐在前排。多莱则坐在"新娘"家属一侧。当董事长金希说出多莱永远也不想听到的那句话时——"安赛乐公司和米塔尔钢铁公司正式合并"，多莱感到未来正在离自己远去。

金希说道："我们很高兴地看到，米塔尔钢铁公司听取我公司的意见，提高报价，并采用全新的工业模式，改进公司治理方式。"米塔尔钢铁公司以每股 40.4 欧元的价格赢得了交易，据此"安赛乐的估值达到 254 亿欧元，比 1 月份的首次报价提高了 50%。合并后，新公司将采用安赛乐公司的单一类别股份治理模式。公司总部和运营中心仍设在卢森堡。"董事长自豪地补充道，"合并后的安赛乐米塔尔公司的高层管理人员将以均等的名额从两家公司抽调，其董事会也将保持同样的平衡结构。"拉克希米将出任公司总裁，金希则继续任董事长至 2007 年。"我离开公司后，公司董事长将由拉克希米先生担任。"金希说。

有人问金希，成为世界最大钢铁公司的董事长，感觉如何？金希带着倨傲答道："我一直都是世界最大钢铁公司的董事长。"

公司任命新的首席执行官后，多莱就会很快离开公司。他有自己的原则；他没有金希那样的为了生存到最后不惜一切的本能。

金希说："我们面临的任务确实很有挑战性。"但他无法掩饰自己的真实感受，于是补充道，"虽然挑战能激励我们，但也会非常艰巨。我们的合并比起两个类似公司的逐步融合会困难得多。"

对此，拉克希米在讲话中回应："今天对于钢铁行业来说具有开创性的意义。"不仅如此，米塔尔家族还持有这家世界最大钢铁公司43%的股份。拉克希米说，安赛乐米塔尔公司将拥有全球近10%的钢产量，年生产1.2亿吨粗钢，员工人数超过32万，其他任何钢铁制造商与其相比都相形见绌。公司的总市值将达到460亿美元，合并产生的协同效应将缩减16亿美元的成本。

而每股40.4欧元的最终收购价格，也让安赛乐的收购防御团队无可置疑地声称，他们的努力提升了米塔尔钢铁公司的公开报价，为股东创造了巨大的价值。迈克尔在2月向金希做出他们是"反收购最强军"的承诺，如今也已然兑现。这一场战役必将载入公司的史册。而在米塔尔钢铁公司方面，比起2005年12月拉克希米刚决定收购安赛乐时欧尼龙作的估值，最终的每股收购价格也低了近4欧元。所以在这场以"合并"为外在形式的收购中，几乎人人都感到满意，只有多莱是个例外。他眼睁睁地看着迄今为止公司最大的股东，也是实质上公司新的所有者，坐上他的座位。

拉克希米坐下后，示意阿蒂亚上台回答一些后续问题。但他回答完毕后，并未回到前排他的座位，而是留在了主席台上。金希的神色有些不好看了。和他在整个收购战过程中所做的一样，无论有没有座位，阿蒂亚都坚定地站在他父亲身边。他在回答问题时，说自己不会成为新公司的首席执行官，同时刻意将目光避开多莱，说："管理岗位都还没有确定人选。"

对多莱来说，这番言辞太过分了。他用双手遮住脸，喃喃自语，"你怎么这么天真？"金希应该早就预料到这种局面。要让"他儿子"远离主席台，唯一的办法是把他双脚铐在座位上。

"两家公司的合并是出于实质性利益的考量，"金希说，"让我们期待它最终发展为心灵的契合吧。"

拉克希米转头看向金希，调侃地说道："过去 5 个月来，我们一直在努力让安赛乐这位'新娘'相信我们是爱她的，劝说她接受我们的求婚。现在，希望我们能够成就一段美好的'婚姻'。"

会议一结束，米塔尔一家被请进了安赛乐的高级餐厅，第一次品尝城堡里各种美名远扬的美食佳肴。多莱当了逃兵，拒绝回答任何提问。他一定在想，当初得到的如果不是那支"魔法"磁力笔，而是一支能帮助他成功保卫心爱的安赛乐的魔笛，那就好了。在整个战斗过程中他从未胆怯，但从第一天开始，他在关键时刻总是缺乏耐心和沉默，而这些往往是制胜的法宝。

尽管米塔尔钢铁公司与安赛乐已经达成协议，但拉克希米知道，将于 6 月 30 日在临时股东大会上讨论的谢韦尔钢铁公司合并案仍具有法律效力，股东仍可以投票支持同这家俄罗斯公司交易，除非有代表安赛乐 50％资本的股东在会上投票反对，并同意将他们的股份出售给米塔尔钢铁公司。如果莫尔达索夫能筹集到资金，他必会不顾一切地提高盖过米塔尔钢铁公司的现金报价回来继续战斗。而现在，在这个重大日子的晚上，拉克希米意识到自己又被卷入了一场从东方而来的政治风暴。

当晚，克里姆林宫也被愤怒所席卷。俄罗斯政府甚至发出威胁，要以牙还牙，对想在俄罗斯投资的西方公司进行报复。莫斯科时政中心主任康斯坦丁·西蒙诺夫（Konstantin Simonov）表示，他们将给出"相称的回应"。其声称："如果我们允许你们购买俄罗斯的资产，那你们也应该相应地帮助俄罗斯的公司购买西方国家的资产。"克里姆林宫本认为谢韦尔钢铁公司的合并已经签字并完成，所以现在的状况让他们极为不快，也深感震惊。政府本正在考虑根据新实施的战略部门法，哪些经济部门应禁止外国资本进入。在这个关头，安赛乐取消同谢韦尔钢铁公司的交易更是极不适宜。

普京保持沉默，他并未干涉俄罗斯能源部部长维克多·赫里斯坚科（Viktor Khristenko）对这一切不公平的控诉。莫尔达索夫对他人为他发声也表示默许。谢韦尔钢铁公司的副总裁格雷戈里·梅森（Gregory Mason）宣布，该公司正在考虑起诉安赛乐违约，而且准备向安赛乐要求 1.4 亿欧元的违约金赔偿。有人向他提问："安赛乐是否利用了谢韦尔钢铁公司作为棋子，让米塔尔钢铁公司被迫将报价提高 40%？"

"这点我不能加以评论，"梅森说道，"但事实是：我们最后的报价非常好，但他们根本没有予以讨论。这种做法太过失礼。"

🕐 6 月 27 日星期二，中午
📍 卢森堡市克莱尔方丹餐厅

克莱尔方丹餐厅坐落在卢森堡市位于商业中心区最具有田园诗气息的广场上，静悄悄地迎接着无人不知的政府部长、商贾和来自国外的政要名流，还有那些纯粹为了追求老式的低调奢华情

调而前来的客人。要在这里用餐必须先行预订。这天，服务员正在为拉克希米和阿蒂亚的到来精心准备，把餐厅里最好的桌子打理得整洁漂亮。

米塔尔父子进入饭店几分钟后，弗里登部长也走了进来，同行的还有一位新朋友，卢森堡首相让－克洛德·容克。容克到达时，笑容灿烂得让人担心他的脑袋要从张大的嘴巴那里裂成两半了。但他确实是双喜临门。在米塔尔钢铁公司和安赛乐两家公司合并之后，卢森堡政府不仅可以将部分股份折现，净赚 4 亿英镑，同时在新公司仍持有 3% 的股份。此外，首相由于"在欧洲一体化进程中的突出贡献和关键作用"，最近刚刚获得了 2006 年国际查理曼大帝奖。

4 人入座用餐时，谢绝媒体采访拍摄。克莱尔方丹的菜单由厨师兼老板、颇有莎士比亚笔下喜剧人物福斯塔夫风格的托尼·廷廷格尔（Tony Tintinger，姓和名押头韵，均以 T 开头）亲自设计。待他们用餐完毕，媒体可以拍照了。弗里登同拉克希米正式握手，但这时，容克上前一步，两只手臂搂住拉克希米宽阔的肩膀，拥抱了他。拉克希米显得有些吃惊。去年深冬时节的 1 月 31 日，现在拥抱他的这个人和他在森宁根城堡第一次会面时，恨不能将他扔进城堡的地牢里。而现在，站在夏日煦暖的阳光下，容克继续着他的表演——拥抱了阿蒂亚。阿蒂亚的个子比容克矮，在首相的臂弯里几乎完全被遮住了。容克大约想表达人们所说的"政府的祝福"。克雷格的新闻专员卢克·德克尔（Luc Decker）看到这些照片时不禁感叹："他到底为什么要这么做？这种带有政治色彩的拥抱也未免太过热情了。"

伴着美酒和鹅肝酱，容克起身开始发表他的讲话。他不再谈论他对恶意收购的不理解，转而口若悬河地说起了兼并和联姻。

容克对克雷格、弗里登和施密特致谢，因为他们挽留下了米塔尔钢铁公司这艘政府的巨船。他在长篇演讲中表示，他 1 月 31 日的讲话本意并非让人觉得卢森堡是"一个封闭自守的国家，一个只拉下百叶窗、只顾自己的杂货店"，相反，卢森堡是"一个开放的国家，愿意同世界其他地区进行贸易，参与产业政治，尤其是钢铁政治"。

容克说，拉克希米才智过人，值得尊敬。他学会了卢森堡的行事之道，放弃了很多"过分"的要求。容克代表政府，请求议会支持安赛乐同米塔尔钢铁公司的合并交易；同时他也对莫尔达索夫大加赞赏，表示希望安赛乐米塔尔公司能够"与俄罗斯钢铁业，特别是与谢韦尔钢铁公司保持密切的联系"。

莫尔达索夫仍然抱有希望：在安赛乐 6 月 30 日召开股东大会之后，这些"密切联系"有助于达成安赛乐和谢韦尔钢铁公司之间的交易。他绝不想撤退到切列波维茨。安赛乐早在同米塔尔钢铁公司合并之前，预订了一些广告位对其股东宣传反对米塔尔钢铁公司的收购。这些整版广告这段时间在国际媒体上投放，给莫尔达索夫带来一丝安慰。据称，由于合并交易的决定突如其来，所以安赛乐还来不及撤销这些广告。不论这种说法是否属实，安赛乐的一部分人都巴不得这类反对米塔尔钢铁公司的宣传尽量多保留一段时间，助谢韦尔钢铁公司一臂之力。

随后，又有一些传言在欧洲媒体散播，称谢韦尔钢铁公司正与耶弗拉兹集团的股东阿布拉莫维奇联手，对安赛乐提出一项更高的报价，以破坏米塔尔钢铁公司的收购交易。

但是，耶弗拉兹对此拒不发声。

41

安赛乐米塔尔公司

..

🕙 6 月 30 日星期五，上午 11 点
📍 卢森堡基希贝格，卢森堡展览中心

在一个阳光明媚的夏日，400 多名股东和认证观察员出席了安赛乐的临时股东大会，出席率高得超乎寻常。主席台旁，金希和运营管理委员会的成员们聚在一起聊天。他们走上舞台时，人人都戴着一个"我爱安赛乐"的徽章，只有多莱例外。他已经将这种感情当成过去了。

记者们手中的摄像机不停工作，主席台后面的全景屏幕播放着钢铁业的画面，尤吉卓扮演起了西班牙籍的服务员，为多莱、容克和沃斯倒水。施密特和斯皮尔曼坐在他们的右侧，即将担任监票员。

金希的热情讲话持续了近一个小时。他以下列内容开场："今天我想提醒各位，在这场战斗中维护安赛乐模式是我们唯一的关注点和热情。我们成功实现了这一目标。如果没有以多莱为首的公司管理层的不懈战斗，我们不可能实现这一切。"他的话语赢得

了热烈的掌声。"我们为股东创造了超过 120 亿欧元的价值。我不想陶醉于胜利，但我想告诉大家，这场股市之战将载入史册。"金希坚称，安赛乐从未利用谢韦尔钢铁公司来刺激米塔尔钢铁公司提高收购价格，而与此相反："正是米塔尔钢铁公司的报价，推动了我们同谢韦尔钢铁公司结盟。"他向莫尔达索夫致以敬意，"祝他和他的团队一切顺利。"

金希在现场回答问题时，惊讶地看到卡洛塔萨拉国际集团的卢森堡代表来到台前。

"董事长先生，作为安赛乐单一最大股东的代表，我认为我公司应该担任监票人。"

金希微笑着，邀请这位卢森堡代表登上主席台，同施密特和斯皮尔曼坐在一起。"这样您满意吗，诺维尔女士？"他戏谑道。

诺维尔也毫不客气地回敬金希："那如果我们 3 人意见不一致怎么办？我们是不是必须按照二比一的多数票原则，来投票决定？"当这位身着白衣的法国女士回到座位上时，全场爆发出一阵笑声。

观众的提问持续了两个小时之久。金希以他高超的外交才能和一贯的礼貌态度应付自如，回避了那些苛刻的问题，即为何安赛乐一开始对主要竞争对手米塔尔钢铁公司采取明显的敌视态度，后来又态度大转弯与其达成合并协议？一些投资人抱怨，称他们对董事会使用毒丸计划进行防御的情况知之甚少，并对其行动提出质疑。

诺维尔再次发言，充满了对董事长的嘲讽："我们为何要对一个已被放弃的项目进行投票？现在局面如此混乱，董事长作何解释？"她落座时，人群中又掌声四起。

金希回答："我知道，我们刚刚经历的这段时期有些混乱。但董事会已尽一切努力，证明我们所作的一切是有理由的。请大家相信，我们所有的选择都是审慎决定的。"

在等待投票结果时，金希祈祷自己在 6 月 11 日说过的话不会带来麻烦："将这项交易的反对票门槛设置在 50% 是为了鼓励股东积极参与。"

本次的大会出席股东创下了 57.94% 的纪录，谢韦尔钢铁公司交易被投票否决。莫尔达索夫只能彻底退回老家。

拉克希米终于可以同妻子乌莎共享闲暇时光，同时准备迎接他们的第一个孙子出世。他的顾问们开始纷纷离开米塔尔钢铁公司，返回各自的大本营。对于他们中的大多数人来说，这是一场"终极之战"。他们可能再也不会经历这样规模庞大、错综复杂、激烈紧张的血战了。他们大多数人终于可以明确地告诉家人和朋友，过去 5 个月他们在做什么。顾问们谈论最多的不是交易的规模、数十亿欧元的金额、种族主义、尔虞我诈和长时间辛苦工作，而是众人在米塔尔钢铁公司的团队中结成的战友之情。尤尔金说："如果拉克希米打电话给我，说想再做一笔交易，我会在 5 分钟内赶到伯克利广场大厦。"

但对于拉克希米来说，这笔交易并不是终点，而是前进过程中的一个节点。他没有时间坐享胜利。现在，他在全世界钢产量的份额仅占 10%，而他的目标是成为第一个年产 2 亿吨钢材的生产商。他计划在中国开发项目，还要在印度新建一座钢厂，这也将是他在自己老家的第一笔资产。拉克希米作为这个时代的安德鲁·卡内基（Andrew Carnegie），还要去实现他创建"全世界最好的钢铁机构"的宏愿。

首先，他要去同那些 5 个月来一直站在敌对一方的人交朋友。

梅奥克斯回到巴黎她即便混乱也保持着典雅风格的办公室，

将米塔尔钢铁公司的档案存放起来。她看着一张用蒙太奇手法制作的为项目成功宣传但没有派上用场的大型彩色照片，露出了微笑。照片上，拉克希米头戴贝雷帽，身穿条纹运动衫，胳膊下夹着一条法棍面包，咧嘴大笑着。他嘴边的气球上写着："你们现在有没有更喜欢我一些？"

后 记

米塔尔钢铁公司获胜带来的喜悦传到了印度。曾为米塔尔钢铁公司助阵的印度商务和工业部部长纳斯宣称:"新的经济结构已经建立,抱残守缺的国家现在必须承认,印度即将成为全球体系中的重要角色。"财政部部长奇丹巴拉姆也发言表示:"印度的企业家如今成为世界最大钢铁生产商,我们为之高兴并深感自豪。"

战斗结束一个月后,阿蒂亚和梅加的第一个孩子——女儿珊娜雅(Sanaya)出生,拉克希米当上了爷爷,他这一年以完满而告终。2006 年 12 月,《金融时报》将拉克希米评为"年度人物"。

为米塔尔钢铁公司和安赛乐两家公司提供咨询服务的 13 家银行在这次交易中赚取的服务费共达 2 亿美元。合并后新公司的第一份年度报告显示,米塔尔钢铁公司为收购安赛乐而支付的银行、法律、宣传和通信方面的顾问费用总计为 1.88 亿美元,平均每天100 万美元。

扎列斯基为自己在整个故事中所扮演的角色感到高兴和自豪,宗教艺术品的拍卖商和经销商也是如此。扎列斯基在这笔交易中获利约 10 亿欧元。他欣然接受了拉克希米的邀请,加入安赛乐米

塔尔公司董事会。其他董事还包括亿万富翁阿利斯特兰、皮诺和
罗斯。

对于这个故事中的另一位亿万富翁莫尔达索夫来说,这是喜
忧参半的一年。虽然他和安赛乐公司的交易没有成功,但随着时
间的推移,情况也逐渐好转。2006 年 11 月,莫尔达索夫决定按照
多莱以前的建议,将谢韦尔钢铁公司在伦敦证券交易所上市。在
一家俄罗斯公司在伦敦举行的规模最大、最成功的一次募集活动
中,谢韦尔钢铁公司基于尤尔金和花旗集团提供的咨询服务,配
售略高于其已发行股本总额 9% 的资本,共筹得超过 10 亿美元的
资金。2006 年,谢韦尔钢铁公司还进行了公司治理方面的改革,
采用了向董事会推荐独立非执行董事等一系列国际优秀实践。在
财务方面,谢韦尔钢铁公司也取得了长足的进步。截至 2007 年
第三季度末的报告数据显示,公司营收为 112 亿美元,同比增长
23%;营业利润 20.2 亿美元,同比增长 44%;净利润 13.2 亿美
元,同比增长 60%。

作为俄罗斯领先且在国际舞台上表现优异的钢铁生产商,莫
尔达索夫被任命为俄罗斯驻卢森堡名誉领事。有发言人评述:"莫
尔达索夫先生已经成功地向前迈进。"

与之相比,德国的蒂森克虏伯公司却不见长进。2006 年年
底,蒂森克虏伯公司在鹿特丹地方法院对米塔尔钢铁公司提起诉
讼,指控对方违反与其签订的协议书。一向宣称"美德超越财富"
的蒂森克虏伯公司希望米塔尔钢铁公司能解散其基金会,以释放
多法斯科公司,并"允许其出售给蒂森克虏伯"。蒂森指控拉克希
米未履行解散基金会的义务。但实际上,后者曾两次尝试解散但
均被其董事否决,从而导致多法斯科公司无法出售。2007 年 1 月,
法院驳回了蒂森克虏伯公司的诉讼,称米塔尔钢铁公司"已为寻

求基金会解散付出了巨大努力"。因此，多法斯科公司继续受到其基金会的保护，将并入安赛乐米塔尔公司。同时，拉克希米将把位于美国麻雀角的钢厂予以出售。

蒂森克虏伯公司决定不再将其发展重点放在同钢铁公司的合并上面，转而投资40亿美元在美国建造了自己的钢厂。

2007年4月，拉克希米以192亿英镑的个人财富再次荣登《星期日泰晤士报》的富豪榜首位，超过他自己上一年148亿英镑的资产，也遥遥领先于排名第二的阿布拉莫维奇（拥有108亿英镑资产）。富豪榜编制人菲利普·贝雷斯福德（Philip Beresford）称："2007年米塔尔家族将从新集团获得至少4.13亿英镑的股息收入，另外还拥有一套价值5.7亿英镑的投资组合。"

财富和利益就像旋转木马一样，分享才是快乐的真谛，这场收购战的战果纷纷涌向各相关方。笔者在编写本书的过程中发现，2006年6月5日，纽约银行曼哈顿支行的一个新开银行账户收到了一笔约5000万欧元的转账，开户方和汇款方均为安赛乐公司的财务部门。收购战中因为有可能发生所有权的变更，所以无论最终反收购斗争结果如何，高级管理层都必须安抚捍卫公司利益的关键员工。安赛乐设计了一项常被各大企业采用的"黄金降落伞"计划：即使未被解雇或者被迫在公司易主后接受新职位的高级管理人员也可以获得相应补偿。运营管理委员会的各位成员通过该计划可以获得4倍的薪酬，直至达到正常退休的年龄。执行委员会的9名成员可获得3倍薪酬，另外，参与收购抵御工作的15名经理可以要求获得双倍薪酬。这笔银行转账存入了一个"托管"账户，暂由第三方合法代管，待确认须履行合同时再行提款。对此，纽约银行的一名管理人员简明地解释："你拿到降落伞后，强烈建议你不要靠别人来拉开伞绳。"

多莱已经快到退休年龄，他只拿到了一年零三个月的薪资补偿。

成功收购安赛乐后第二年，拉克希米被《时代》杂志评为"全球100位最具影响力人物"之一。有迹象表明，最傲慢的高卢人也开始逐渐接受他：2007年9月，拉克希米被提名为空中客车母公司、位于法国的欧洲宇航防务集团的非执行董事。

10月，拉克希米向巴黎吉美博物馆捐赠了一座珍贵的印度青铜雕像。他在发言中说道："创建全球领先的钢铁公司是安赛乐米塔尔公司和我个人对法国、法国人民和法国经济长期而郑重的承诺。"站在拉克希米身边的是时任法国总统尼古拉斯·萨科齐（Nicolas Sarkozy）。5月的时候，萨科齐还发表评论称，"由于安赛乐和米塔尔钢铁公司两家公司的合并交易，法国工业家现在不得不向印度工业家低头，来争取优惠的钢材价格。"现在，萨科齐已经转变态度。至少，他在公开场合对拉克希米说："一年前，法国大部分人都不欢迎你，但现在情况已经不一样了。"就在这时，希拉克微笑着走进来，同拉克希米握手。他说："现在所有法国人都欢迎你。"

有传言称，法国甚至考虑向拉克希米授予荣誉军团勋章。米塔尔钢铁公司收购安赛乐后不久，法国曾向梅奥克斯颁发此功勋，一是因为她对公共生活做出了巨大贡献，二是因为她并未向德国透露任何机密消息。与此同时，法国前经济财政工业部部长布雷顿来到了自由市场资本主义的摇篮英国，他在哈佛商学院发挥才华，担任工商管理的高级讲师。

《卢森堡日报》2007年6月的年度政治晴雨表民意调查显示，克雷克和弗里登两位部长名列前茅，均获得69％的支持率。上一年，两人的排名分别为第六和第四位。

但是，这场收购战也遭到了一些反对，尤其是针对"肮脏的

30%"请愿书中提到的股票借出事宜。《金融时报》的普伦德建议欧洲股市监管机构密切关注欧洲的股东抗议活动中股票借出一事的透明度，进而引发了激烈的争论。普伦德说，如果像"肮脏的30%"请愿书这样的抗议事件是在美国发生，当事方必须向美国证券交易委员会提交相关文件，其中包括极其详细的财务信息和资料。他总结道：米塔尔钢铁公司和安赛乐公司之战传达了这样的信息，欧洲允许对冲基金和追求其他目标的投资机构左右全球产业的结构，在缺乏透明度的情况下这种做法很有问题。

这一评论激怒了高盛。其总经理卢卡斯·范·普拉格（Lucas van Praag）写信给英国《金融时报》，声称普伦德的评论会严重误导大众。普拉格在 2006 年 7 月 11 日的信中说："寄给安赛乐董事会的信，信封上确实没有写地址，但这事很正常，不值得怀疑。因为写信人不是来自某一个实体，而是大约 60 家不同的股东机构。每个股东都提供了各自的详细信息，以及附件中的签名。而且，虽然机构名称多为手写，但它们各自的身份和相关股份信息绝对清晰无误。"

"所有签名者占安赛乐资本总额将近 30％的比例。虽然安赛乐提出统计有误，但据我们所知，没有任何证据表明这些共同表达意愿的股东未达到此百分比。"普拉格坚称，安赛乐"没有提供任何信息来支持他们的指控"，即请愿书的签名只占公司不到 20％的股份。

安赛乐米塔尔公司仍有许多来自安赛乐公司的熟悉面孔。沃斯和尤吉卓都担任了新集团管理委员会的成员，负责公司的日常运营事务，并为董事会提供建议。

罗兰·容克被任命为安赛乐米塔尔公司的第一任首席执行官。2007 年 7 月他离开了公司，现在担任顾问。公司针对他的突然离职发表了一份新闻声明："容克先生在公司的合并工作中做出了重大贡献。目前，经营方面的融合已在原计划上提前成功完成。"拉克希米接替容克出任首席执行官，但容克并未同公司完全脱离关系。他的新职位是安赛乐米塔尔公司子公司——安赛乐中国控股责任有限公司的董事会成员。

休和卡普伦也离开了公司。休前往阳狮集团担任投资人关系顾问，卡普伦则进入巴黎的通信、游戏、音乐和媒体集团威望迪，任首席财务官。戴夫扎克现在是印度埃萨尔钢铁公司的执行副总裁，负责战略规划和并购。该公司在加拿大、美国、中东和亚洲一些国家都设有运营机构。戴夫扎克的办公地点也在伯克利广场，和拉克希米成了邻居。

2008 年 5 月，金希退休，他将热情投入到卢森堡大公高尔夫俱乐部的球场上。拉克希米继任安赛乐米塔尔集团的董事长。金希成功保留了安赛乐公司的工业模式。为了纪念他对卢森堡钢铁工业的贡献，人们将为他树立一尊雕像。

多莱如今是法国燃气公司的董事。他在卢森堡、巴黎和位于敦刻尔克附近一座度假房几处往来度日。

在谈到安赛乐米塔尔的合并时，他说："现在还没有定论。这种规模的合并项目成功与否，需要五到十年的时间才能断言。"对于钢铁行业能否保持 6％ 的惊人年增长率，市场观察人士也众说不一。被问及多莱对米塔尔有什么评价，他笑着说："哪一个米塔尔？如果是拉克希米·米塔尔，那么他是一位钢铁巨人。"

市场也说明了一切。2007 年前 9 个月，安赛乐米塔尔集团的息税折旧摊销前利润为 146 亿美元，比 2006 年高出 30％，其股票价格约为 72 美元（折合 50 欧元）。拉克希米称目前没有新的收购项目。他说，公司当前的重点是提升有机增长和效率。继而在 2007 年，他又进行了 30 次收购。

　　新日铁开始加强防备，聘请了迈克尔所在的摩根士丹利协助其建立防御措施，以防拉克希米发动攻势。韩国浦项制铁也担心自己成为拉克希米的目标，开始寻找投资银行顾问，以应对安赛乐米塔尔公司的突击。2007 年 12 月，拉克希米收购了阿根廷最大的钢铁经销商 M.T. 马奇德拉尼股份有限公司（M.T.Majdalaniy Cia.SA）。

　　在世界的其他地区，钢铁业的整合仍在继续。印度的塔塔钢铁公司（Tata Steel）击败了贪婪的巴西多西河谷公司（CVRD），收购了英国的康力斯集团（Corus）。多西河谷公司曾为安赛乐公司的潜在白衣护卫。随后，多西河谷公司更名为淡水河谷公司（Vale），并与伦敦上市的国际矿业巨头英国斯特拉塔公司（Xstrata）商谈合并事宜。与此同时，中国的年产钢量突破了 5 亿吨。

　　2008 年 1 月，拉克希米宣布将关闭冈德朗日的钢铁厂。2006 年 4 月，他曾邀请记者参观该工厂，情景令人难忘。据称，工厂关闭将导致每 1000 个工作岗位中有 600 人失业。法国和卢森堡的工会和政界人士发起了一场保护就业的运动。安赛乐米塔尔公司承诺："公司在实施这一重组项目期间，将充分履行相应的社会责任。"

　　同月，该公司公布了其 2007 年交易业绩，其中息税折旧摊销前利润达到 194 亿美元，同比增长 27%；净收入为 104 亿美元，比 2006 年增长 30%，均创下纪录。2008 年 2 月，该公司以每股 45.8 欧元的价格回购了 679633 只股票，为投资者和股东带来了超过 3100 万欧元的净收益。

　　传统上，收购项目之后公司都会组织一场"完工派对"。安赛乐米塔尔公司不像大多数公司那样，用香槟和三明治进行庆祝——他们觉得这太俗套了。他们要用更宏大醒目的方式来庆祝这一历史性的交易。这个派对采用电影主题，命名为"米塔尔的111"——这是参与"奥林巴斯项目"的人数。最初的计划，是在雅典的帕特农神庙举办这次活动，但最终选择了赫特福德郡的布洛克庄园。2006 年秋，111 位宾客踏上红地毯，打扮成玛丽莲·梦露（Marilyn Monroe）和詹姆斯·迪恩（James Dean）的主持人欢迎他们的到来。《十一罗汉》风格的巨型海报上，两个人物造型分别是拉克希米的头加上弗兰克·西纳特拉（Frank Sinatra）的身体，以及阿蒂亚的头和迪恩·马丁（Dean Martin）的身体的结合。晚宴和演讲之后，是一个为团队主要成员准备的颁奖环节，其隆重程度不亚于奥斯卡颁奖典礼。整个活动以巨大的银色烟花表演拉开序幕，同时播放着拉克希米最喜欢的詹姆斯·邦德系列电影之《007 之金手指》的主题曲。

致 谢

在此感谢我们的经纪人马克·卢卡斯（Mark Lucas），他对本项目抱持坚定的信念，在本书启动之初，向我们展示了如何能让这个故事既能让作者不忍辍笔，也能让读者爱不释手。

同时，感谢利特尔＆布朗出版社的编辑史蒂夫·吉斯（Steve Guise）、文字编辑伊恩·亨特（Iain Hunt），以及在本书写作及出版过程中每个环节为我们提供支持及帮助的许多其他人，你们的敏锐判断和文学才华造就了一部佳作的面世。

我们还要特别感谢安赛乐米塔尔集团的公关部副总裁尼古拉·戴维森，感谢她投入大量时间协助本书的编写，并为我们介绍多位相关人物。感谢卢森堡安赛乐米塔尔公司国际事务部总经理帕特里克·赛勒、经济部新闻官卢克·德克尔和卢森堡总理让－克洛德·容克的新闻官盖伊·舒勒。谢谢以上四位为我们提供了宝贵的观点，并在许多方面为我们指出正确的方向。在你们的帮助下，我们得以顺利打通了很多沟通的渠道。

感谢安赛乐米塔尔公司根特分部的公关经理扬·科内利斯（Jan Cornelis）。谢谢您带领我们参观宏伟的根特钢厂，让我们有机会了解钢的制造过程。同样需要感谢的是安赛乐米塔尔公司伦敦分部的雷切尔·米切尔（Rachel Mitchell），谢谢您为我们安排根特之行，并全程陪伴这次愉快的旅途。感谢加拿大安大略省《汉密尔顿观察者报》的钢铁栏目记者娜奥米·鲍威尔针对多法斯科公司故事的结局提供的宝贵见解，也感谢纽约世界钢铁动态的执行合伙人彼得·马库斯向我们讲述钢铁业的一些内幕故事及其背后的动因。感谢印度普瑞斯曼集团董事长兼首席执行官尼伦·苏尚特博士针对让诺·克雷格访问印度发表的看法。

任何一本书的出版都离不开幕后为之努力的英雄们。感谢亚历山德拉·韦斯特伯格（Alexandra Westberg）为我们提供宝贵的研究信息；感谢伯纳德·孔帕尼翁（Bernard Compagnon）为我们提供技术建议和指导；感谢卢森堡的朱丽叶·罗伯茨（Juliet Roberts），您不但为我们担任访谈翻译，还热情款待了我们，您做的美味咖喱实在令人难忘。我们多次走访伯克利广场大厦，由此，对安赛乐米塔尔公司的葡萄牙管家曼努埃尔·贡加尔维斯致以特别的谢意。感谢您的友善和周到，您为我们精心准备的绿茶和饰以"AM"字样巧克力的卡布奇诺咖啡，以及您向我们耐心解释茶水间和厨房二者的区别。感谢安赛乐公司的酒店领班洛朗·费里（Laurent Fery），在自由大道为我们准备了丰盛的晚餐。我们还要感谢卢森堡市皇家酒店的收益经理让－吕克·皮尼耶（Jean-Luc Pignier），谢谢您为我们介绍亿万富翁们钟爱的聚会地点。

所有写作都注重眼见为实。因此，我们要感谢伦敦影像互联公司（Connected Pictures）的米兰达·康塞尔（Miranda Counsell）和卢森堡安赛乐米塔尔公司的阿兰·戈尼瓦（Alain Goniva）查阅档案，为我们找到故事中一些重大事件的影像资料。伦敦安赛乐米塔尔公司公关部副总裁斯蒂芬·施瓦茨（Stefan Schwarz）也为我们提供了大力支持，感谢您。还要感谢我们的采访笔录团队成员：克莱尔·巴斯汀（Claire Bastin）、詹姆斯·德莱尼（James Delaney）、朱莉·菲尔德（Julie Field）和玛丽安·斯塔普利（Marian Stapley）。谢谢你们不辞劳苦，将访谈录音整理成文字。本书的出版离不开你们的辛勤工作。

感谢那些勇敢地为我们提供信息、却未留下姓名的朋友们。同样要感谢多次拒绝我们访谈，但在多次请求之下同意同我们对话的两家公司：谢韦尔钢铁公司和蒂森克虏伯公司。

蒂姆·布凯

感谢我的作家好友们：约翰·普雷斯顿（John Preston）、西蒙·布雷特（Simon Brett）、凯特·莫斯（Kate Mosse）和格雷格·莫斯（Greg Mosse）。当我在本书的写作过程中产生自我怀疑的时候，是你们的信心让我继续坚持走下去。感谢拜伦引导我了解复杂的商业丛林。我还要向爱德华·米尔沃德－奥利弗（Edward Milward–Oliver）致以敬意，感谢你耐心等待我走出困境！彼得·克莱顿（Peter Clayton）为本书慷慨提供了不少建设性的意见，谢谢你。特别感谢拉塞尔·特维斯克（Russell Twisk），如果不是他派我去追踪一条"狐狸"新闻，本书的诞生将无从谈起。

我最想感谢的是我的妻子莎拉和我的两个孩子——艾拉和米洛。感谢他们在我因"毒丸""臭虫信件""白衣骑士""黑衣骑士"和"长钢""扁钢"等古怪陌生的词汇而头脑混乱时，坚定不移地给我爱和支持，用幽默和极大的耐心陪伴我。

♀ 拜伦·奥西

我想感谢我在嘉信公众关系顾问公司的同事们，特别是理查德·康斯坦特（Richard Constant）和弗格斯·威利（Fergus Wylie），感谢你们的鼓励。我年事已高，很多时候感到压力重重，谢谢我的两个儿子——乔纳森和本杰明，给我无尽的支持和安慰。

最后，感谢我的伴侣马西娅。你的关心和照料是我重新提笔写作的坚强后盾。若非你2005年送给我的圣诞礼物——西迪恩学院的创意写作课程，我不会有缘与蒂姆会面，更不会有本书的面世。